郑州大学当代资本主义研究中心资助

郑州大学政治学丛书

Zhengzhou University Political Science Series

国际政治的层次衍化与行为互动

石杰琳 任中义 / 著

中国社会科学出版社

图书在版编目(CIP)数据

国际政治的层次衍化与行为互动.1／石杰琳，任中义著.—北京：中国社会科学出版社，2020.12

（郑州大学政治学丛书）

ISBN 978-7-5203-6232-0

Ⅰ.①国… Ⅱ.①石…②任… Ⅲ.①国际政治—研究 Ⅳ.①D5

中国版本图书馆CIP数据核字（2020）第062173号

出 版 人	赵剑英
责任编辑	赵 丽
责任校对	李 莉
责任印制	王 超

出　　版	中国社会科学出版社
社　　址	北京鼓楼西大街甲158号
邮　　编	100720
网　　址	http://www.csspw.cn
发 行 部	010-84083685
门 市 部	010-84029450
经　　销	新华书店及其他书店
印　　刷	北京明恒达印务有限公司
装　　订	廊坊市广阳区广增装订厂
版　　次	2020年12月第1版
印　　次	2020年12月第1次印刷
开　　本	710×1000　1/16
印　　张	15.5
字　　数	216千字
定　　价	89.00元

凡购买中国社会科学出版社图书，如有质量问题请与本社营销中心联系调换
电话：010-84083683
版权所有　侵权必究

总 序 一

2016年5月16日，习近平总书记在哲学社会科学工作座谈会上的重要讲话中呼吁包括政治学在内的哲学社会科学创新，这对充分体现新时代中国特色、中国风格、中国气派的政治学的发展，提出了新的更高的要求。

什么是政治学？在弄清什么是政治学之前，需要先弄清什么是政治。早在1940年，毛泽东在《新民主主义论》中就指出："一定的文化（当作观念形态的文化）是一定社会的政治和经济的反映，又给予伟大影响和作用于一定社会的政治和经济；而经济是基础，政治则是经济的集中的表现。这是我们对于文化和政治、经济的关系及政治和经济的关系的基本观点。那末，一定形态的政治和经济是首先决定那一定形态的文化的；然后，那一定形态的文化又才给予影响和作用于一定形态的政治和经济。"毛泽东这段著名论述告诉我们，一个大社会，是由经济、政治、文化三个部分组成的。经济是基础，经济基础决定上层建筑，不仅决定政治的上层建筑，而且进而决定文化的上层建筑。但政治是经济的集中表现，在一定条件下，政治对经济、政治的上层建筑对经济基础又起着决定性的反作用。一定形态的政治又与一定形态的经济一道首先决定一定形态的文化。所以，一定的政治在一定的社会形态中，占有十分重要的不可替代的作用。

为了进一步弄清什么是政治学，让我们进一步从习近平总书记"5·17"讲话中寻找答案。习近平总书记指出："马克思主义理论体系和知识体系博大精深"，"涉及历史、经济、政治、文化、社会、生态、科技、军事、党建等各个方面";"中国特色哲学社会科学"应该"体现系统性、专业性。中国特色哲学社会科学应该涵盖历史、经济、政治、文化、社会、生态、军事、党建等各领域，囊括传统学科、新兴学科、前沿学科、交叉学科、冷门学科等诸多学科，不断推进学科体系、学术体系、话语体系建设和创新，努力构建一个全方位、全领域、全要素的哲学社会科学体系"。在列举的所有学科中，习近平总书记没有直接讲到法学，这绝不是总书记的疏漏。法学本身不是一个领域，它仅是渗透到社会各个领域的一个工具，是阶级斗争的工具，是阶级意志的体现。法学也十分重要，但在习近平总书记的讲话中，法学在哪？我个人理解，法学涵盖在政治学的之中。

无论毛泽东的论述，还是习近平的论述，都说明我们不能把政治学的内涵理解得过于狭窄甚至偏颇。政治学的研究领域十分广阔，其研究对象应该是经济、政治和文化这三者组成中的"政治"，即也可以称为"大政治"，应是与历史、经济、文化、社会、生态、军事、党建等各个领域相并列的政治领域，而不是仅仅限定于公共政策、公共管理、人事管理、社会调查与社会统计等方面的"小政治"。具体而言，政治学就是研究群众、阶级、领袖、政党、国家、政府、军队、法律以及统一战线、战略策略等方方面面发展变化着的活动及其联系并上升到规律和本质的学问。仅仅研究公共政策、公共管理、人事管理、社会调查与社会统计等方面的"小政治"学，既不能有效地为坚持和发展中国特色社会主义服务，也不利于中国特色、中国风格、中国气派政治学的创新发展。

政治学作为治国理政的学问，其研究应当顺应历史趋势、围绕时代主题、坚持问题导向、满足人民期待。新时代中国政治学的创新需要适应新形势新任务的要求，紧随时代步伐，站在历史高度，坚持正确的政治方向、理论方向和学术方向，从理论与实践的结合上总结和提升马克思主义中国化的经验，在与政治建设和政治发展的互动中繁荣发展中国特色、中国风格、中国气派的政治学。

中国政治学研究的根本任务是为坚持和发展中国特色社会主义政

治制度服务，把马克思主义的基本原理与当今世情、国情、党情相结合，不断解决坚持中国特色社会主义政治制度和依法治国中的重大理论问题和实践问题。在经济全球化、政治多极化、文化多样化、社会信息化的当今世界，在改革开放和中国特色社会主义现代化建设的关键时刻，政治学研究者应该进一步增强责任感和使命感，坚定马克思主义信仰、坚定正确的政治立场、坚持理论与实践相结合，把政治学放到世界和中国发展大历史中去创新，着力建构中国特色社会主义的政治学。

郑州大学政治学团队正是立足"大政治学"的研究视野，服务国家和区域经济社会发展，着力研究"互联网国际政治学""政治安全学""文化政治学"，并取得了阶段性的丰硕成果。其中，余丽教授经过多年潜心研究出版了一部开创性学术著作《互联网国际政治学》，并入选2016年度"国家哲学社会科学成果文库"，这在一定程度上填补了业界空白，对我国国际政治学科的建设和发展都具有较为重要的作用。在郑州大学政治学学科荣获河南省重点学科之际，郑州大学政治学学科团队出版"郑州大学政治学丛书"，助力推进郑州大学"双一流"建设。

李慎明

2019年7月于北京

总 序 二

政治学是研究社会政治关系及其发展规律的学问，改革开放四十多年来，在党和政府领导下，在前辈学者开拓和建设的基础上，在政治学同人的共同努力下，政治学已经成为我国哲学社会科学领域的重要学科，成为我国治理现代化建设的支撑学科，培养了一大批治国理政和政治学学术人才。

在习近平新时代中国特色社会主义思想指引下，构建具有科学性、民族性、原创性、时代性和专业性的中国特色社会主义政治学学科体系，建设具有中国特色、世界水平的一流政治学学科，是新时代政治学学科发展和建设的目标之所在。

同时，我们清醒认识到，我国政治学学科发展和建设面临的任务相当艰巨，所涉及的内容和范围也十分广泛。从宏观来看，按照社会科学发展的基本规律，任何一门社会科学学科的发展，首先集中在学科基本理论的发展和突破、研究方法的更新和扩展、重要研究领域的选择和深化这三个方面。按照这一基本规定性，可以认为，我国政治学的学科发展，应该把着眼点放在基础理论的深化发展、研究视角和方法的拓展以及具有重大现实和实践价值的领域确定和研究方面。这就要求我们首先要基于时代的发展和政治实践的进步，深入研究政治学的基本理论问题，以期在政治学基本理论研究方面取得突破性进展，进而形成具有相对成熟和科学的政治学基本理论。其次，在马克思主义政治理论和方法指导下，围绕政治学基本理论问题，结合时代和实践，针对新时代中国特色社会主义现代化和改革开放事业发展提出的重大实践问题,展开深入研究,力求获得重大突破。最后,需要对中国特色社会主义政治实践形成的经验加以总结提炼,上升为政治学的理论形态。

政治学本质上是经世致用之学。政治学的生命力不仅在于其学术价值和理论价值,更在于其实际应用价值,这是政治学研究保持强大生命力的原动力。其中,尤为重要的是,我国政治学研究应该特别关注中国社会和政治发展的独特性。中国作为具有五千年文化传统的东方文明古国,作为中国共产党领导人民在半殖民地半封建社会的基础上建设起来的社会主义国家,作为从传统计划经济转向社会主义市场经济的国家,它的社会、政治、经济、文化诸方面都具有自身的特殊属性,其发展和变革在人类社会文明发展史上亦具有独特之处,其在发展和变革过程中面临的许多问题,更是史无前例。这些独特之处,既是我国政治学学科发展和建设的巨大挑战,又为政治学科的发展和建设带来了独特机遇。

中国特色社会主义发展的新时代,为我国政治学人提供了前所未有的广阔舞台,也呼唤着政治学研究者的新探索、新理论、新创造和新贡献。作为习近平新时代中国特色社会主义事业发展的纲领性文件,党的十九大报告具有鲜明的政治特性,集中展现了中国共产党人新时代锐意开拓发展的中国立场、中国气派、中国风格和中国智慧,周详阐述了新时代中国特色社会主义政治建设和发展的目标任务、总体布局、战略布局、发展方向、方式动力和实际步骤,是新时代中国政治学发展前行的航标和指南针,确立了中国政治学研究的历史方位、根本依据、指导思想、人民属性、主要命题、总体目标、核心精髓以及重大使命。

在新时代的历史方位下,我国政治学人应该坚持辩证唯物主义和历史唯物主义,以人类社会历史发展为宏远视野,以习近平新时代中国特色社会主义思想为指导,根据中国社会主义经济政治社会的历史发展变化,深入研究共产党执政规律、社会主义社会政治建设规律和人类社会政治发展规律,紧紧把握"新时代治理什么样的国家和怎样治理这样的国家"这一重大时代和实践课题,从政治意义上分析和定性新时期、新阶段和新时代的各种矛盾,推进人民民主与国家治理的有机结合,为深入研究中国特色社会主义新时代的治理模式和深入探索中国特色社会主义政治发展道路贡献智慧和力量。

郑州大学政治学团队坚持本土化与国际化相结合,立足扎根中国的深厚土壤,以中国的实际问题为首要关切,着力研究"互联网国际政治学""政治安全学""文化政治学",已经取得了阶段性成果。其中尤其值得一提的是,本学科带头人余丽教授的专著《互联网国际政治学》入选2016年度"国家哲学社会科学成果文库",对学术前沿问题互联网国际政治学、网络空间政治安全管理进行了探索性、战略性、前瞻性的基础理论研究和应用研究,研究报告多次被中共中央和国务院相关部门采纳。

在郑州大学政治学学科荣获河南省重点学科之际,郑州大学政治学学科团队出版"郑州大学政治学丛书",相信必将助力推进郑州大学的"双一流"建设,必将助力我国政治学科的发展和建设。为此,特联系我国政治学科发展的时代和实践使命,以序志贺,并且与全国政治学界同人共勉!

王浦劬

2019年8月于北京

目 录

体系变迁与互动演进

中国崛起与国际体系转型之互动：基于三大理论范式核心
　话语的分析 …………………………………………………（3）
文化建构在国际秩序中的困境与启示 …………………………（16）
先秦时期东亚体系的演进及启示
　——以巴里·布赞的单位和解释源为分析工具 ……………（24）
战国七雄对外战略比较及启示 …………………………………（36）
全球治理下政府生态职能外向性建构的困境与启示 …………（79）
《共产党宣言》的全球化思想对中国的若干启示 ……………（90）

国家安全与行为建构

中国政治文化安全与网络谣言治理 ……………………………（101）
大数据应用与非传统安全威胁治理 ……………………………（110）
互联网作用于国际政治的四个维度 ……………………………（114）
大国石油博弈与中国石油安全考量 ……………………………（120）

国家治理与实践研判

新中国中央人民政府组织结构的人民性意蕴……………（133）

新中国中国共产党与西方社会党的关系流变与启示…………（157）

西方国家政府机构"大部制"改革的实践及启示
　　——以英、美、澳、日为例……………………（168）

析美国文官制改革取向："结果"重于"规则"……………（175）

韩国总统朴槿惠被弹劾的政府体制之源………………（183）

日本历史观何以与德国大相径庭…………………………（192）

个人能动与民间外交

国际使命：史沫特莱来华的前因后果…………………（201）

试论史沫特莱对新四军医疗卫生工作的历史贡献……………（226）

体系变迁与互动演进

中国崛起与国际体系转型之互动：基于三大理论范式核心话语的分析[*]

冷战结束以来，国际体系悄然发生着"二战"后最为深刻的变革，表现为国际体系的权力结构、国际机制、国际秩序、国际观念等多方面的转型。从根本上说，国际体系转型是经济全球化、世界格局多极化发展的必然结果。而中国的崛起除自身经济社会的改革外，也得益于经济全球化带来的互利合作和国际体系的和平转型。中国日益融入国际体系，在把握体系转型所提供的发展机遇的同时，也以渐趋增强的实力推动着国际体系转型，由此，中国崛起与国际体系转型构成了一幅互动的画面。本书着意从国际体系结构性变化的三个维度：大国格局、国际机制和共有观念，来考察中国崛起与国际体系转型的互动关系，以期为大国崛起理论创新提供新的例证和实践依据，也为中国未来的发展理路提供启迪与思考。

一 理论逻辑和关键变量

一个民族国家何以与国际体系形成互动？国际关系领域的三大理论范式提供了认识这一问题的钥匙。结构现实主义认为，国际体系由结构和互动的单元构成，单元主要是民族国家，结构是以不同方式排列和组合的单元在互动中产生的结果，国际体系结构一旦形成，就

---

[*] 原载《国际论坛》2013年第3期，作者石杰琳、赵浩。

"刚性"地影响国家行为，国家行为随着体系结构的变化而变化。华尔兹的体系结构论主要强调体系结构对单元行为的制约和影响作用，揭示结构会鼓励那些符合体系规律而动的国家和惩罚逆规律而动的行为，但它并非绝对的"结构决定论者"，因为"系统的结构随着系统单元能力分配的变化而变化"①。可见，它没有否认系统单元的活力。华尔兹理论寓意的体系结构与单元间因果关系的双向性质，为国际体系与民族国家的互动关系提供了合理的注脚。新自由制度主义也是体系层面的理论，同样被认为是沿着结构主义的思路去观察国际关系世界，②但与结构现实主义视权力结构为国家行为的根本原因不同，新自由主义是将国际制度当作制约和影响国家行为的独立变量。基欧汉的制度需求论认为，国际制度可以降低交易成本、提高信息透明度，有利于摆脱囚徒困境；可使理性国家知道如何权衡利弊，如何在国际制度的框架内以最小的成本获得最大的利益。所以，国家需要国际制度，以降低无政府状态下的冲突，加强合作取向。但制约和影响所有国家政治经济活动的国际制度，却有赖于能够对规则和惯例等的遵守情况互相进行监督的行为体来形成并维持。可见，新自由制度主义对于国际体系结构与国家单元间的互动关系同样具有解释力。以温特为首的建构主义研究的重心是体系观念结构对国家行为体身份的建构及其对行为的作用。温特认为，国家的身份和利益不是预先给定的因素，而是国家互动中的社会建构，是体系的观念结构建构了国家身份，身份界定了国家利益，而利益决定了国家行为。但是，正是行为体之间不同的互动方式产生了不同的体系文化，即观念性结构。以上三大理论清晰的分析框架和简约的理论阐释，从不同层面勾勒了结构与单元的双向活动，为我们理解国家与国际体系间的互动关系提供了理论逻辑，也为本书分析中国崛起与国际体系转型的互动关系做了理

---

① [美]肯尼思·华尔兹：《国际政治理论》，信强译，上海人民出版社2008年版，第103页。

② 秦亚青：《权力·制度·文化：国际关系理论与方法研究文集》，北京大学出版社2005年版，第14—25页。

论铺陈。

那么，国际体系如何转型？关键因素何在？华尔兹认为，系统的排列原则、单元的特定功能和单元间能力的分配，组成了国际体系的结构。[1] 但在同类单元和无政府状态的排列原则不变的情况下，只有国家间的能力分配才是具有分析意义的体系结构变量，"能力分配的变化就是系统的变化"[2]。既然体系结构随着单元能力分配的变化而变化，"国际结构是根据其一时期主要的政治行为体——无论是城邦、帝国还是民族国家——来定义的"[3]，那么，大国实力的变化尤其是体系内主导大国的兴衰，就是决定国际体系结构的关键性因素。另一新现实主义者吉尔平在讨论国际政治变革时也认为，国际体系的变革主要发生在"系统性变革"和"互动的变革"上。"系统性变革"是指"统治某个特定国际体系的那些居支配地位的国家或帝国的兴衰变迁"[4]；"互动的变革"则指国际体系中行为者之间在政治、经济及其他方面的互动，或者是各种进程的变化。但"系统性变革"决定"互动的变革"，即是说，影响国际体系变革的最重要因素，是"系统性变革"，即国际体系中占据统治地位的帝国或霸权国的兴衰变化。这里不难看出，新现实主义把"大国格局"作为考察国际体系转型的重要因素，并习惯用"极"的概念来描述对体系结构起决定性作用的主要单元，即大国。

新自由制度主义者基欧汉则强调国际机制对于国际体系稳定与变革所产生的重大影响。[5] 国际机制是国际制度的基本形式之一，处于国际制度结构的核心位置。奥兰·扬认为，尽管在制度的创立和维持

---

[1] [美]肯尼思·华尔兹：《国际政治理论》，信强译，上海人民出版社2008年版，第106页。
[2] 同上。
[3] 同上书，第97页。
[4] [美]罗伯特·吉尔平：《世界政治中的战争与变革》，宋新宁、杜建平译，上海人民出版社2007年版，第48—49页。
[5] [美]罗伯特·基欧汉：《霸权之后：世界政治经济的合作与纷争》，苏长和、信强等译，上海人民出版社2006年版，第236—238页。

之中存在着主导权（领导权）之争问题，但从本质上看，任何国际制度都是一个对等的、自由支配的国际机制。① 对国际机制的分析基本反映国际制度结构对国家行为的制约和影响作用。

建构主义理论则从社会学的角度强调了国际社会的共有观念也是体系变化的重要因素。② 温特认为，国际体系的结构从根本上说是文化结构，文化使权力具有了意义，而无论霍布斯文化、洛克文化还是康德文化通常是由共有观念建构的。③ 共有观念是体系中行为体之间实践性活动的建构。文化变，则身份变；身份变，则利益变；利益变，则行为变。④ 观念结构的变化会直接影响到国际体系的基本形态及成员的行为模式，因此，共有观念也是我们考察体系转型与单元互动关系的重要层面。

由上可见，大国格局、国际机制和共有观念分别代表了三大理论范式的核心话语，它们是影响国际体系转型的关键变量。当然，国际体系转型是一个综合性标志，涉及多个内在要素的变化，但大国格局、国际机制、共有观念对于分析中国崛起与国际体系的互动最具说服力。一方面，中国伴随着大国格局的变动、国际机制的改革和共有观念的建构而崛起；另一方面，中国崛起又推动着国际体系诸多方面转型的进程。

二　大国格局演变与中国崛起

国际政治在很大程度上是大国政治。大国实力地位的变化决定国际政治格局的变化。在结构现实主义那里，国际体系的结构与特征主

---

① Oran R. Young, "Regime Dynamics: The Rise and Fall of International Regimes", *International Organization*, Vol. 36, No. 2, International Regimes (Spring) 1982, pp. 277–297.
② ［美］亚历山大·温特：《国际政治的社会理论》，秦亚青译，上海人民出版社2008年版，第244—255页。
③ 同上书，第247页。
④ ［美］彼得·卡赞斯坦、罗伯特·基欧汉、斯蒂芬·克拉斯：《世界政治理论的探索与争鸣》，秦亚青等译，上海人民出版社2006年版，第8页。

要由大国间的力量对比决定,只有大国的数量及大国能力分配的变化才会带来国际体系的实质性变化。20世纪80年代以来,国际体系中大国格局发生了从"两极对峙"到冷战结束后"一超多强",再到目前"一超走弱、多强易位"①的重大演变,而中国崛起与大国格局演变相互促动。

20世纪80年代中后期,两极格局式微,美苏两大国开始从对抗转为缓和。由于长期争霸造成实力消耗,加之外交困境,苏联大国地位衰落。戈尔巴乔夫在推行经济、政治体制改革的同时,谋求与美国在军控、外交等事务方面对话与合作。而里根政府为从根本上扭转美国实力下降的颓势,也需要缓和同苏联的对抗以避免付出更沉重的代价。由此,美苏关系缓和就成为两极格局瓦解的先声,直到1989年东欧剧变、1991年年底苏联解体,两极格局寿终正寝。两极格局从根本上说,是美苏两超在军事、政治等领域的实力对抗,正如华尔兹所言:"世界之所以成为两极,从来不是因为有两个集团彼此对立,而是因为集团领袖具有超强的实力。"② 然而,即使在两极格局兴盛的20世纪70年代,多极化趋势已显端倪,除欧洲、日本独立自主倾向外,包括中国在内的第三世界国家崛起也成为削弱两极格局的因素之一。苏联崩溃导致国际力量格局发生重大变化,世界多极化趋势推动国际权力结构做出调整,当世界呈现"一超多强"的力量态势时,中国作为"一强"赫然矗立在新的大国格局之中。

中国崛起借势大国格局变动,并进一步推动以大国格局变动为核心的国际体系转型。1979年中国启动改革开放,便逐步融入国际体系,其间,世界主题正从战争与革命转向和平与发展。美苏争霸形势缓和、全球化潮流迅猛发展以及发展科技、经济成为各国关注的焦点,这一切既为中国崛起提供了和平的国际环境,也为中国融入国际社会寻求合作、发展提供了机遇。苏联解体后,中国作为世界上最大

---

① 秦亚青:《国际体系的延续与变革》,《外交评论》2010年第1期。
② [美]肯尼思·华尔兹:《国际政治理论》,信强译,上海人民出版社2008年版,第138页。

社会主义国家的角色凸显,加之联合国安理会常任理事国的地位,特别是迅猛的经济发展速度,于是成为国际格局演变中不容忽视的一个"极"。从1980—2000年,中国GDP占世界的比重从1.7%上升到3.8%,[①]经济实力上升带动政治影响力的扩大。可以说,没有对外开放和中国融入国际体系,就谈不上充分利用体系的机遇发展自己;没有苏联一极的自我坍塌,也不会有大国格局从"两极对峙"向"一超多强"的和平转换。

进入21世纪以来,以中国为代表的新兴国家实力上升,有力地挑战着西方大国占优势的国际权力结构。虽然美国作为唯一超级大国的地位未变,但实力相对下降。"9·11"事件及其后进行的阿富汗、伊拉克战争,都极大损伤了美国的人力、物力和财力。2008年年底,由次贷危机引发的全球金融危机不仅使美国经济陷入衰退,也使美国倡导的"华盛顿共识"备受诟病,这是对美国软实力的沉重打击。当美国的"一超"地位显现衰弱、欧盟国家受困于金融危机和债务危机的拖累、日本经济低迷和国内政局混乱之时,中国却率先走出金融危机的阴霾,并成为世界经济恢复的引擎。近年来中国对世界经济增长的贡献率达到10%以上,2010年中国经济总量5.88万亿美元,[②]首次超越日本居世界第二位;同时,业已成为世界第一大制造业国、第一大出口国和第二大进口国。中国崛起首先意味着经济实力的迅速增强和与先进大国综合实力差距的快速缩小。据国家统计局发表的"十一五"经济社会发展成就报告,中国GDP占世界的比重从2005年的5.0%上升到2010年的9.5%;同期,相当于美国GDP的比例从17.9%上升至40.2%。[③]当然,中国崛起也包括对国际事务、国际行为准则等的影响力。中国特色社会主义发展道路或者说"北京共识"

[①] 国家统计局网站,访问日期:2013年3月28日,(http://www.stats.gov.cn/tjsj/qtsj/gjsj/2010/t20110629-402735434.htm)。

[②] 《中国的和平发展》白皮书,中央政府门户网站,2011-09-06. http://www.gov.cn/jrzg/2011-09/06/content_1941204.htm。

[③] 朱剑红:《我国GDP占世界比重升至9.5%》,《人民日报》2011年3月25日第1版。

的影响上升，无疑增加了软实力的分量。以中国为代表的新兴经济体整体崛起，改变了以往大国格局中"多强"实力的排序。尽管金融危机没有从根本上改变国际体系的权力分布状态，但"一超走弱、多强移位"反映了金融危机后世界大国新的力量格局。从新现实主义观点看，大国能力的分配，尤其是体系主导大国的兴衰是决定国际体系结构的关键因素，或者说，大国实力对比的变化是导致国际体系转型的基本动力，那么，从"两极对峙"到"一超多强"，再到"一强走弱、多强移位"，以致"G2"凸显，反映了世界大国格局的渐趋变化。中国伴随两极格局的瓦解而进入"一超多强"结构，又由于美国霸权削弱、其他强国实力受挫而顺势崛起，推动大国格局适时变化。大国格局的情势演变，说明国际体系由于权力结构变化而发生的转型已不可避免。可以说，中国崛起对大国格局演变有因果性影响，更有构成性作用。

从历史经验看，一个后起大国，其上升轨迹如果与国际体系转型的进程相冲撞，势必处于极为险恶的环境；如果与国际体系转型相向而行，将获得难得的发展机遇。很显然，中国和平崛起伴随着国际体系的渐进转型，二者相互影响、相互促进。中国崛起加速了国际力量结构的多极化演进。中国越是上升，越能平衡西方力量占优势的大国格局，也越能推动世界多极化趋势的发展。

三 国际机制变革与中国崛起

国际机制，不等同于"国际制度"概念，它是国际制度的组成部分。但由于国际机制本身可以制度化，而且在一定条件下国际机制也会通过国际组织来规范参与者的行为。因此，本书这里所谈及国际机制，包括以国际机构和国际会议为载体的、以国际规则和条约为形式的、协调国与国之间利益冲突和促进合作的制度性安排。新自由制度主义把国际机制视作影响国家行为的独立变量，因而，国际体系的转型也应体现在国际机制的变革上。基欧汉认为"在国际制度创设方面，霸权经常发挥着重要的、甚至关键的作用"[1]，但即使霸权国的地位相对衰落，体系内国家仍会为了自身利益而维持其存在，以实现国际合作。[2] 值得关注的是，现有国际机制正经历变革，这既体现在国际机构、国际会议中发展中国家关于国际规则民主化、公平性的诉求增多，尤其是新兴经济体的话语权增大、影响力上升，也体现在应对非传统安全威胁的新机制创设上。中国崛起与国际体系转型互动的一个重要方面，就是中国加入国际机制，发展自己，实现崛起，同时推动国际机制变革。

中国融入国际体系，最直观的体现就是融入国际机制。20世纪70年代前，新中国基本脱离于西方主导的国际体系，1971年恢复中华人民共和国在联合国的一切合法席位，是中国融入国际体系的关键一步。1980年中国先后恢复了在国际货币基金组织的代表权和世界银行的合法席位，1982年又成为联合国国际贸易法委员会的正式成员，特别是2001年正式成为世贸组织成员。至今中国已参加了130多个政府间国际组织，签署了300多个国际公约，表明中国与国际体系的关系发生了历史性的变化。国际机制为中国融入国际社会提供了现实途径，也为中国崛起及推动国际体系转型搭建了平台。

联合国是世界上最有代表性的政府间组织。1971年联合国大会恢复中华人民共和国的合法席位是联合国内力量结构转折的标志。常任理事国的地位，使中国拥有一般中小国家不可企及的参与国际事务的权力，这为中国崛起奠定了政治实力基础。中国在朝核、缅甸、苏丹、伊拉克等热点问题上发挥的建设性作用以及派出2万多人次参与维和行动，都体现出中国对联合国作为国际安全保障机制的尊重与支持。联合国改革反映了国际机制顺应时代变化的要求，其中在难度最大的安理会改革上，中国主张增加发展中国家特别是非洲国家在安理会中的席位；强调改革在充分协商、各方达成一致的基础上进行。在

---

[1] Robert O. Keohane, *After Hegemony: Cooperation and Discord in the world Political Economy*, New Jersey: Princeton University Press, 1984, p. 49.
[2] Ibid., pp. 49 – 50.

增强联合国经济社会功能的改革上，中国主张加强经社理事会的协调职能，强调经社领域的工作应落实千年发展目标和其他联合国主要会议成果，以资金援助、技术转让、能力建设、市场开放、消除贫困为重点。中国在联合国改革上的立场，既体现了作为发展中国家一员的角色地位，又体现了一个崛起大国推动国际机制朝着更合理、公正方向改革的责任担当。

世贸组织是国际体系中重要的多边贸易机制。入世是中国选择开放道路的必然结果。自2001年加入世贸组织以来，由外需增长带来的财富积累为中国崛起打造了经济实力基础。应该说，入世对提升中国经济在新世纪第一个十年迈上新台阶起了助推作用。下面表格显示入世后外贸总额大幅上升与外汇储备总量增加、GDP总量增长的关联性。

表1　　　2002—2011年中国货物进出口总额、外汇
　　　　　储备总量、GDP总量及其增长率　　（单位：亿美元）

年份	2002年	2004年	2006年	2008年	2010年	2011年
中国货物进出口总额	6207.85	11547.4	17606.9	25616.3	29727.6	36421
年增长率（%）	21.8	35.7	23.8	17.8	34.7	22.5
中国外汇储备总量	2864.07	6099.32	10663.44	19460.30	28473.38	31811.48
年增长率（%）	35.0	51.3	30.2	27.3	18.7	11.7
中国GDP总量	12710	19316	26579	45218	58766	72982
年增长率（%）	9.1	10.1	12.7	9.6	10.4	9.2

（1）中国货物进出口总额及年增长率参见商务部网站：http://zhs.mofcom.gov.cn/article/cbw/。（2）中国外汇储备总量参见国家外汇储备管理局网站http://www.safe.gov.cn/？年增长率由笔者据前后年的外汇总额测算出来。（3）中国GDP总量及年增长率参见国家统计局网站http://www.stats.gov.cn/tjsj/ndsj/2012/indexch.htm。访问日期2013年3月27日。

由上，与对外贸易大幅增长相伴随的是外汇储备的快速积累，2006年中国一跃超越日本成为世界第一大外汇储备国，2011年外汇储备达3.1万亿美元；由出口强劲拉动的GDP增长，表明对外贸易

是十年里中国经济迅猛发展的牵动力。毫无疑问，没有经济实力的积蓄和保障，中国崛起是不可想象的。因此说，参加国际贸易机制及其分工体系，获得的收益从根本上支撑了中国崛起。同时，在遵守游戏规则、加快立法、规范市场管理、转变政府职能、维护贸易权益方面取得的成效，说明中国参与国际机制的过程也是国内制度建设、创新的过程。当然，世界贸易机制并非完美无缺，一些发达国家利用在国际经济规则方面的主导权，大搞实用主义和利己主义。比如美欧发达国家在世贸组织禁止出口补贴的原则下，仍对其农产品出口补贴予以承认和保护；相反，在取消数量限制的原则下，却容忍发达国家继续对发展中国家实施纺织品进口配额制。① 现有制度中存在的不公平、不合理乃至失灵的现象，表明"改制"是一项十分紧迫的任务。为此，中国在多哈谈判中提出诸多建设性意见，比如，在非农产品市场准入谈判中提出考虑发达、发展中成员不同关税结构和经济发展水平的"中国公式"；在农业谈判中提出平衡协调消减理念的"分层混合消减公式"② 等，折射出中国从多边贸易规则的被动接受者到规则制定的积极参与者的转变。事实上，2008年以来，世贸组织开始邀请中国参与一些重要的部长级会议，这一变化意味着世贸组织期待中国发挥更大的作用。后金融危机时代全球经济结构大调整和"再平衡"，与之呼应，中国经济发展方式也经历着有深远意义的转变。

　　由次贷危机引发的国际金融危机招致全球经济尤其是西方经济衰退，但也给国际金融体制改革带来契机和动力。20国集团诞生及取代G7/G8机制，表明传统上依靠少数西方大国协调一致的机制已经不能有效应对新的"安全"威胁。中国在20国集团框架内提出改革国际货币体系、加强金融监管等一系列建设方案，主张增强发展中国家在国际金融体系中的发言权和投票权，改革国际金融机构领导人选拔机制及各国份额的计算方法和投票规则等。2010年国际货币基金

---

① 樊勇明：《西方国际政治经济学》，上海人民出版社2006年版，第189页。
② 王晓欣：《"多哈回合谈判"：中国兼顾发展与发达国家利益》，《金融时报》2007年6月22日第5版。

组织董事会通过了成立65年来最重要的制度改革方案,决定向新兴经济体转移超过6%的份额,中国在该机构内的份额将从3.72%上升至6.39%,投票权也从3.65%上升至6.07%。这是对中国实力增长的肯定,也是对国际力量结构变化的反映。国际货币基金组织正发生的变化和中国频频发出的声音,佐证了国际机制演进与中国崛起的互动关系。

由于全球性问题增多、非传统安全威胁上升,国际社会原有应对传统安全威胁的国际制度安排显得力不从心,因此,构建非传统安全威胁的国际治理机制迫在眉睫。国际制度内涵结构的这种转型,为中国发挥"创制"中的建设性作用提供了机遇。比如中国积极参与国际气候谈判,并提出"共同但有区别的责任"原则。为落实低碳转型,实现产业结构和社会生活的跨越式发展,中国从1990—2005年单位国内生产总值二氧化碳排放强度下降46%,在此基础上又承诺到2020年比2005年下降40%—45%,体现出中国高度重视气候变化问题,积极塑造负责任大国形象,并愿意与各方磋商和对话,推动建立国际气候制度安排。

纵观中国与国际机制关系的发展脉络,不难看出,中国已从国际机制的旁观者、挑战者转身为参与者、建设者,从国际规则的被动接受者转身为积极倡导者;国际机制使中国"国际社会化"了,而中国正是在与国际机制的互动中习得提升国家实力、维护国家利益的技巧和本领。

四 国际共有观念建构与中国崛起

国际关系中文化观念的重要性为建构主义者充分解读。温特认为,共有观念是行为体互动产生的体系文化,它建构国家身份乃至国家利益,而利益决定行为。国家行为达成一致根源于共有观念和认同的创造。

应该说,新的国际共有观念在过去的年代是难以形成的。冷战时期，以美苏各自为首的两大集团意识形态和价值观念激烈对抗，水火不容，而今把东西方国家撕裂开来的冷战思维已经不合时宜。传统上对民族国家的认同是唯一的政治身份标志，而今迅猛发展的全球化潮流促使经济生活相互依赖、社会生活彼此渗透；加之国际体系的一系列制度安排、高度发达的互联网和便捷的国际交通，都无情冲击着传统集体认同的基础；特别是全球性问题接踵而至、非传统安全威胁空前激化，这都不能不激发地球村公民基于共同利益关心，形成全球认同。基于此，国际共有观念正在发生从意识形态划线到追求民主、法治、以人为本的价值取向，从强调国家主权不可分割、让渡到培育世界意识、以全球共同利益为考量的转型。

从意识形态、价值观念对抗、争斗到包容接纳、寻求共识，从单一的国家认同到人类整体利益为大，体系共有观念的这种转变，恰与中国一直以来所倡导的政治多极化、文明多元化和国际关系民主化的发展思想不谋而合。作为最大的社会主义国家，中国崛起依赖于同其他国家和平共处，也需要其他国家抛弃零和思维同中国合作，携手应对发展难题。如若观念上相互认同，则有利于营造中国崛起的宽松环境，必将减少中国发展道路上的阻力。由此说，中国崛起与国际体系共有观念建构并不相悖，换言之，中国崛起必然会对体系共有观念建构产生深刻的影响，"和谐世界"理念便是中国对体系共有观念建构的积极回应。它主张政治上和平共处，相互尊重；经济上互利合作，共同繁荣；安全上互信互利，平等协作；文化上对话交流，求同存异。这符合世界多样化发展模式、多元化文明的现实，且不违背建构全人类价值认同的取向，因而注定会成为体系共有观念建构的重要组成部分。此外，中国提出的新国际秩序观、新安全观等对于国际共有观念的建构也具有重要意义。还需指出，国际观念结构转型，需要中国不拘泥于传统文化资源、不沉湎于自身特殊性的思维习惯，创造更多基于全球共同利益的可资共享的公共观念产品。可以说，中国当今的崛起主要表现在硬实力上面，但只有当软实力同时得到大幅度提升的时候，才是真正的崛起。

结　语

以上从大国格局、国际机制和共有观念的层面考察中国崛起与国际体系转型的互动，不难发现，大国格局演变与中国崛起因果相关，二者的互动关系是认知当今国际权力结构变化的重要线索；国际机制变革与中国崛起的互动，有助于解释中国经济实力上升、政治影响力扩大及其在国际事务中发挥建设性作用的事实；而国际共有观念的建构，则为中国展示和提升软实力提供了机遇。从某种意义上说，中国软实力的提升，不仅体现在"和平发展""负责任"的大国形象以及"北京共识"的世界意义上，也不仅体现在国际制度改革和建设中话语权增大、影响力上升方面，而且还需体现在对国际共有观念建构的贡献中。

上文对中国崛起与国际体系转型的互动分析，并不否认中国崛起过程中遭遇到的种种障碍，事实上，在领土争议、贸易纠纷、资源竞争、气候变化及人民币汇率等问题上，中国承受着来自外部的巨大压力，未来进一步崛起中中国与国际体系的互动关系更值得关注。

文化建构在国际秩序中的
困境与启示*

冷战结束后，国际格局朝着多极化方向发展，各种力量对比变化加速，国际体系变革呈现出空前的复杂性。旧秩序由于自身的缺陷，治理机制越来越不能适应当前国际形势发展的要求，全球治理面临多重挑战与压力。围绕国际新秩序的建构，国际新秩序的文化建构也呈现出来。

一 国际新秩序文化及其特征

国际体系是指国际关系各行为主体相互联系、相互制约而构成的一个整体[1]，主要包括国际关系行为体、国际格局、国际规范。国际秩序是国际体系最主要的表现特征，它以一定的国际格局为基础。国际格局是变动的，它的过渡时期往往是国际秩序不稳定或变革的时期。相对稳固的国际体系需要治理有效的国际秩序。国际秩序是指在国际主导价值观指导下形成的国际行为规范和相应保障机制的综合，主要包括国际主导的价值观、国际规范与国际机制。

国际秩序文化不同于一般意义上的文化，反映的是一种整体的世界观，层次上既不同于一国的文化，又不同于地区性的文明，是世界

---

* 原载《南阳理工学院学报》2017年第3期，作者王俊明、石杰琳，收录本书时略有改动。

[1] 程毅等：《国际经济政治概论》，高等教育出版社2000年版，第52页。

文化中得到普遍认同的部分，它源于国际关系中行为体间在互动过程中所产生的认同，它的存在必须置于国际秩序的框架之下。国际秩序总体上反映的是国际体系的特征，国际秩序中的文化能够反映国际体系的特征，它是一种体系文化。

随着经济全球化的深入发展和国际社会的民主化，全球治理呈现出不同于以往旧的国际秩序的新面貌，在这个变化的过程中，国际新秩序文化也逐渐显现出来。国际新秩序文化是国际秩序中主导价值观与国际规范层面的文化体现，也间接表现出国际体系方面的某些特点。就目前来说，国际新秩序文化特征主要体现在以下几个方面：第一，国际新秩序以国际社会公认和达成的一系列制度与规范为基础，而制度与规范从深层意义上又以文化与理论为基础。第二，国际新秩序呈现出多元文化性。其一是国际政治行为体的多样化，即政府以及非政府行为体的广泛参与，构成了一个具有不同层次的复杂结构；其二是治理对象的多样性，涉及政治、经济、文化、社会、宗教等多个方面，既有全球层面的、也有地区层面的；其三是治理结构的多样性，即不同机构管辖范围常常相互交叉，权力来源和功能也各不相同；其四是价值观念与行为方式的多元化。第三，合作理念与人文精神不断加强。在全球化时代，行为体之间相互依赖程度日益加深，国际关系民主化不断发展，"人的安全"、国际法、国际伦理被重新重视。

二 体系文化重新活跃的背景和原因

冷战结束后，伴随着新旧国际秩序之争，文化要素在国际秩序的建构中越来越受到国际社会的重视。其原因主要在于。

（一）全球化与新科技革命的推动

全球化的迅猛扩展得益于新科技革命的巨大推动，二者相伴而发展，共同影响着全球秩序的变化。经济全球化的快速发展，使国与国之间的联系更加紧密，相互依赖程度日益加深，你中有我，我中有你。一方面，国家间的交往、交流以及贸易的发展已不仅仅局限于平等性的基本要求，而是更加注重公平性，从而引发对国际秩序合理性的再度反思；另一方面，主导价值观趋向公平性、国际交往的密切性与复杂性使得国际社会出现更多的国际规范与相应的国际机制。这些是推动国际秩序结构性变化的重要原因。从文明传播的角度看，国际传媒、交通工具、互联网的迅猛发展，世界各地之间的距离被极大拉近，世界各地之间的交往与联系如同在"地球村"内部进行。互动的日趋频繁带来的是不同文化与价值观的交流与碰撞，文明意识得以强化的同时也使得文明之间的差异性愈加明显，不同文明秩序观对碰将会出现在"地区文明秩序观—全球秩序观"的二元结构当中①。

从国际格局变化的角度看，全球化与科技革命的发展是促使国际力量对比变化的基本动因，但力量的此消彼长是一个较为长期的过程，它决定秩序的基本架构，并带来国际秩序变革。未来国际秩序的变革将不会以剧烈的突变方式出现，转而寻求一种相对缓慢的渐进方式。

（二）国际政治日益向世界政治转变

冷战结束后，国际政治向世界政治的转变引发国际政治学者们更加关注体系的结构特征，并尝试寻求一种多元结构治理理念，力求实现全球的多元合作与治理，其依据就是行为体由"国家中心"向多元文化结构理念的转变。世界政治与国际政治存在很大的区别，日本学者星野昭吉认为："世界政治以包括国家在内的多样性主体在世界范围的政治空间内的活动作为分析对象，并且试图说明这些多元性主体构成的政治空间的结构性特征；后者将具有相同性质国家在国际社

---

① 秦亚青：《国际体系、国际秩序与国家的战略选择》，《现代国际关系》2014年第7期。

会这一国际空间内的活动作为分析对象,并且试图说明这一政治关系结构特征。"[①] 二者最大的区别在于结构的构成上,世界政治的结构范围明显大于国际政治。传统的国际政治理论特别是现实主义所坚持的"国家中心"结构分析模式忽视了国内政治与国际政治、行为主体与全球体系结构之间的互动以及相互渗透作用,在分析世界政治面前变得相对乏力。国际政治向世界政治转变的同时需要一种有效的多元化理论作为指导。

(三) 全球性问题与全球治理的要求

随着全球化的加速发展,全球性问题变得日益突出。全球性问题主要是指当代国际社会面临的超越国家和地区的界限,关系到整个人类生存与发展的严峻问题,如战争与冲突、生态失衡、人口爆炸、资源短缺、国际恐怖主义等。这些全球性问题使各国面临着不同于以往的威胁与挑战,其明显的跨国性与危害性使得单个国家无法实现对这些问题的有效治理。这就要求相关的国家必须摒弃旧的思维逻辑,树立安全与命运共同体理念,彼此之间加强互信,实现国家之间、国家与非国家行为体之间在国际秩序的框架下密切合作,从而达到全球治理的目的。事实上,国际秩序的变革与调整很大一部分是针对全球性问题而展开的,而全球性治理同时需要国际秩序提供制度化、民主化的环境。因此,全球性问题的最终解决将回到各种价值理念与文化的一致认同上。

(四) 国际政治的社会化研究趋势增强

冷战结束以来,社会学理论对国际关系的影响不断加大,国际关系理论的规范研究向社会学转向。如新自由主义将属于社会范畴的制度、规范等非物质性因素引入国际政治理论体系之中,并且使其成为最主要的理论概念和研究变量。"建构主义则更进一步,认为观念是

[①] 秦治来:《国际政治学简明教程》,浙江人民出版社2006年版,第285页。

比单纯物质因素更加重要。"① 总的来说,国际关系行为体的社会属性和能动作用日益受到重视,而行为体的行为则受到文化、思想、宗教、价值观、心理等非物质因素的影响的研究方向更加明显,其在认识论上也有新的突破,行为体之间的互动可以是冲突,但也可以是合作或竞争。

三 体系文化发展面临的困境

(一)文化与价值观的分歧导致国际社会难以达成有效共识

现实来说,国际社会整体上处于"无政府状态",行为体之间缺乏有效且具有普遍性的制度与规则,特别是针对非国家行为体行为的法律与规范更是欠缺,这使得国际体系面临结构性困境。其根本原因在于各行为体之间文化与价值观的分歧、结构性矛盾以及行为体之间利益的冲突导致不能达成有效的共识。国际规范是体系文化在国际秩序中的主要体现。现行的国际规范是"二战"后由西方国家主导建立起来的,主要体现的是西方国家对国际社会的价值观和认识,它们在国际社会中长期拥有着权力、制度、文化方面的"优越感"。但随着经济全球化的发展,新兴市场国家的快速崛起悄然改变着国际权力结构,对西方主导的国际规范形成了挑战。此外,全球公民社会、国际组织日益发展,来自社会各个层面的价值规范也被引入国际体系中,各种治理理念相互碰撞,呈现出不同的发展模式与道路,这导致具有普遍认同性的国际秩序与规范在国际社会仍然处于相对缺失状态。

(二)体系结构变化导致权力与责任的模糊

现行的国际体系结构是以西方发达国家为主导于"二战"后建立起来的,它坚持以主权国家为中心,大国色彩浓厚,即"强有力的行

---

① 秦亚青:《权力·制度·文化:国际关系理论与方法研究文集》,北京大学出版社2005年版,第11页。

为体能够确保将影响力较弱的行为体排除在谈判桌外,或者,即使后来者上了谈判桌,先来者也早已制定好了游戏规则"[①]。它在权力结构上呈现出明显的"中心—外围"特征,"在依附论者看来,结构的不平等性是发达国家之所以发达、发展中国家不发达的根源"[②]。随着多极化趋势的加强,国际体系结构调整主要集中于权力结构与责任分配两个方面:其一,"权力结构"变化主要是权力的转移和扩散。随着全球化与多极化趋势加强,新兴市场国家快速发展,发达经济体的增长长期乏力,国际权力结构发生深刻变化,权力的去中心化趋势明显。权力已不仅仅为国家所有,非国家行为体的权威日益被认可和接受。其二,责任分配的变化。全球性问题的严峻性使得"人类命运共同体"的理念越来越受到人们重视,全球治理最终将以全人类共同利益和价值观为基本导向,但在具体的责任分配上表现并不一致。国际行为体的多元化发展,产生了国家利益与全球利益、民族价值观与全球价值观的双重二元论,导致了全球治理机制的责任错位。这就是为什么在全球气候框架规则的制定与执行中总是会出现各方围绕自身利益而进行讨价还价、全球利益却总是停留在口头上的现象。在责任与成本分担问题上,发达国家与发展中国家难以达成共识。

(三) 国际机制的复杂性导致治理的盲目、混乱甚至失灵

全球治理离不开国际制度,当前全球治理从某种意义上讲,是以国际制度为基础的。行为体的多元化、层次化使得国际制度也呈现出多元与层次性,既有联合国框架下的全球多边治理机制与机构,又有大量的双边治理机制与机构;既有政府间国际组织,又存在非政府组织。传统政府"主导型"的治理范式向着囊括各种行为体的"参与型"范式发展,但这并非由后者取代前者,"人们已经认识到参与的必要性,这种认知允许在修订后的主导范式的框架中,重新阐释或

[①] [美]约瑟夫·奈:《权力大未来》,王吉美译,中信出版社2012年版,第17页。
[②] 王正毅:《国际政治经济学通论》,北京大学出版社2010年版,第207页。

复原"①。由于各行为体追求的目标与利益不尽相同,同时又缺乏中心协调机制,由此形成的机制复合体在功能上出现交叉、重叠,在层次上既有等级性的制度安排,又有非等级性的、松散的制度安排。治理的混乱带来的是盲目、混乱的治理秩序,而制度竞争又阻碍统一的制度发展,最终治理功效不尽人意,治理政策出现失灵。

(四) 世界政府在文化理念上的两难境地

国际秩序的理想目标是建立一个全球性的世界政府以确定普遍意义上的世界秩序,并以此来解决全球性难题。"世界秩序描述了一个全球治理的体系,它把合作制度化,充分遏制冲突,以使得所有国家和人民都能实现更大的和平与繁荣,改善他们对全球的管理,达到最低标准的人类尊严"。②但这样一个全球性的世界政府在建立之初就面临一个文化理念上的两难境地。一个全球性的世界政府的建立对国家和个人的自由是一种绝对的威胁,它意味着国家或个人需要让渡更多的自主权,与此同时却要相应地承担更多的责任与束缚。国际关系民主化进程毫无疑问要以世界的多样性为前提,要将世界的多样性统一到世界政府当中,显然不可能造就一种全球性的民主,人类有史以来没有哪一种民主能够达到如此的广度。这样,一方面极力推崇建立全球层次和地区层次上的治理型政府,另一方面却又不希望决策权力与强制性权威日益走向集中,这成了价值理念上的一种两难困境。看似统一、主导型的国际价值观也面临着内部差异性的挑战。

四 经验与启示

全球化是不以人的意志为转移的客观社会化进程,"全球治理失

---

① [英] 科林·斯巴克斯:《全球化、社会发展与大众媒体》,刘舸等译,社会科学文献出版社2009年版,第62页。
② [美] 安妮·玛丽·斯劳特:《世界新秩序》,任晓等译,复旦大学出版社2010年版,第112页。

灵在实践层面上表现为规则滞后，不能反映权力消长，不能适应安全性质的变化，不能应对复杂的相互依存关系；在理念层面上则表现为理念滞后，依然以一元主义治理观、工具理性主义和二元对立思维方式为主导"[1]。可见，治理失灵最终反映的是文化与价值观所存在的分歧。因此，建构国际体系意义上的文化与价值观共识将成为未来一段时期内国际关系的一种常态。人类共同安全、共同命运等文化价值观应该引导国际社会建立一种积极的、务实的、符合人类整体利益要求的新的集体组织与治理模式。

国际治理机制的历史发展过程将是文化与理念——权责与义务——法治与制度。一个"和谐共赢"的世界必须以法律和制度为保障，制度的变革从根本上是文化理念上的变革。在由谁制定或由谁主导的秩序中，立法者是我们首先要考虑的问题，但我们面临的是一个"滞后的立法者"[2]。随着国际政治经济力量对比发生变化，国际机制将大幅度改造，各方博弈将会异常激烈。国际机制变革的路径大致分为改革型与创建型两种，重组改革是当前的主流。无论如何，国际秩序的改革，都需要确立全球价值共识来推动国际规范的包容性发展，增加国际制度的积极互动，并重视全球治理的顶层制度设计与基层制度的完善。

---

[1] 秦亚青：《全球治理失灵与秩序理念的重建》，《世界经济与政治》2013年第4期。
[2] ［美］安妮·玛丽·斯劳特：《世界新秩序》，任晓等译，复旦大学出版社2010年版，第106页。

先秦时期东亚体系的演进及启示
——以巴里·布赞的单位和解释源为分析工具*

先秦时期东亚核心地区（以华夏民族为核心，包括一些游牧民族在华夏大地周边建立的少数民族政权）蕴含着丰富的国家间政治实践，特别是春秋战国时期诸侯林立、战争频繁，国家间互动异常激烈，为研究古代国家间政治提供了广泛的素材。这一时期的东亚已经形成了巴里·布赞（Barry Buzan）所说的构成国际体系的两个最基本的要素：单位和互动能力。因此形成了布赞所说的古典时代国际体系。本书以布赞的单位和解释源为分析工具来阐述先秦东亚体系的演进过程。

一 巴里·布赞研究国际体系的理论分析工具

巴里·布赞在《世界历史中的国际体系》一书中阐述了他以世界历史的视角来研究国际体系的思想。他认为早期的国际关系研究中，尽管理论家们建构理论的基础和方法各不相同，但都未能摆脱威斯特伐利亚"情结"的束缚。他认为："我们考察多重国际体系的整个历史，这段历史构成了一个超过5000年的时期；而不只是追溯1648年

---

* 原载《重庆理工大学学报》（社会科学）2010年第11期，作者任中义，收录本书时略有改动。

威斯特伐利亚和约签订以来350年间当代国际体系的历史。"① 布赞以单位和解释源为理论分析工具阐述了在世界历史长河中国际体系的演进。

布赞认为单位是指"由各种次群体、组织、共同体和许多个体组成的实体，它们充分的凝聚力使其具有行为体的性质（即能够有意识地进行决策），而它们充分的独立性使其与其他实体区分开来，并位居更高层次（例如国家、民族、跨国公司）"②。他认为，单位是一个体系的主要构成要素，是一个体系与另一个体系区别的主要标志。同时，他又认为古代和现代国际体系的单位都是多样化的，既包括领土行为体也包括非领土行为体。

解释源是指解释体系中单位行为的变量，它包括互动能力、过程和结构。关于互动能力，布赞认为"它指的是单位或体系中交通、通讯和组织能力的数量：有多少物质和信息能够以什么样的距离、什么样的速度和什么样的代价而被移动？"③ 简言之，互动能力是单位能够做什么。互动能力是过程和结构的前提条件，它塑造着一个体系的规模可能有多大。过程是指体系中单位之间互动的动力和构成这些单位现有互动能力效用的产物。过程告诉我们有关能够在构成体系的单位之间观察到的作用和反作用模式。过程模式是指单位之间持久的或重复出现的互动模式，如战争、军备竞赛、均势、安全困境、国际组织、贸易竞争等等。结构表明单位的行为不仅被他们的内部过程和与其他单位的互动所推动和塑造，而且也被建构他们环境的方式所推动和塑造。结构关注单位被排列进一个体系的原则，单位之间如何相互区分，以及就相对能力而言，它们在彼此的关系中是如何确定自己的位置的。

笔者将在下文中，以布赞的单位、互动能力、过程和结构四个分

---

① ［英］巴里·布赞、理查德·利特尔:《世界历史中的国际体系——国际关系研究在构建》，刘德斌主译，高等教育出版社2004年版，第1页。
② 同上书，第61页。
③ 同上书，第70页。

析工具来阐述先秦东亚体系的演进过程，以期用一种新的视角来解释古代国家间政治的实践活动，并希望从中得出一些有益启示。

二 先秦时期东亚体系的概念界定

东亚的确切范围学者们说法不一，不过大概包括今天的中国、蒙古、朝鲜、韩国、日本等国。大约2000多年以前，当世界还处于彼此隔绝状态时，东亚地区特别是东亚核心统治区就形成了区域性的国际体系。因此，关于古代东亚体系，本书引用这样一种观点即东亚体系是以中国为核心的华夏秩序，古代中国在该体系中起着主导作用。

关于先秦时期的东亚体系，史前时代由于没有确切的文字记载且当时互动能力微弱，处于布赞所说的前国际体系时期，因此下文将不对史前时代进行论述，而是把时间范围锁定在夏、商、西周、春秋、战国这一时期。这一时期是华夏文明的开端，对古代中国起着重要的文化启蒙作用。就先秦中原文化区域下的国际政治行为体而言，国家行为体主要包括由夏、商、西周、春秋和战国时期的共主国、诸侯国和少数民族政权构成的国家行为体，它们已经具备了领土、人口、军队等国家构成的基本要素及拥有部分的对内与对外权限，这无疑在一定程度上体现出国家的本质属性。其中，夏朝是中国最早建立的国家实体。[①] 在夏朝之后，先后出现的商、西周两个王朝，依靠其强大的王权统治着东亚核心区即华夏地区，华夏文化由此辐射到周边的广大地区。华夏文化的这种辐射作用对当时的周边少数民族政权政治、经济、文化的进步起到了巨大的推动作用，因此在当时形成了"单极主导"体系。春秋战国时期，统治华夏的周王室衰微，诸侯之间争霸、兼并战争频繁，体系内的单位处于一种混乱的无政府状态之中，因此形成了"多极"体系。

---

① 余丽：《先秦中原文化区域国际政治思想主干及其当代价值》，《世界经济与政治》2010年第2期。

三 夏、商、西周时期的东亚体系
——"单极主导"体系

夏、商、西周三个王朝先后在东亚核心地区建立了强大的君主制国家，并且与周围的游牧民族政权经常发生互动，在这种背景下先秦时期的东亚区域内就形成了布赞所说的古典国际体系。

(一) 单位

这一时期在东亚核心地区先后出现了夏、商、西周三个朝代，同时在东亚的边缘地区也出现了一些游牧部落。按照布赞的观点，在整个古典时代，农业帝国占主导的形式，典型的结构是中心城市对其邻国施加不同程度的行政和军事控制。夏朝建于公元前 21 世纪，当时在其核心统治区已经形成了若干有一定规模的城市，这些城市是帝国的政治、经济、军事、文化中心。这一时期，以血缘为基础而结合的氏族组织已为依领土关系而结合的有共同意识的政治实体所代替。在当时，在夏的周围分布着一些游牧部落，主要是东南部的淮夷，东部的九夷，东北部的嵎夷，西部的畎夷，南部的有苗等，他们共同构成了当时东亚体系内互动的单位。

公元前 16 世纪，兴起于黄河中下游的商族强大起来，打败了夏王桀，建立了商朝。《孟子》云："汤始征，自葛载，十一征而无敌于天下。"商代内部存在诸多臣服的部落和酋邦。在商的四周，也分布着许多小国，商称它们为方或邦方，在武丁时代有御方、井方、危方、马方等十几个方国。[①] 商朝与这些周围的游牧部落发生了强烈的互动。然而随着商统治力量的削弱，许多小国纷纷从商的控制下摆脱出来。这时屈从于商的周乘机拉拢一些小国壮大自己的力量，最终灭掉了商。

---

① 翦伯赞：《中国史纲要》，北京大学出版社 2006 年版，第 17 页。

体系变迁与互动演进

从公元前11世纪末到公元前8世纪周朝统治着东亚核心区,史称西周。西周统治者为了巩固统治,开始实行分封制。周初封建的诸侯,绝大多数是同姓子弟。《荀子·儒效篇》说:"周公兼制天下,立七十一国,姬姓独居五十三人。"当时重要的封国有卫、鲁、齐、晋、燕、宋等国。自成、康、昭、穆至共王统治时期,是周的盛世。到夷王时,内外矛盾交织,周朝开始衰败。到周幽王时,申侯引进犬戎将幽王杀死,西周灭亡。

(二) 互动能力

布赞把互动能力划分为物质技术和社会技术。物质技术使货物、人员和信息的流动比早期更加流畅,成本更加低廉。在这一时期,东亚地区的物质技术取决于车轮的发明,适于牵拉、驮载和骑乘动物的驯化以及道路的拓展,还有"快马传驿"制度的建立。这些物质技术的应用大大增加了体系的互动能力。在商代,牛马皆已应用于交通运输,甲骨文中已有记载。《易·大畜》所谓"童牛之"的"梏",盖用以系绳,以便于牵系者。[①] 最能说明当时畜力已用于交通运输。

这一时期对互动能力有重要作用的社会技术是文字的出现以及宗教、科学的发展。首先,文字的出现使书写成为可能,据考古发现,中国最古老的文字,乃是商代的甲骨文。自有文字以后,人类才能把自己的思维过程具体地记录下来,这对于文明的进步有重要意义。其次,宗教在商代也已产生,商人认为"帝"或"上帝"是天上的最高统治者,帝下面也有"臣正",上帝既是自然界的主宰,又可降福降灾于人间。[②] 到西周时,统治者与新建立的等级支配的经济、政治制度相结合,创立了与之相适应的宗教制度。他们利用天道设教来行使对民众的统治,国王自命为天子,从而把民众对天的信仰引渡到对自己的信仰,因而构成了神权政治体系。再次,科学在这一时期得到

---

① 翦伯赞:《先秦史》,北京大学出版社1999年版,第162页。
② 翦伯赞:《中国史纲要》,北京大学出版社2006年版,第19页。

一定程度的发展。在商代，历数的发明得到应用，商人对时间的划分已经非常精细。到了周代历数的划分更为精确，一年四季已有了明晰的划分。互动能力的提高为过程和结构研究提供了前提条件。

(三) 过程

布赞所说的过程是各单位如何相互影响，以及通过什么模式相互影响。单位之间相互影响的过程是复杂的，涉及政治、军事、经济和社会等各个方面。

这一时期的军事——政治过程是在"单极主导"的体系下，主导单位与体系内的其他单位之间围绕着统治与被统治而展开的激烈战争。夏代末年，商族经过大迁徙进入黄河腹地，征服了山东、河南交界处的诸夏之族。然而当商族的统治者腐化变质时，周族的领导者联合西北诸族，打败了商族，从此开启了周族统治华夏的时期。周王为了维护新建立的分封秩序，对反叛的旧贵族和周围游牧民族展开了四面八方的征伐，西征西戎，东践徐淮，南平荆蛮，到宣王时，周代的帝国疆域基本稳定下来。

古典国际体系的经济过程主要是贸易。在这一阶段的早期，贸易网络相对局部化。随着文明中心人口的增长、生产能力的提高、生产技术的日趋成熟，贸易的规模、复杂程度和范围区域逐渐扩大，形成了涵盖东亚核心区的经济体系。在都市内部，不仅有各种各样的手工业作坊，还有各种不同种族的行商坐贾。据考古发现，商代的商人足迹，东北达到了渤海沿岸乃至朝鲜半岛，东南到达了今日之江浙，西南达到了今日之皖鄂乃至四川，西北达到了今日之陕甘宁绥乃至远及新疆。[1] 而且商代的商人已经开始使用贝类作为物物交换的媒介。

社会过程在这一时代发展比较迅速。夏代已是文明程度相当高的社会。国家建立，礼制形成，有着自己的政治、文化和习俗。[2] 周代

---

[1] 翦伯赞：《先秦史》，北京大学出版社1999年版，第167页。
[2] 张传玺、袁行霈：《中华文明史》第1卷，北京大学出版社2006年版，第115页。

也有自己的崇尚和信仰，形成了自己的文化艺术。商周继承和发展了夏代的礼制。礼制涉及社会生活的很多方面，如祭祀、婚丧、内政外交、宗教观念以及贵族的社会生活等等。中国古代各区域的文化，正是在这种礼制文化的强烈影响下，进行着大融合、大统一的。

（四）结构

首先是军事——政治结构。在这一时期，主要表现为夏、商、西周作为宗主国对其臣服诸侯国的控制，以及他们与周围少数民族政权之间的政治军事关系。臣服的诸侯国要定期向共主国缴纳贡赋，听从共主国的军事调遣，接受共主国的册封，并在形式上承认是共主国的一部分。到西周时期，周王大肆分封诸侯，首先封建了周的贵族，其次封建了从征的西北诸氏族的首长，最后封建了中原"诸夏"之族以及"神农""黄帝"等族的苗裔之长。这些封建的诸侯都必须拱卫周室、听从周王的调遣，以抵抗周边的北狄、西戎、群蛮百濮等少数民族对周王统治构成的严重威胁。

其次是经济结构。农业是这一时代的主要生产部门，农业收入是单位的主要财源。在夏、商、西周的"单极主导"体系下，共主国主要是通过指令性的原则管理单位内的贸易，朝贡贸易就属于指令性模式，诸侯国或部落向共主国纳贡，共主国也在一定程度上给予臣属国一些经济好处。民间性的贸易往来在这一时期是偶然的、次要的。而共主国与周围的民族的贸易往来一般遵循市场规律，受利益驱动。

最后是社会结构。夏代的社会结构既有传统氏族和部落的遗存，又有许多新的因素，这些新的因素代表了夏朝社会的进步。商代继承了夏代社会制度的一些因素，继续向前发展。周代社会结构的基本特征是"乡遂制度"，从西周到春秋时期天子的王畿和诸侯的封国都存在"乡遂制度"，乡与遂不仅是两个不同的行政区域，而且是两个不同阶层的人的居住区域。[①] 这一时期，东亚核心区各诸侯国基于对共

---

① 晁福林：《先秦社会形态研究》，北京大学出版社2003年版，第407页。

主国的认同形成了区域性政治共同体，各诸侯国的臣民同时也认同他们是共主国的子民。

四 春秋战国的东亚体系
——"多极"体系

西周形成的封建从属关系到春秋战国已逐渐废弛，各诸侯国不再定期向周天子述职和纳贡。周天子迁都洛邑后，便失去了天下共主的地位。西周时的"礼乐征伐自天子出"，遂为"礼乐征伐自诸侯出"所取代。由此便构成了春秋战国时期东亚体系的多极特征。

（一）单位

这一时期，共主国衰微，已无力控制诸侯国。它不但不能作为一个独立的行为体参与地区事务的解决，而且必须要依附于霸权国才能生存。经过几百年的战争到战国时，体系内的单位行为体大为减少。

春秋时期先后出现了五霸。齐桓公任用管仲为相，经过三十多年的发展，使齐国强大起来，首先成为霸主。齐桓公的称霸对阻止北方的戎狄和南方的楚人有重要作用。齐霸中衰后，晋国强大起来，成为中原的霸主。接着楚庄王经过改革使楚国强大起来，公元前594年，宋、郑等国屈服于楚，楚遂成为中原的霸主。之后，吴、越两国先后称霸。这一时期除了这些霸主国之外，在中原地区还存在着宋、郑、鲁、卫、曹、陈等一些小国共同构成体系内的单位。春秋时100多国，经过不断兼并，到战国初年，大国剩下秦、魏、赵、韩、齐、楚、燕即所谓的"战国七雄"。小国有周、宋、卫、中山、鲁、腾、邹等。这一时期"七雄"的实力相当，处于"多极"均势格局之下。

（二）互动能力

这一时期的互动能力比前一时期有更大的进步。就物质技术来说，最显著的特点是铁器不仅普遍应用于生产领域，而且应用于武器的制造，从而使军事互动更为激烈。交通运输技术由于铁器的应用也得到极大的提高，使得在东亚地区阻碍互动能力的地理障碍变得更弱。这一时段，战争的规模和频率都大大加强，战争中对物资的供应和兵役的征发在客观上都大大增加了互动能力。

这一时期社会制度方面最大的进步是庄园制转化为佃耕制，采邑制转化为郡县制。在西周时代的许多小国，到春秋时，大多数都夷为大国的郡县。大国之君把这些郡县分别赐予其功臣，或者派遣官吏去统辖。农民的顶头上司已经不是有土有民的领主，而是中央派遣的官吏。这种郡县制，到战国时代，便演化为各国国内之一般的行政区划了。[①] 当然这时也还有采邑制的存在，但它已不是时代的主流。与政治制度并行的是经济制度的变革，为了提高农民的生产积极性，新兴地主把劳役地租转化为现物地租，从而极大地提高了社会生产的发展。

（三）过程

这一时期军事——政治互动最为强烈，各行为体为了争当霸主或兼并土地展开了激烈的军事较量，战争的规模自然随之扩大。春秋五霸的继起都是通过残酷的战争而实现的。在兼并战争中，大国吞并小国，强国覆灭弱国，所谓周初八百国，到春秋中叶以后，就只剩下几十国了。其中齐、晋、秦、楚最为强大，而一些小国则必须依附于大国，并向大国缴纳一定的岁贡。大国从战争和纳贡中，集中了大量的财富，越来越强大。他们名义上虽是周代封建国家的诸侯，实际上已经脱离天子而独立。他们自由宣战、媾和、组织常备军、相互吞并、相互对抗。与战争并行的是外交在这一时期非常频繁，各国为了增强实力纷纷寻找盟友，频繁的联盟是这一时期国家间政治的集中表现。

这一时期是社会经济制度大变革的时代，井田制到战国时已经走到了尽头，但当时的土地仍基本为国家所掌握，国家直接向农民授田，授田只是给予使用权，且有期限。农民接受国家的田地后，就要

---

① 翦伯赞：《先秦史》，北京大学出版社1999年版，第308页。

承担田租和力役。这是一种更高形式的土地所有关系，它提高了农民的生产积极性。农业的发展对商业的发展起到了一定的促进作用，独立富商的出现，是春秋战国时期工商业较过去有进步的重要标志。金属铸币开始铸造和使用。在七雄并峙的局面下，许多小国被覆灭，一定程度上消除经济发展的障碍，为经济的发展提供了广阔的空间。

最后，这一时期的社会过程是大变革与大融合时期。由于军事政治互动的加强，使各诸侯国之间的交往更加频繁，民族融合进一步增强。四周的诸少数民族觊觎中原肥沃的平原，竞相侵入中原，然而这一过程正是中原文化深刻影响四周少数民族的过程，中原文化以其厚重的底蕴不断吸引、融合少数民族。自战国起，中国境内的各民族开始了其定型化的发展。

（四）结构

首先是军事——政治结构。春秋初期，各大诸侯国如晋、秦、齐、楚等国实力基本相当，处于一种稳定均势状态。然而，齐国由于实行变法最早，因此首先当上诸侯国的霸主。齐桓公挟其强大的军事与经济实力，西向中原，九会诸侯。随后晋、楚、吴、越等国相续成为霸主，秦国也在西戎称霸。处于体系边缘的小国为免于灭亡，一般要依附于霸主，向霸主国缴纳岁贡，寻求保护。然而霸主称霸的时间很短，一般是一代君王过后霸主地位便丧失了。且这时的霸权只是一种松散的军事政治联盟。霸主对于小国并没有多大的控制，而且与霸主同时存在的几个大国的实力也并不弱，因此当时仍是一种多极的军事政治格局。到战国时期，小国多被兼并，呈现"七雄并峙"的局面。这一时期正是中国古代多极军事政治格局的"黄金时期"。

其次是经济结构。这一时期，各行为体基本上不受周王室的控制，能够独立地处理本单位内部政治经济事务。因此，这一时期体系的经济结构是指令性和商品经济并存的，在单位内部是指令性占主导地位，在单位与单位之间是商品经济起主要作用。这一时期商业交换兴盛，各诸侯国的都城规模越来越大，都成为商业交换的中心。商人也日益增多，商人对扩大商品流通起到了一定的作用。但这一时期的贸易主要在东亚区域进行，一般没有与体系之外的行为体发生贸易往来。

最后是社会结构。春秋战国是一个社会迅速大变革的时代，造成这一大转变的根源是经济。春秋时期在分封制和井田制下，各诸侯国的田地层层分封给各级贵族，由贵族组织普通民众在井田上劳作，土地收成好坏只与贵族关系密切，而与各国君主的关系并不太密切。在战国时期的授田制度下，各国的大部分田地直接授予农民耕种，农民直接向作为国家代表的基层官府提供赋税和徭役。土地私有的发展对于社会结构的变动有重大影响。同时，各国立军功者受到赏赐田宅的奖励，他们成为新兴的地主阶级。在各国授田制度下，原来在井田上劳作的农民成为拥有相当私有性质的土地的自耕农，他们逐渐形成了新的农民阶级。这些社会结构的大变迁是中国古代封建制度形成的标志。

五　结语

国际体系虽然是近代以来出现和使用的国际关系学术语，它的出现也是为了解释1648年威斯特伐利亚和约签订以来形成的以欧洲为中心的国际体系的演进。然而，在遥远的先秦时期在东亚区域下已经形成了布赞所说的古典国际体系，它已经具备了国际体系的基本特征。东亚体系稍晚于苏美尔人建立的城邦体系，然而它的建立、巩固和演进为长时段、大范围研究古代的国际体系提供了广泛的素材。

以布赞的单位、互动能力、过程和结构为理论工具来阐述先秦时期东亚体系的演进，从中可以看出：首先从单位行为体上看，这一时期东亚体系在从"单极主导"向"多极"体系的演进中，体系内有影响力的单位的数量在增加，且单位不断向前发展，越来越具备一些现代国家的特性。其次从互动能力上看，无论是物质技术还是社会技术，在这一时期都有很大的进步，互动能力在不断增强，从最初的军事—政治互动,到后来的军事—政治、经济、社会多方面互动同时发生。从过程上看,军事—政治过程、经济过程和社会过程无论是范围还是程度都明显地扩展了,单位之间分部门相互影响更加显著。最后从结构上看,军事—政治结构、经济结构和社会结构更为复杂,对单位和体系的影响更为深刻,尤其是经济和社会结构逐渐在国家中占有重要地位。总之,以上几方面的变化诠释着当时社会不断向前发展的过程。

战国七雄对外战略比较及启示[*]

战国是中国历史上一个大变革大发展的时期。战国七雄是当时华夏体系内诸侯国互动的主要行为体，并构成了复杂的多极格局。从战国初年形成"七雄"争霸的格局到秦国完成华夏统一的历史任务这两百余年的时间里，战国七雄或是为了救亡图存，或是为了兼并领土，展开了运用其战略资源实现对外战略目标的活动。这段时期是诸侯国间互动最为激烈的时期，各国为了不在兼并战中失败，或是变法改革、富国强兵，或是展开合纵连横，以使自身处于有利的环境。

一 战国七雄对外战略理念比较

对外战略理念是国家对外互动的指导思想，它的形成除了与体系结构因素有关外，还受自身的历史文化、地理环境、民众心理等因素的影响。科学合理的对外战略理念可以化解诸侯国在发展中的"安全困境"，最大限度地实现自身利益。

（一）以事功主义为核心、以华夏统一为导向的秦国对外战略理念

秦自建国以来，一直处于和戎狄及周围诸侯国的冲突之中，生存环境异常恶劣，因此，对彼时的秦人来说，生存发展远比宗法伦理更

---

[*] 节录任中义硕士论文《战国七雄对外战略比较研究》，郑州大学，2011年，收入本书时有所改动。

为重要。他们关心的是如何开疆拓土谋求自身发展所必需的物质财富这些实际事务,而非仁义礼乐之盛衰的伦理道德。秦文化中的这种渊源造就了秦人注重个体对建功立业的追求,而较少受到伦理道德的羁绊。这种主张个体积极进取,注重实际功效的尚功思想即是秦文化中的事功主义。事功主义是秦文化之魂。秦人事功精神根源于秦文化功利主义的价值取向。秦人地处西陲,濡染戎狄之俗,因受西周宗法伦理文化的影响较弱,由此造就了秦人注重事功,轻视西周伦理,以事功压倒伦理道德的观念。古老的秦人崛起于关陇,却担当起了一统华夏的历史伟业,其凭借的文化内驱力乃是以事功为价值核心的文化精神。①

在当时实现统一的物质与精神条件已经具备。各诸侯国间的联系已较为密切,如荀子所说:"通流财物粟米,无有滞留,使相归移也。四海之内若一家。"② 华夏统一不仅是国君的理想,同时也是全社会对秩序的渴望。孟子发出天下统一才能安定的呼唤,各家学派也都提出了富国强兵,实现统一的学说。秦文化中事功主义的价值理念,加之华夏统一的条件已经成熟,因此,"统一天下"的重任就落到了秦国身上。

秦事功主义战略理念首先表现在秦立国以来有为君主对霸业之事功的追逐,以及当时机成熟时向帝业事功目标的提升上。襄公开创基业;穆公称霸西戎;孝公变法强秦,使秦跻身于山东强国之林;惠王继承父志,开创帝业之基础;昭王继承遗志,奠定统一之功业;始皇实现统一,完成秦君百余年统一之梦想。在商鞅变法的推动下,秦文化中的事功精神与法家思想得到了完美的结合,由此更加激起了秦社会各阶层不同层次的事功意识,使秦君之利、国家之利与臣民之利找到了有效的结合点。事功主义价值理念塑造了秦清明、高效的官僚体制,培养了秦人兢兢业业、孜孜以求的精神风貌,造就了秦军威武不

---

① 王健:《事功精神:秦兴亡史的文化阐释》,《江海学刊》2002年第2期。
② 《诸子集成》卷二,王先谦:《荀子集解·卷五·王制篇第九》,上海书店1986年版,第102页。

屈的战斗力，是秦人在华夏统一的过程中永不言弃的精神动力。

事功主义价值理念指导下的农战文化使秦整个社会围绕着农、战而运行，加之，秦经济方面重农抑商，使秦人更加乐农重战。这种战略理念不仅为秦国对外战略提供了强大的精神动力，增强了秦国的软实力，而且也推动了秦国硬实力的发展。重视事功和崇尚伦理的价值分野，不仅是法、儒两大学派的思想歧异，也体现了山东六国与秦国在思想文化方面的对立，秦灭六国是事功精神对东方伦理精神的胜利。[①] 秦人事功精神契合了历史进步的趋势，符合了华夏统一的潮流。秦人追求强国之事功，最终实现了统一华夏的理想。

以事功主义为核心的对外战略理念是秦国特殊的地理环境和秦文化以及以商鞅为代表的法家思想长期熏染的结果，它不仅为秦国在兼并战争中提供了强大的精神动力和智力支持，而且为秦提供了巨大的经济资源。从某种意义上说，正是秦人事功主义的价值取向使秦国一步步强大，进而实现了华夏统一的历史重任。

（二）地区扩张主义的齐、赵对外战略理念

齐在姜太公开国后，讲究"尊贤而尚功"的治理，经过几百年的发展，熏染了齐文化中浓重的功利色彩。齐国因土地贫瘠，导致工商业较为发达，且齐国东临大海与周围诸侯国的接壤较少，造就了齐人较为重视物质财富，而缺少像秦人那样强悍尚武的品质，致使战场上的齐军战斗力较弱。况且齐国缺少法家思想的熏陶，人心自由散漫，致使其社会动员组织能力远远落后于秦国。齐威王是战国中期比较有作为的一个国君。他扩建稷下学宫，革新政治，选贤任能、广开言路，使齐国一时成为东方霸主。在桂陵和马陵之战中，齐两次打败魏国，迫使魏王变服折节带领一些诸侯王入朝齐王。此时的齐国达到了鼎盛，它率领魏、韩联军南胜楚国于垂沙，稍后三国联军又西向攻入秦函谷关，迫使秦割地求和。然而，齐文化中急功近利的特性使齐人

---

① 王健：《事功精神：秦兴亡史的文化阐释》，《江海学刊》2002年第2期。

短视、功利,缺乏战略规划与长远眼光。齐的对外扩张只是为了称霸,它连年发动对秦、楚的进攻目的是迫使强国屈服,并非是为了华夏一统,因此,齐合纵对秦、楚的战争并没有使两国受到重大损失,反而由于齐本身连年对外攻伐,劳民伤财,消耗了国力。当它倾其所有力量歼灭中原膏腴之地宋国时,却遭到了天下诸侯的一致反对,险些亡国。

从战略理念上看,齐的失败在于其文化中功利主义色彩指导下的地区扩张主义急于扩张遭到其他国家的联合干预而彻底衰败。在当时战国七雄这种多极格局下,地区扩张主义难于协调其他诸侯国的利益,一旦战略缓冲区被瓜分完毕,且多极之间利益分配不均时,加之利益多得方难以用外交手段安抚其他诸侯时,必然遭到联合干预。

赵氏从三晋中分出后,建立了赵国。赵文化继承了晋文化的精髓,而晋文化的主体又是中原华夏文化,因此赵文化中华夏文化的色彩较重。赵建国后,为了摆脱战略环境不利的局面,制定了向北向东的对外扩张战略,于是,赵文化不可避免地要与北部游牧部落的草原文化、骑马文化发生冲突。在与草原文化的较量中,赵国不断取胜,先后灭掉了代、中山等小国。占领了北方戎狄之地,使得赵原有的华夏文化与戎狄游牧部落的草原文化相互融合,形成了赵文化中独特的二元特性。这种二元特性使得赵文化具有开放、进取、包容的精神。赵氏兴起在两种文化之间,对两种文化的交融、融合起着重大的作用,所以赵文化的基本精神就是开放、进取、包容、交汇,赵氏历代都是如此。①

在战国前期,由于其他各国先后变法且较为成功,相比之下赵国发展相对缓慢,然而赵文化中改革开放精神并没有泯灭,反而始终推动着赵国向前发展。公元前307年赵武灵王实行"胡服骑射"的军事改革。这场改革提倡胡服,效仿胡人擅长骑射的作战方式,使赵国焕发出勃勃生机,在对外战争中开始取胜。他不但攻取中山和攻略胡

---

① 李学勤:《赵文化的兴起及其历史意义》,《邯郸学院学报》2005年第4期。

地，借此扩大领土，而且使这些游牧部族服从；并且收编了林胡和楼烦的骑兵，借以增强兵力，使赵国从此成为与齐、秦并列的强国之一。① 赵武灵王去世后，继位的赵惠王凭借强大的军事实力，攻取了魏、韩、宋大片土地，国力不断增强，形成了秦、齐、赵三强鼎立的局面。在战国中后期，面对秦军大举东进，关东各国大都难以抵抗，唯有赵国尚能与之单独抗衡。

然而，赵国的对外战略理念自始至终都是致力于周边扩张，没有明确的全局性战略观念，所攻占的土地并非具有重要战略价值。"胡服骑射"的改革侧重于军事，难以和深刻改革传统文化的商鞅变法相比。"胡服骑射"带来的军事效益很快为列国所仿效。此刻，赵文化便又一次落后于经过变法而生气勃勃的秦文化了。② 赵国为了对外扩张，常常被小国拖进一场不必要的大战中，而这些大战又没有给赵国带来至关重要的利益。如在长平之战，赵国为韩国献上的上党郡而和秦国在长平地区发生激战，被斩杀四十多万将士，从此赵国就衰败下去了。

（三）从区域强国到依附强国的魏、韩对外战略理念

自三家分晋后，魏、韩两国据有三晋故地，继承了三晋文化的基本精神。魏、韩是战国时期法家、纵横家、名家思想的发祥地，法家、纵横家等学派的多位有影响的代表人物都生长在三晋故地。战国初期，三晋法治文化具有明显的优势。三晋倡导变法，内修政治，力主耕战。魏文侯经过变法成为一流强国，魏、韩、赵三家常常联合用兵，称雄中原。这一时期的魏、韩、赵是中原地区的强国，他们也致力于维护区域强国的地位而不断对外用兵，其中尤以魏国为甚。魏国西夺秦河西要地，北并中山，南侵楚地，首先称王，成为威震华夏的强国。

---

① 杨宽：《战国史》，上海人民出版社2003年版，第372页。
② 张建华、左金涛：《赵文化纵论》，《邯郸师专学报》1999年第1期。

然而，三晋文化作为早期华夏文化的主要组成部分，一方面推动了历史的发展；另一方面，也使中原诸国养成了闭关自守、妄自尊大的陋习，缺少积极进取，改革开放的理念。三晋文化在取得极大成就后，开始故步自封，不思进取，鄙视戎狄文化。当秦孝公任用商鞅进行变法后，三晋法家文化与秦本土文化得到了完美的融合，使秦国逐渐强大起来。相比之下，三晋文化却开始逐渐落后于秦文化，魏、韩等国开始不断遭到秦及周围诸侯国的侵扰，国力一落千丈。

从战国中期开始，三晋文化的衰落与秦文化的上升形成鲜明的对比，秦文化中开放进取、包容务实的特性吸引了大量三晋士人，致使魏、韩优秀人才大量流失。魏国在成为中原强国之后，对外战略并没有明确科学的目标，并没有利用这一有利时机增强国力，反而由于其扩张兼并的领土难以消化，在秦、齐的夹攻下逐渐衰落。到公元前336年魏惠王不得不"变服折节"朝见齐威王，这表明魏国的对外战略理念开始从地区强国转变为依附强国。到战国末年，魏国依附于强国的对外战略理念没有改变，只是随着形势的变化，依附的对象有所变化而已。

这个时期其他诸侯国由于变法而相续强大起来，相比之下，韩国却开始逐渐衰落了，其国力再也支撑不了强国的地位。从战国中期以后，韩国的对外战略理念就是要依附于强国而求得生存，最先由于魏国的攻势而依附于魏国，之后，时而依附于秦国，时而依附于齐、赵，总之要靠加入强国的联盟来维护安全。

魏、韩两国地处中原腹地，周围被各大强国所包围，在当时的华夏体系中地处中央，无论是推行区域强国的对外战略还是依附强国的对外战略，体系的特性决定了其必然失败。

（四）防御性现实主义的楚国对外战略理念

防御性现实主义是当代新古典现实主义理论的一个分支，它认为国家并不是寻求权力收益的最大化，而是在与对手的竞争中力求使权力损失最小化。国家不是以追求更多的权力的方式来维持生存，而是努力维持自身安全。① 这种对外战略理念反对完全依靠获得比对手更大的权力来寻求安全，而是主张采取其他策略手段来防止他国权力的增大，以达到维护自身安全的目的。这种战略理念一般比较适用于体系单位之间冲突较少的时期，难以适用于战乱频繁、动荡混乱的时期。

楚国是曾经的春秋五霸之一，进入战国仍然保持着春秋时代的大国地位。楚悼王时期，任用吴起进行变法，变法虽然遭到许多旧贵族的反对，但还是取得了一些成效，吴起相楚"于是南平百越；北并陈蔡，却三晋；西伐秦"。② 楚国是华夏文化和南方蛮夷文化交流融合之地，这造就了楚文化含有多生因子的特性，它是一种开放的、融合的文化。吴起的变法本欲移植中原文化中法家精神于楚国，使楚文化中具有法治的精神。然而，吴起的变法时间太短，楚国传统文化中的积弊并没有被清除，吴起死后楚国社会又恢复了原貌。楚国是以老、庄为代表的道家学派产生发展之地，道家思想含有清静无为、消极厌世的情绪，这对楚国国民性格的形成有重大影响。楚地气候温和，谋生较易，不像北方苦寒地贫，谋生不易，这也造就了楚人浪漫豁达，崇尚自然，随遇而安的民族性格，而不是像北方民族较为务实，注重功利特性。且楚人敬畏鬼神的传统意念很浓，更加重了楚人政治上倾向于保守，缺少积极进取的意识。楚文化中的这些因素催生了楚国对外战略理念注重消极防御，缺乏务实进取的意识。

从楚悼王起，楚国历代君主不是主张富国强兵、削弱中原强国，而是消极地防卫本土安全，结果领土不断被秦国蚕食。秦从惠王到昭王，先后吞并了楚汉中郡、上郡、鄢、邓、蓝田、楚都郢等重要地区，迫使楚迁都至陈（今河南淮阳）。虽然楚国曾吞并了越国和周围小国的一些土地，然而却难于改变其大而不强的特性。它在同中原诸

---

① [美]詹姆斯·多尔蒂、小罗伯特·普法尔茨格拉夫：《争论中的国际关系理论》（第五版），阎学通、陈寒溪译，世界知识出版社2004年版，第96页。

② 司马迁：《史记卷六十五·孙子吴起列传第五》，中州古籍出版社1996年版，第618页。

侯国的兼并战争中并没有取得过重要胜利,其对外战略的主导理念始终是防卫本土,保卫本土安全。然而在战国这种以"战"字当头,诸侯国之间相互兼并的时代,防御性现实主义的对外战略理念是不合时宜的,是注定要失败的。

(五) 从孤立主义到有限扩张主义的燕国对外战略理念

燕国偏居北方,在七国中实力最弱。在战国初期,燕国较少染指中原各国之间的兼并战争,其国家实力和地理位置等因素决定了其对外战略理念倾向于孤立主义。

然而,燕国的孤立主义对外战略并没有使其置身于各国纷争之外。公元前314年,齐国趁燕国内乱,发兵干涉燕国王位继承问题,仅用五十天便攻下燕国国都。由于齐军在燕的残暴激起了燕人的反抗,使得齐军又不得不撤退。之后燕昭王即位,为报复齐国破国之仇,发愤图强,经过二十多年的发展,国力大增。燕昭王对燕文化风格的形成与发展起到了关键作用。燕文化中慷慨悲歌、自强不息的爱国主义精神也在这一时期得到弘扬。在燕昭王后期,燕国的对外战略理念转为寻找时机,参与中原各诸侯国之间的事务,参加各国之间的合纵连横活动,利用大国之间的矛盾创造有利于燕国的外部环境。燕昭王的这种有限扩张主义对外战略理念适应了当时形势的发展,最终形成了合纵五国伐齐的局面,使齐国遭到重创,险些灭亡。在北方,燕对外扩张连连得手,它击败了东胡等游牧部落,把疆界扩展到辽东。

然而,燕国的这种有限扩张主义战略理念带有浓厚的复仇主义色彩,在燕将乐毅率军攻破齐国,劫掠大量财富之后并没有审时度势、有所克制,而是准备凭一燕之力一举攻灭齐国。结果乐毅留齐五年,攻下齐七十多个城,然而最终燕军还是被齐军击败。之后燕与赵、齐两国连年混战,这种相互征伐的战争消耗了燕国的国力,却为秦国的统一提供了便利。

二 战国七雄对外战略资源比较

对外战略资源是国家在国际互动中的基础和支撑,是国家在国际关系中的力量源泉。古今中外一些重大战争往往因为争夺重要的战略资源而展开,也往往因为一国失去重要战略资源而在竞争中失败。笔者根据战国七雄争霸的时代背景,把战国七雄的对外战略资源分为地缘政治、经济资源、军事实力、国内政治四大部分进行比较。

(一) 地缘政治比较

地缘政治学是近代以来产生的一门新兴学科,它从地缘政治的角度研究权力,探讨地理环境对政治权力的影响。地缘政治分析的实质是国际政治权力和地理环境之间的关系。①

地缘政治的思想很早就存在。在西方,人们对地理环境对政治行为影响的研究最早可以追溯到亚里士多德,他认为人们与其所处的环境密不可分,人们既受到地理环境的影响,也受到政治制度的影响。同时他强调,靠近海洋会激发商业活动,而希腊城邦国家的基础就是商业活动。温和的气候会对国民性格的形成、人们活力和智力的发展产生积极的影响。② 在中国,地缘政治思想更是源远流长,《孙子兵法·计篇》云:"故经之以五事,校之以计而索其情:一曰道,二曰天,三曰地,四曰将,五曰法。……凡此五者,将莫不闻,知之者胜,不知者不胜。"在冷兵器时代,地理位置对国家权力的影响至关重要,因此国家的地缘环境是国家对外战略的重要资源之一。

1. 易守难攻的秦国地缘政治环境

秦国在战国初期疆域在战国七雄中居中。然而,其地理位置的优

---

① [美] 詹姆斯·多尔蒂、小罗伯特·普法尔茨格拉夫:《争论中的国际关系理论》(第五版),阎学通、陈寒溪译,世界知识出版社2004年版,第164页。
② Aristotle, *The Politics of Aristotle*, trans. Ernest Barker, Oxford, England: Glarendon, 1961, pp. 289 – 311.

越性却是山东六国所无法比拟的。其疆域西至甘肃省的东南部，沿渭河两岸而有今陕西省的腹部，有一部分土地能直接到达黄河沿岸。有一小部分土地并从今陕西省的东南部伸入今河南省的灵宝。[①] 这样的地域环境使它处于中原地区侧翼，僻在西陲，凭借山河险阻与山东六国截然分开，对于山东诸国的纷争能进能退。在秦吞并巴、蜀之后，国土面积大增，不仅关中、汉中连成一片，而且在地缘战略环境上形成更为有利的态势。秦国领土的东南部突入楚国的侧翼，其东部领土依崤函之险楔入韩、魏两国的结合部，从而形成迂回攻击楚国、虎视中原之势。[②] 这种地理位置对中原诸国的威胁可想而知。巴、蜀号称"天府之国"，地域广大，物产丰富，再加上沃野千里的关中平原，社会稳定、人民殷富，为秦国统一全国奠定了坚实的物质基础。

仅就防御的角度来看，秦国疆域四周山河环绕，南有秦岭，西有陇山，北、东面有黄河天险，再加上东面与三晋和楚接壤的地区有函谷关、武关等重要关隘可以防守，由此形成了秦国易守难攻的地缘政治环境。这样的地缘政治环境，使秦在与山东六国的战争中，可攻可守，时机有利时可以进攻，时机不利时可以防守。

2. 地域辽阔的楚国地缘政治环境

楚国的国土面积是七国中最大的，它在强盛时几乎占据了长江中下游地区，其疆域西北和秦接壤，北和韩、郑、宋等国接壤，东和越接壤，南和百越接壤。楚国在吴起变法后，国力渐强，曾南收扬越，取得今江西南部和湖南、广西间的苍梧一带，从而把领土扩展到岭南地区。从地缘政治的角度来看，楚国的地理位置虽然不如秦国有利，但在七国中算比较有利的，它坐拥当今中国南方大部，进可以威胁中原各诸侯国称霸称王，退可以以一国之力守卫本土，防止他国入侵。在战国前期，楚国西有黔中巫郡，东有夏州海阳，南有洞庭苍梧，北有汾径之塞，地缘环境较为有利。然而，楚国边界线较长，与其他国

---

① 杨宽：《战国史》，上海人民出版社2003年版，第279页。
② 周德钧：《合纵：中国古代地缘政治论》，《湖北大学学报》（哲学社会科学版）1998年第1期。

家接壤较多，致使其兵力部署常常较为分散，再加上政治动员缓慢且部署不得当，因此有利的地缘环境时常变得不利。

楚国地广人众，却积贫积弱，物质性资源难以有效发挥。在秦取得其西部战略要地汉中郡之后，其地缘战略环境迅速恶化。因为，这使得秦本土与巴、蜀、汉中连为一体，从西边威胁楚国统治的核心地区。此后，秦国发动的侵楚战役几乎都从汉中直接插入楚国腹地。公元前279年，秦将白起攻入鄢、郢之后，楚国的地缘战略环境更加恶化，加之其政治混乱，使得中原各国不断蚕食其领土。然而，楚国毕竟是大国，其地域广大是其他国家难以匹敌的，以至于到战国末年，秦国不得不动用六十万的兵力才把楚国歼灭。

3. 偏居外围的齐、燕地缘政治环境

齐国是东方大国，在战国初年拥有今山东省的大部，兼有今河北省东南部的一部分。其疆域东临大海，北与燕接壤，西与赵、卫相接，南与鲁、越等小国接壤。总体来看，齐国的邻国较少，且其偏居东方，处于中原侧翼，其地缘政治环境较为有利。齐国在战国中期曾与秦国并列为东西二强，除了与其国力强大有关外，还与其四周缺少强大的邻国，在对外扩张中无后顾之忧有关。然而，虽然齐国也偏居侧翼，与其他大国的领土接壤较少且中间有小国充当缓冲国，但它地处华北平原，缺少有像秦国那样险要的关隘可用来防御，以至于五国合纵伐齐时，障碍较少，可以长驱直入从而使其险些灭亡。

燕国居于今河北省北部和辽宁省西南部，兼有今山西省东北部。其北部和东胡、林胡接界，西和中山、赵接界，南边靠海并和齐国接界。燕国长期独立地存在于北方，同其他诸侯国距离较远，故在战国前期有一个长期的比较稳定的环境。在长期的较为独立的发展过程中，燕国政治、经济和军事力量不断发展壮大，统治区域也随着时间的推移不断向周围地区扩展。虽然燕国偏居北方和中原诸侯国发生军事互动较少，然而由于与齐、赵等国相邻，却经常遭到这两个国家的武装入侵，且燕国地处北方与匈奴、东胡接壤，地缘战略环境较为不利。公元前314年，燕国发生内乱，齐国趁机干涉，使其险些亡国。

之后燕齐、燕赵之间基于复仇主义观念相互攻伐，消耗了燕国的国力。同时，由于其距离秦国较远，加之秦国推行"远交近攻"的策略，致使其领土被秦国兼并得较少，但其最终仍无法逃脱被秦统一的命运。

4. 地处中原、四面强敌的魏、韩、赵国地缘政治环境

魏国与周围国家犬牙交错地接壤，其领土较为分散，主要部分在今山西南部、河南北部，其余分散在临近省份。魏国地处中原腹地，被称为"天下之胸腹"，四周和秦、赵、齐等强国相邻而其处于中心，地缘政治环境非常不利。刘向在《战国策·魏策一·张仪为秦连横说魏王》中云：魏地四平，诸侯四通，条达幅凑，无名山大川之阻——魏之地势，固战场也，这是魏国地缘环境的真实写照。况且其周围还分布着一些小诸侯国，如郑、卫等国，这些小国常常把魏国拖入战争。整个战国时期，魏国都处于和周边国家战争的状态，在魏国强大和三晋联合用兵时，由于在周围减少了一些威胁曾取得过一些胜利。然而当时的联盟是基于恐惧和利益，是非常不稳定的，当利益发生冲突时，三晋联盟便分道扬镳了。之后，魏国经常遭到其他国家的入侵，国力不断衰落，尽管时常变换联盟，然而由于其地处中原终未能摆脱被各强国逐渐蚕食的命运。

韩国在三晋中领土较为狭小，大致有今山西省东南部和河南省中、西部的地区。它西北方与秦、魏接壤，南和楚交界，东南和郑、宋交界。韩夹在魏、秦和楚等强国之间，且无险要关隘可以防御，常常是强国兼并土地、扩充实力的对象，地缘战略环境最为不利。三晋联合用兵时，曾攻占了一些土地，到三晋分裂各自发展时，便不断遭到入侵，领土逐步被蚕食。公元前294年的伊阙之战，韩、魏联军惨败，致使韩国丢失大片土地，从此更为削弱。自战国中期后，韩国始终在夹缝里委曲求全，苟且求生，地缘政治上的劣势也使得其在战国末年最先被秦国歼灭。

战国初期的兼并战争多因处于中间地带的小国而引起，小国在大国兼并战争中起到了缓冲作用。到战国中期，杂处于七雄之间的小

国、部族所剩无几，缓冲国多已不复存在，"七雄"大都直接接壤，于是，地处中原、四面强敌的魏、韩首先成为各国攻占的对象。

赵国在战国初期的疆域大致包括今山西中部吕梁山以西至黄河东岸的部分地区，以及山西省北部和东南部的部分地区，逾太行山并领有今河北省的南部，以及今山东、河南两省与河北交界处的一小部分地区。① 与它接壤的邻国有西边的秦国，南边的韩、魏、卫三国，东边的齐国，北部的燕、中山以及一些少数民族部落。整体来看，赵国所处的地缘战略环境十分险恶，周边邻国既多又强，如赵武灵王所说："今中山在我腹心，北有燕，东有胡，西有林胡、楼烦、秦、韩之边，而无强兵之救。"② 三晋联盟分裂之后，由于地缘上的接近，赵不断遭到魏、秦等周边强国的入侵，国力逐渐削弱。赵武灵王推行胡服骑射改革后，赵国在北方攻取中山，攻略胡地，军事力量大为加强，曾一度成为能和秦国抗衡的强国。然而，赵国所处的地缘环境决定了其战略重点在西方和南方，因为西方的强秦和南部的中原诸国才是其最大的威胁。然而，赵国没有利用秦与中原诸国相互攻伐的有利时机，寻找机会削弱对手，反而把战略重点转移到东方齐国。尽管赵国参与五国合纵攻齐取得了胜利，然而却没有得到实质性的利益，其地缘环境不利的状况不但没有改变反而恶化了。之前秦、齐、赵三强鼎立，赵国可以利用战略三角关系借重齐国抗衡强秦，然而齐国衰弱下去后，赵国难以有强有力的盟友不得不单独面对秦国，以至于在长平之战中遭到惨败。

（二）经济资源比较

经济资源对国家对外交往起到基础性、决定性作用。就战国时期的生产力水平而言，铁制兵器和生产工具已得到普遍推广。同时，由于运河的开凿，水利工程的修建，以及农业生产技术的进步，极大地

---

① 沈长云、杨善群：《战国史与战国文明》，上海科学技术文献出版社2007年版，第14页。
② 司马迁：《史记卷四十三·赵世家第十三》，中州古籍出版社1996年版，第524页。

促进了农业生产的发展。虽然,当时手工业和商品经济得到某种程度的发展,商业开始繁荣起来。然而在以农民为主体的封建社会里,小农经济却是占据主导地位,是立国的基础,因此,农业的发达与否对国家实力来说至关重要。

1. 商鞅变法后逐渐强大的秦国

在战国初期,秦国偏居西陲,政治经济比较落后,不断受到其他诸侯国的进攻而丢失了大片领土。秦孝公即位后励精图治,任命商鞅进行变法。变法主要从以下几方面加强了秦国的国力:首先是实行法治。这就加强了秦国国民的纪律性,对贯彻国家的法令有重大作用。几年后秦国即呈现"道不拾遗,民不妄取,兵革大治,诸侯畏惧"①的景象;其次是实行军功爵制度。这条措施使得广大士兵能够靠自己的战绩有做官封爵的机会,极大地提高了秦军的战斗力;再次是重农抑商,奖励耕织。秦国地广人稀,荒地较多,这一措施使得大片荒地被开垦,有利于小农经济的发展,巩固了君主政权的经济基础;最后是普遍推行郡县制,废除一些贵族的特权。郡县制的推行从而把全国政权、兵权集中到朝廷,有利于巩固中央集权的政治体制。商鞅先后两次实行变法,其内容非常庞杂涉及秦国社会生活的方方面面,然而以上三项措施对秦国实现富国强兵起到了至关重要的作用。

商鞅变法在秦国获得了巨大成功,奠定了此后秦国统一全国的基础。变法之后,秦国军队的战斗力有了极大提高。由于推行重农抑商的政策,秦国农业发达,军队后勤保障充足,为其军事活动奠定了坚实的物质基础。变法之后,秦国农业生产技术和水利灌溉设施也得到相当程度的发展。秦昭王时的蜀郡守李冰修建的都江堰使成都平原成为"天府之国",既免除了水灾的泛滥又便利了灌溉和航运。战国晚期秦修筑的郑国渠使关中成为沃野千里的膏腴之地。当时秦国农业生产技术在七国当中较为先进,已经用牛进行耕作。这些都为秦在兼并战争中获得胜利提供了巨大的物质保障。在长平之战中,赵王就是否

---

① 《战国策》卷三:《秦一·卫鞅亡魏入秦》,上海古籍出版社1985年版,第75页。

接受上党郡征求臣下的意见，平阳君赵豹认为这将嫁祸于赵，而且秦用牛耕田，并以"水漕通粮"支援前线作战，并以田地奖赏军功，再加"令严政行"，因而不可能战胜。[①] 这种评价是客观而正确的。当时赵国也是强国，是山东六国中唯一能与秦单独较量的国家，赵重臣能做出这样的评价足可见秦国的强大。

2. 地广人众的楚、赵两国

在战国七雄中，楚国的领土面积最大，兵额最多，武器铸造最为锋利，资源相当丰富。楚国所处的长江中下游地区已是普遍的产稻区，土地肥沃，这使得楚国所拥有的粮食产量相当充足。在生产技术方面，它生产的铜器、铁器、丝织、刺绣、漆绘以及料器等，均十分先进，是一个富于竞争力和创造力的经济强国。如果以当今的硬国力来粗略比较，楚国可与秦国相媲美。楚王在合纵攻秦中，曾两次被推为合纵长。无奈楚国大而不强，反而越大越臃肿，政治上的分权体制以及内政的腐败使得楚国的物质资源难以有效地发挥作用。只是在吴起相悼王时，进行变法收到一定的成效，在对外兼并战争中取得了一些胜利。彼时楚国占有长江以南大片土地，国力达到鼎盛。楚国还曾不断地向南扩大领土，兼并了南方各族的大片领土。然而，楚怀王、顷襄王时，在同中原各国的战争中却不断失利，失去了大片土地。楚国地大物博，人口众多，就经济资源来看在战国七雄中只有秦国与其相当，以至于战国末年秦国在兼并楚国时要派出最优秀的军事将领带领最强大的军队才把楚国歼灭。

赵国是战国时期北方地区的一个比较强大的诸侯国，自赵武灵王攻取中山和胡地之后，赵国疆域更加广大，达到今内蒙古自治区阴山山脉。苏秦曾对赵王曰："当今之时，山东之强国莫如赵强，赵地方二千里，带甲数十万，车千乘，骑万匹，粟支十年……且秦之所畏害于天下者，莫如赵"[②] 由此足见，赵国在战国七雄中的地位及其所拥

---

① 杨宽：《战国史》，上海人民出版社2003年版，第412页。
② 《战国策》卷十九，《赵二·苏秦从燕之赵始合从》，上海古籍出版社1985年版，第638页。

有的经济资源。赵国的农业比较发达，在今内蒙古的河套平原，土地肥沃，适宜农耕。广大华北平原和山西大同、太原等盆地也适宜农业生产，尤其是华北平原地势平坦，沃野千里，河网密布，是发展农业生产的最好地带。① 赵国冶铁技术也比较发达，铁制农具得到普遍使用。农业生产的发展，自然也促使手工业和商品经济繁荣起来，再加上赵国处于北方和中原地区沟通交流的枢纽地区，因此，各地大小城市成为商业中心。赵都邯郸就是战国时规模较大，较繁荣的商业城市之一。赵国经济社会的繁荣使其成为在战国中后期能与秦国一较高下的强国。

3. 农业发达、土地肥沃的魏、齐

魏国占据中原腹地，农业发达，人口众多而富庶。魏国的水利灌溉技术处于当时的领先水平，有"西门豹引漳水溉邺，以富魏之河内"②的典范。战国初期魏国大兴水利的结果，既使中原地区的河流连成一片便利了交通，又极大地促进了农业的发展。李悝的变法使这种优越的物质条件充分地得到了应用。李悝的"尽地力之教"充分利用了魏国的土地，缓解了魏国地少人多的矛盾，推动了农业生产的发展。在经济上他主张实行的"平籴法"能在很大程度上限制商人对粮食的投机活动，防止农民破产而流亡，从而巩固了小农经济。这些措施的实行为魏国奠定了物质基础，使其在战国初期逐渐强大起来。然而，魏国地处中原，是战国中后期连年累月的兼并战争的主要战场，战争造成了对农业生产和人民生活的极大破坏。同时，随着魏国在兼并战争中不断失败，土地不断被周围的秦国等强国侵占，国土面积不断缩小。这使得魏国所能调用的经济资源越来越少，而逐渐衰落。

齐国地处华北平原富庶之地，土地肥沃，物产丰富。司马迁曾说："齐带山海，膏壤千里，宜桑麻，人民多文采布帛鱼盐。"③ 齐国

---

① 陈昌远：《论赵国社会经济的发展》，《河北学刊》1990年第6期。
② 司马迁：《史记卷二十九·河渠书第七》，中州古籍出版社1996年版，第429页。
③ 司马迁：《史记卷一百二十九·货殖列传第六十九》，中州古籍出版社1996年版，第910页。

东临大海有丰富的渔盐资源，且处交通要道，四通八达，商业活动非常频繁。齐国积极利用这些有利条件开展对外经济交流，如齐国将粮食、盐卖给赵、魏等国以换取黄金，然后再用黄金向滕、鲁等国购买粮食，以赚取差价。齐国经济的繁荣发达使其在战争中可调用的资源较多，这也是其在战国中期显赫于诸侯的一个重要原因。齐威王在邹忌的辅佐之下进行的改革，修明法令，整顿吏治。政治的进步使得齐国把这些有利的经济资源充分调动起来，国力大强。齐宣王之后，连年的对外战争，耗尽了齐国本来丰富的经济资源，从而逐渐衰败。

魏、齐两国有共同之处。两国所在的膏腴之地，由于战国中后期兼并战争连年不断，使得水利失修，农业生产畏缩，造成经济资源保障不足，致使其逐渐衰弱。

4. 贫困弱小的韩、燕两国

韩国是战国七雄中较为弱小的国家。就发展经济的条件来看，它所处上党地区和河南西部多山地，农业生产较差，只有河南的中部地区农业有一定发展。韩国农业生产较落后，只产麦和豆，所谓"韩地险恶山居，五谷所生，非菽而麦"。① 韩国地理条件恶劣，再加上政治腐败，无法整合利用已有资源，故始终积贫积弱。自三家分晋后，韩国对外扩张都是三晋联合用兵的结果，三晋联盟分裂后，其自身开疆扩土的能力较弱，尽管灭掉了小国郑和吞并了周边一些地区，但其本土却不断遭到进攻，成为诸强国兼并战争的一枚棋子。在多数时候，韩国只能割土入质，苟延残喘于诸强国之间。

燕国所处之地农业生产条件较差，然而就生产技术来说燕国却丝毫不在中原诸国之下。据考古发现，在燕国疆域内，发现了很多战国时期的铁制生产工具、金属货币、作坊遗址和城镇遗址，铁农具的设计、制造都比较先进，丝毫不低于同时代的中原内地的技术水平。然而，燕国毕竟地处北方荒芜偏僻之地，难以与中原各国较好的经济资源相比较，燕国国力在战国大部分时间是战国七雄中最弱的一个。它

---

① 司马迁：《史记卷七十·张仪列传第十》，中州古籍出版社1996年版，第647页。

在战国初期较少染指中原诸国的战事,因此社会经济在一个较长时期稳定发展。然而,其国力始终无法与中原诸国相比较,在战国七雄兼并战的多数时间都是以弱者的身份出现。

(三)军事实力比较

军事实力无疑是国家对外战略资源中至关重要的资源。在和平时期,强大的军事力量可以威慑敌国,安定民心。在战争时期,强大的军事力量可以保卫国土,攻城略地。在战国这个冷兵器时代,军事实力的强弱除了取决于经济、政治和人口等潜在的军事资源外,还取决于优秀军事将领、军队数量、武器装备等与战争直接相关的因素。

战争的方式在这一时期也发生了变化。春秋以前,战争主要是双方排列成整齐的车阵战,往往在一两天内就能决定胜负。战国时期,由于实行以郡县为单位的征兵制度,因此这时的战争往往采取步骑兵联合作战的野战和包围战,战争有时旷日持久,甚至持续数年。在战国这个动荡不安、战争频繁的年代,各国军事实力是不断变化的,有时一场大战下来,一国军事实力与他国相比就会判若两途。

1. 军事实力逐步增强的秦国

秦国在战国初期军事实力比中原诸国弱,经常受到中原诸国的侵扰,大片领土曾被魏国夺去,以至于秦孝公痛感"诸侯卑秦,愁莫大焉"[1] 因此决心变法图强。

商鞅变法后,秦国不论是军事制度,还是秦军的士兵素质、武器装备、后勤供应都远远超越了山东六国。秦国的关中、雍州、巴蜀、汉中等地土壤肥沃,人民殷富,是秦国在战国中后期兵员补充和后勤补给的重要地区。这些地区社会安定,战事较少,经济发达是山东六国所不可比拟的。同时,秦军粮草运输陆路牛拉马驮,水路则用"水漕通粮"支援前线。为保证陆路运输军粮的速度,秦在各地方均设有公用马、牛,专给服役,从而保证了军粮畅通无阻地运往前线。秦的

---

[1] 司马迁:《史记卷五·秦本纪第五》,中州古籍出版社1996年版,第30页。

运输能力在春秋时便已相当强。至战国中期后，随着秦夺取殽函天险、拔取宜阳等重镇，黄河运输水路遂被打通，在河渭水军的支援下，粮秣顺流而下，足以供给秦军。①

从秦国可以调动的军队数量来看，秦国在战国中后期军队当在百万以上。《战国策·秦策一·苏秦始将连横》中云：（秦）战车万乘，奋击百万。公元前260年长平之战，秦军竟俘虏赵军四十多万，并全部活埋。公元前225年，秦派大将李信带兵二十万攻楚，被楚大败；次年改用老将王翦带兵六十万再攻楚，结果大败楚军。《荀子·议兵》曾言：齐之技击不可遇魏氏之武卒，魏氏之武卒不可遇秦之锐士……遇之者，若焦熬投石焉。说明当时六国百姓对秦军威猛强大的印象。

秦国的二十等军功爵制是一种严格的军事赏罚激励制度，加上秦人强悍尚武的性格，战场上的秦军如虎狼之师，如张仪所说："山东之士被甲蒙胄以会战，秦人捐甲徒裼以趋敌，左挈人头，右挟生虏。夫秦卒与山东之卒，犹孟贲之与怯夫；"② 秦国尚武的文化和严格的军事激励措施培育出了大量优秀的军事将领，他们为秦国在历次战役中取胜起到了至关重要的作用。总之，秦国军队优越的后勤保障、充足的兵源、强悍的尚武性格，以及严格的军功爵激励机制使得战场上的秦兵个个如豺狼虎豹，这是秦军战斗力强于山东诸国之师的主要原因。

2. 军事实力逐渐衰弱的魏、楚两国

魏国在魏文侯时代军事实力强于其他六国。魏军曾南下夺取楚国重要领地，北上攻灭中山，东向大败齐国，西向重创秦国，占领了秦国在河西地区的战略要地。当时魏国的作战部队有五六十万，《战国策·魏策一》记载魏有武力二十余万，苍头二十万，奋击二十万。魏文侯以后魏军军事实力开始下降，尤其是名将吴起离魏仕楚，是魏军

---

① 蔡锋：《秦军强于六国之师原因探析》，《青海师范大学学报》（社会科学版）1991年第4期。
② 司马迁：《史记卷七十·张仪列传第十》，中州古籍出版社1996年版，第647页。

一大损失。此后,魏军在兼并战争中不断失败,军队人数也逐渐减少,《战国策·魏策一·张仪为秦连横说魏王》记载:"魏地方不至千里,卒不过三十万人。"公元前 341 年,魏国大将庞涓率领十万大军在马陵被齐军全歼,这是魏军从未有过的惨败。公元前 293 年,秦将白起在伊阙之战中大败魏韩联军,斩首二十四万,致使魏军遭受重创。公元前 273 年秦军败魏、赵军于华阳,斩首十五万。① 魏军遭受连续多次重大的失败,受到重创,使得魏国由强国变为要依附强国而生存。

然而,魏国在战国后期仍有一定的抵抗能力,秦军想一举攻灭之并不容易。加之魏国以土地奖励军功的军事制度具有一定的激励作用,尤其是对于广大贫苦农民,只要在战争中有功,就可以得到一些土地。这种军事激励措施对提高魏军的战斗力有一定的积极作用,使得秦国几度攻魏而不能把魏国灭亡。就如当时范雎所说的,秦独攻魏地不攻魏人的做法使得"十攻魏而不得伤",且有救援的燕、赵等国,这是魏军仍能保持一定战斗力的主要原因。况且当时天下名士、智勇双全的信陵君尚在,在他的策划下形成了五国合纵攻秦的态势,于是"魏将无忌率五国兵击秦,秦却于河外。蒙骜败,解而去"。② 使秦军退守函谷关而不敢出。由于信陵君的复出,且执掌兵权使魏国在战国晚期军队的战斗力不弱,在山东六国中当算比较强大。当信陵君被免职后,魏军由于缺少优秀将领而战斗力衰落。然而,当秦军逐个消灭其他诸侯国的军队时,魏军已远非秦军的对手。

楚国疆域广大,边防线是其他六国中最长的。楚军不但要防守边疆抵御外敌,而且还要保持一定的机动兵力,因此楚军的作战总数较多,可与秦相匹敌。《战国策·秦策三·蔡泽见逐于赵》曾言:楚地持戟百万。然而,由于楚军力量较为分散,且楚国分权体制使其军事

---

① 关于这次战役秦军斩首魏、赵两国军队的人数,已有的文献记载有所不同。《史记·秦本纪》《史记·魏世家》记载为十五万,《史记·白起列传》记载为十三万。笔者以秦本纪和魏世家为准,按作十五万。

② 司马迁:《史记卷五·秦本纪第五》,中州古籍出版社 1996 年版,第 33 页。

调动比较缓慢,因此楚军战斗力并不强大。吴起变法后,楚军实力有较大提高,当时楚国"南平百越;北并陈、蔡,却三晋;西伐秦。诸侯患楚之强"。① 然而,吴起在楚国的改革不幸夭折,使楚旧贵族继续维持其势力。此后,楚军虽然在一些战役中取得过胜利,如公元前306年楚国攻灭越国。然而在同北方六国的战斗中,楚国经常是以丧师失地而告终。公元前312年,楚军败于秦军,被斩首八万,丧失战略要地汉中。垂沙之役又惨败,其大片土地被秦、魏、韩等国夺去。后秦将白起攻下楚都鄢郢,迫使其迁都至陈,从此更加虚弱了。但楚国毕竟是个大国,楚军虽然在战斗中连续失败,然而在战国末期的军事体系中仍是军事大国,以至于公元前225年秦派大将李信带兵二十万攻楚,却被楚军打败。后又派王翦带兵六十万最终才把楚军消灭。当时楚国政治腐败、兵力分散、战斗力较弱,秦军尚且派名将率六十万士兵攻楚,可知楚国总兵力百万一点不虚。然而,军队人数并不是决定军事实力的唯一因素,虽然楚国人众,然而其政治腐败、权力分散的体制,致使其军事动员速度缓慢,再加上缺乏优秀将领,致使其军队战斗力较弱。

魏、楚两国军事实力的变化轨迹大体相当,都经历了从战国初期的较为强盛到逐渐衰弱的过程,只是衰落的原因、时间、速度有所不同而已。魏国因急于扩张,战略失误致使魏军衰弱较快。楚国在较长时间一直是本土防御,较少大规模进攻其他六国,因此军事实力衰落较慢。

3. 盛极而衰的齐、赵军事实力

齐国军事力量在战国初期较为一般。公元前405年,三晋联合用兵进攻齐国,使其损失惨重,迫使齐康公奏请周王封三晋为诸侯。之后,齐军事实力仍无所振作,不断遭到三晋和楚国的进攻。到齐威王时进行改革,其军事实力才大大增强。齐威王任用孙膑为军师整顿齐

---

① 司马迁:《史记卷六十五·孙子吴起列传第五》,中州古籍出版社1996年版,第618页。

军，使齐军战斗力大增。在孙膑的指挥下，齐军两度大败魏军，使魏国由强转衰，使魏王变服折节而朝见齐王。当时，齐国凭借强盛的军事实力成为和秦国对峙的东方强国。然而齐湣王却好大喜功、穷兵黩武，为了显示国力，他"南攻楚五年，畜聚竭；西困秦三年，士卒罢敝"。[①] 后倾全国兵力攻宋，虽然攻克了膏腴之地的宋国，齐军却由此疲惫不堪。正如苏秦所说："齐虽强国也，西劳于宋，南罢（疲）于楚，则齐军可败而河间可取。"[②] 由此使得乐毅率五国联军大破齐军，这是齐国军事实力由盛转衰的转折点。之后，虽有田单复国，但遭受重创的齐国从此一蹶不振。

在经济社会方面，齐国农工商并重的经济政策，造就了一大批富裕的工商业者。他们虽然为齐国经济的繁荣做出了巨大贡献，也是齐国兵员的主体，然而他们却害怕战争，缺乏勇猛尚武的精神。并且齐国以金钱奖励军功的制度使他们一般不会为了奖金而不顾生命危险在战场上拼杀。这在一定程度上影响了齐国军队的战斗力，尤其是在缺少优秀将领的领导下，齐国军队更是一盘散沙。在战国末期，齐国军队几乎无力抵挡燕、楚、魏的进攻，更不用说虎狼之师的秦军了。

赵国在战国初期军事实力并不强大，常和魏、韩结盟联合对外用兵。到三晋联盟破裂后，赵独自对外兼并，由于弱于秦、魏两国，经常受这两个国家军事入侵。为了适应形势发展的要求，赵武灵王时代，推行胡服骑射的改革，命令军队穿着胡人服饰，学习胡人骑射的战斗技术，从而使赵军的战斗力有了较大提高。改革不久，赵即在一些战役中取得了胜利。赵武灵王亲率二十万大军历时五年，攻取了中山和大片胡地，收编了大量林胡和楼烦的军队，而且胡地多产战马，因而赵国军事力量更为强大，一时形成秦、赵、齐三强鼎立的形势。赵惠文王也是个有作为的君主，他重用赵奢、廉颇等有能力的武将，

---

① 司马迁：《史记卷六十九·苏秦列传第九》，中州古籍出版社1996年版，第640页。
② 《战国策》卷二十九：《燕一·苏代谓燕昭王》，上海古籍出版社1985年版，第1073页。

曾使秦军在阏与之战中惨败，这是秦在商鞅变法之后的兼并战中未曾有过的失败，可见当时也确实只有赵军才能和秦军一较高下。然而，赵孝成王却是个昏庸无能之君，他任用纸上谈兵的赵括，致使赵军四十多万死于长平之战，从此赵军大受挫折，再也不能单独与秦军抗衡。战国后期，虽然廉颇、李牧、司马尚都是彼时名将，使秦军不敢轻易进攻赵国，然而赵国却未能有效地整合这些军事资源，致使他们或被逼走或被逼死，从根本上难以挽回赵国军事颓废的态势。

4. 军事实力较弱的燕、韩两国

燕、韩两国在战国大部分时间处于较弱的地位，军事实力也是七国中最为弱小的。燕国在战国初期较少参与中原诸国的战事，多用兵于北方少数民族，曾取得一些胜利。到战国中期如苏秦所说："燕东有朝鲜、辽东，北有林胡、楼烦，西有云中、九原，南有呼沱、易水。地方二千余里，带甲数十万，车七百乘，骑六千匹，粟支十年。"[①] 虽然，燕国在和北方少数民族的较量中取得了一些胜利，然而，其军事实力与中原诸国相比却有一定差距。公元前314年，齐宣王趁燕国内乱令匡章伐燕，只用五十天便攻下燕国都城。公元前298年，齐又"北与燕战，覆三军，获二将"。[②] 虽然燕昭王发愤图强，军事实力有所提高，他重用乐毅使得燕国一时间显赫于诸侯。然而，燕惠王却由于对乐毅的不信任而用骑劫为将，致使燕军在围攻齐国五年后被打败。自此之后，燕军在对外兼并战争中一直处于弱势。公元前251年，燕攻赵，起兵多至六十万，"令粟腹以四十万攻鄗，使庆秦以二十万攻代"[③] 结果被赵将廉颇和乐乘打败。之后，赵大将乐乘再度围攻燕都，燕国处危。燕国军事实力本身较弱，确因与赵、齐的连年战争而更加虚弱，致使战国晚期毫无抵抗秦军之力。

---

① 《战国策》卷二十九：《燕一·苏秦将为从北说燕文侯》，上海古籍出版社1985年版，第1039页。

② 同上书，第1056页。

③ 《战国策》卷三十一：《燕三·燕王喜使粟腹以百金为赵孝成王寿》，上海古籍出版社1985年版，第1121页。

韩国较小，且处于强国的包围之中，有"地方千里，带甲数十万"。[①] 韩国几乎在整个战国时期都处于依附强国的地位，在联盟中充当无足轻重的配角。起初和三晋联合用兵，韩在军事上曾取得一些胜利。之后，韩时而依附魏国，时而依附秦国，只能在联盟中求得生存。然而，在战国这个弱肉强食，以权力界定利益的时代，联盟并没有给韩国带来实在的利益，韩国依然在对外战争中损兵折将，割地求和。军事上的一次次失利使韩国更加虚弱，国土面积不断缩小。到战国晚期，韩国几乎沦为无足轻重的小国，以至于秦军不费吹灰之力而把其歼灭。

（四）国内政治比较

国内政治是影响国家对外战略的一个关键性因素。国内政治影响对外政策的制定、实施，影响对外政策实施的优先方向以及效果。反之，对外政策则反作用于一国国内的政治变革、经济变革以及一国参与国际体系的程度。[②] 在古代封建制国家的国际体系中，亦是如此。封建制国家内部政治构架是否科学合理直接关系到国家在对外互动中成功与否。在君主制这种集权统治的国家里，政治权力往往高度集中于君主手中，因此，君主个人能力对国家对外关系起着关键性影响。因此，笔者主要从各诸侯国君主的个人能力、官僚制度、用人制度等方面比较战国七雄的国内政治状况，以期从中透视在对外兼并战争中，各国国内政治对其对外兼并的影响。

1. 政治开明进步的秦国

在战国初期，秦国政权操纵在强大的贵族手里，国君的废立常由庶长做出决定。庶长们经常把不称心的国君撤换或逼死，而把流亡在外的质子迎回来做君主。因此，战国初期秦国国内政治比较混乱，社会经济发展比较迟缓。

[①] 《战国策》卷二十六：《韩一·苏秦为楚合从说韩王》，上海古籍出版社1985年版，第930页。

[②] 刘军：《国内政治、对外政策及其相互影响》，《国际论坛》2010年第2期。

秦献公即位后，在政治上实行"止从死""为户籍相伍"等一些改革，使得秦国开始强大，在兼并战争中开始转败为胜。秦孝公继承献公的遗志，发愤图强，任用商鞅进行变法。变法剥夺了旧贵族的一些重要特权，加强了君主的权力，巩固了中央集权的政治体制。秦国的变法开创了秦国客卿制度和军功爵制度这两大人事制度，为人才源源不断地来到秦国提供了制度保障。秦孝公、惠文王、武王、昭王等历代君主都善于发现和重用人才，尤其是敢于大胆起用有才能的异乡人。秦国这种任人唯贤的客卿制度，收罗了天下人才为秦国所用，使得一大批治国治军的贤才为其出谋献策，形成了一个围绕秦王的高水平的智囊团队。在秦国每一个时期，这个智囊团都远远胜于山东六国的智囊团。后来，选贤任能、任人唯贤的用人制度在秦国得到继承和发扬。商鞅是卫国人，张仪是魏国人，甘茂是楚国人，司马错、范雎、吕不韦、李斯等皆是在秦国对外兼并战争中立下汗马功劳的异乡人。这些异乡人为秦国统一华夏起到了至关重要的作用。

以异国人为卿，六国皆有之，但六国中掌握实权、主持政事的绝大多数是宗族和国人。而秦国却不然，它敢于突破世卿世禄制，大量起用东方诸国人才，拜为卿相，委以重权，举国听之。不可否认，秦国国内也存在本土派与客卿派之间的明争暗斗，在一些问题上甚至斗争激烈、寸步不让。然而在当时的战争年代，两派力量多数时候能够以大局为重，以增强秦国国家利益为出发点，这就保证了秦国在对外兼并战争中战略目标明确、内政外交稳定有序。

秦国严格的军功爵制度也保证了身处中下层的广大贫民可以通过自身的努力提高自己的政治地位。商鞅在变法中取消了贵族宗室的许多特权，规定"宗室非有军功，论不得为属籍"。[①] 这种军功爵制度按作战功劳的大小授给爵位，一定的爵位代表相应的政治地位和享有的经济待遇。《商君书·赏刑》言："利禄官爵专出于兵，无有异施也。"这种制度为秦国社会阶层之间的合理流动提

---

① 司马迁：《史记卷六十八·商君列传第八》，中州古籍出版社1996年版，第632页。

供了畅通的渠道，激励了广大农民，使他们为了提高自己的地位而奋发耕战。

秦国自商鞅变法确立"依法治国"的理念后，秦国君臣处处以法律为行为准则。《荀子·强国》中曾云：（秦）其百吏肃然，莫不恭俭、敦敬、忠信而不楛，古之吏也……观其朝廷，其闲听决百事不留，恬然如无治者，古之朝也。因而秦君偶有昏庸无能之辈，但秦法确立的重视军事、重农抑商的政策却被延续下来，始终贯彻执行。

2. 政治混乱、四分五裂的楚国

楚国宗法贵族势力强大，政治腐败，内部派系林立。楚贵族贪婪无忌，好伤贤以为资，厚赋敛诸臣、百姓，致使"楚国多盗，……盗贼公行而弗能禁"。[①] 因此，楚国的政治积弊深重，楚悼王时曾企图打破不用异族的旧传统，向中原各国寻求变法人才。于是，吴起到楚，深感悼王知遇之恩，协助悼王改革吏治，曾使楚国呈现勃勃生机，无奈变法时间太短，且楚国积弊太深，悼王死后，变法就被废止了。楚国虽然也在早期的兼并战争中取得一些胜利，然而楚国大而不强，政治四分五裂，军政大权始终掌握在贵族昭、景、屈三家之手。《韩非子·问田》曾言：楚不用吴起而削乱，秦行商君而富疆。

楚国到怀王时，政治更加腐败，内部派系斗争尖锐。有能力使楚国振奋的屈原，不被重用屡遭流放，最终含恨而死。上官大夫和令尹子兰等无能小人充斥楚国朝野。这期间又爆发了庄𫏋大起事，使楚国的统治力量更加分散，楚国越来越虚弱了。楚国贵族的腐朽暴虐及国内的分裂和紊乱，便利了秦国在兼并战争中不断取得胜利。[②] 因此，秦国改变了先攻灭魏国的计划，于公元前279年派大将白起率军进攻楚都鄢郢，不久便攻克了楚国的政治中心鄢郢。据白起分析，之所以能轻易攻下鄢郢及其周围几百里的富庶地区的重要原因是"时楚王恃其国大，不恤其政，而群臣相妒以功，谄谀用事，良臣斥疏，百姓心

[①] 《战国策》卷二十七：《韩二·史疾为韩使楚》，上海古籍出版社1985年版，第992页。
[②] 杨宽：《战国史》，上海人民出版社2003年版，第437页。

离,城池不修,既无良臣,又无守备"。① 至公元前277年,秦又攻取楚的巫、黔中,设置黔中郡。从此,楚国西部的半壁江山为秦所得,其颓败之势已难以挽回。② 之后,楚国都城东移,更加虚弱,在政治上始终没有作为。

3. 开明政治难以继承的齐、赵、魏、韩、燕国

齐国在战国中期的齐威王时国势强盛,政治清明。他任用邹忌进行政治改革,接受臣下意见,注意选拔人才,除去不称职的官吏,奖励得力的将领和官吏。这使得齐国政治、经济呈现新气象,巩固了统治基础。齐威王重用田忌、孙膑两次打败魏军,迫使魏惠王变服折节朝见齐威王。然而,到齐宣王时齐国政治开始走向腐败。齐宣王命令匡章带兵攻破燕国,却由于齐军过于残暴,遭到燕人反叛,迫使齐军无获而归。齐湣王专断暴虐、自信狂妄,听信燕国间谍苏秦的游说倾全国之力灭亡了宋国,却遭到秦、赵、燕五国合纵的讨伐,险些亡国。从此,齐国一蹶不振。当秦国陆续进攻韩、魏、楚、燕、赵五国时,齐相国后胜却接受了秦的贿赂,不仅不助五国抵抗秦国,而且不修战备,不做任何战略防御准备,使秦在攻灭齐国时一路高歌猛进。

魏国在魏文侯时,经过李悝变法,政治清明,国势日昌。魏文侯是个雄才大略、知人善任的君主。他以翟璜为"伯乐",使之举荐人才,遂得法家始祖李悝、名将乐羊、无神论者西门豹、军事家吴起等一批优秀人才。这些人才都为魏国早期的发展立下不朽功勋。魏文侯提拔李悝为相国,主持变法,获得成功;任用西门豹为邺令,治理北鄙,北鄙大治;用吴起为西河太守,攻取秦国河西等战略要地;以乐羊为大将,伐取了中山。同时,又以厚礼收罗天下有名之士,使之为魏效力。这一时期,魏国国力强盛,成为天下士人向往之地。魏文侯在位几十年,主张选贤任能、变法改革适应了当时社会发展的要求,

---

① 《战国策》卷三十三:《中山·昭王既息民缮兵》,上海古籍出版社1985年版,第1188页。
② 沈长云、杨善群:《战国史与战国文明》,上海科学技术文献出版社2007年版,第145页。

使魏国在政治、经济、军事方面都取得了很大的发展。到魏武侯时，魏国政治开始腐败，先是吴起被疑而出走楚国，继而商鞅离魏仕秦，之后是张仪入秦，孙膑归齐等等。这些人都是彼时之奇才，他们的流失足见魏国用人制度的失败，也造就了魏国的衰落。从襄王到安釐王，魏国政治始终无所振作，国君不求发奋图强、选贤任能，而是嫉贤妒能。原本有治世之才的信陵君，本来可以挽魏国之既倒，确因安釐王"畏公子之贤能，不敢任公子以国政"①，而报国无门、含恨而死。魏国政治由开明到腐败造就了魏国的衰败。

韩国在战国初期政治较为清明，在对外兼并战争中兼并了一些土地。韩昭侯是一个有能力、有作为的君主。他采用申不害的用人策略，注重国君对臣下的选拔、监督、控制。这些措施加强了君主集权，使韩国政治清明，统治比较稳定。昭侯死后，韩国开始衰落。在战国这个权力竞争激烈的时代，昭侯之后的君臣内不能奋发图强，增强国力，以抵御外侮入侵；外不能纵横捭阖，有效维护国家的利益。韩国只能在大国间的兼并战争中充当小国或缓冲国，来满足大国兼并的需要。再加上国君懦弱无能，不断采取割土求安这种抱薪救火的方式苟延残喘，致使国土不断被蚕食，灭亡只能是时间的问题。

战国初期，赵襄子灭掉晋国最大诸侯知氏，形成三家分晋局面后，赵国政治清明、君主有为，不断巩固统治基础，在对外兼并战争中也经常取胜。然而到战国中期，赵国却由于变法的不彻底，发展较为缓慢。而反观魏、秦等国变法较为成功，国力逐渐增强。相比之下的赵国政治无所革新，在兼并战争中屡遭失败。赵武灵王时，推行"胡服骑射"的改革使赵国逐渐强大起来，赵惠文王继承遗志使赵国国力继续增强。战国后期，赵国有蔺相如、赵奢、廉颇、李牧、司马尚等一批优秀人才，使之成为能与秦国单独抗衡的国家。可惜惠王之

---

① 司马迁：《史记卷七十七·魏公子信陵君列传第十七》，中州古籍出版社1996年版，第670页。

后，赵国内政昏暗，国君不明，未能很好地使用这些人才。赵孝成王任用纸上谈兵的赵括，结果长平之战惨败被秦军坑杀四十多万人。战国末期，秦国的离间计，使赵王听信了嫉贤妒能、充当内奸角色的郭开的建议，结果逐走廉颇，杀死李牧，罢黜司马尚，从而使赵国再也没有可以御敌的良将。

  燕国在强盛时拥地数千里，士卒数十万。因其与其他诸侯国距离较远，所以与中原诸侯国之间的战争较少。战国初期燕一直孤立于中原诸国的兼并战争之外，长期和平稳定的环境，使燕国社会经济得到一定程度的发展。然而，公元前314年，燕王哙为了进行政治改革禅位于子之，因受到反对派的强烈反对和外部势力的军事干预，子之改革失败以身殉国。燕昭王即位后，决心洗雪齐军破国之仇。他发愤图强，任人唯贤，致使燕国经过二十多年的改革，国力有所增强。从燕昭王开始，燕国就逐渐参与了与齐、赵和秦之间的兼并战争，且曾显赫于诸侯。昭王去世后，燕国政治开始腐败。燕惠王昏庸无能猜疑乐毅，使骑劫代之为帅围攻齐国，结果被齐将田单打败，燕军损失惨重。之后，燕国的内外政策更加失误，内不能发愤图强外不能明确首要敌人，只是忙于与赵、齐等国的混战，从而耗损了国力。

  魏、齐、韩、赵、燕五国都曾在战国时期某个时段呈现昙花一现的强势，又都因为即位君主的昏庸无能而衰败。其原因主要在于这些国家的国内政治缺少较为合理的制度保障，国家的一切行为完全依靠君主个人的意志。最终，当国家的君主无所作为又缺少合理的制度保障时，整个国家的发展就会偏离正常轨道。

三　战国七雄对外战略手段比较

  国家要实现战略目标和国家利益，必须采取有效的战略手段。对外战略手段是多种多样的，它是指国家巧妙和高超地运用已有的战略资源达到战略目标。实际上，各种战略手段本身并无高低、优劣之别，只不过在不同的环境、不同的时空条件下，才有了选择的先后。①科学合理的对外战略手段是个综合体系，包括军事、联盟、外交等，国家正是综合运用这些手段以改变其他行为体的态度与行为，从而实现国家利益和目标。

战国时期的主要特征就是诸侯国之间的混战。战争是各国的第一要务。各国为了达到兼并土地的目的或是采取直接军事进攻，或是采取联盟，或者采取外交手段来保证本国在兼并战争中处于有利的地位。对外战略手段的优劣直接关系到国家对外战略目标能否实现。

(一) 综合运用军事、联盟、外交等多种手段的秦国对外战略

秦国在献公后，国力开始增强。其对外战略手段也呈现多种多样，一般根据成本收益原则，在权衡利弊得失后，往往采用成本最小而收益最大的手段。在运用对外战略手段时，秦国时常根据制衡原则，利用别国在战略上对敌国形成牵制时，通过多种手段实现阶段性战略目标。如公元前362年，韩、赵、魏之间发生大战，秦国趁机伐魏少梁，大败魏军。正因为灵活多变的对外战略手段使秦国在对外兼并战争中常常处于有利地位。

从总体上来看，军事手段是秦国实现对外战略目标的主要手段之一。然而，秦统治者在使用军事手段时较为慎重，深谙《孙子兵法·计篇》中"兵者，国之大事，死生之地，存亡之道，不可不察也"的用兵原则。因此，秦国在献公以后，采用军事手段实现对外战略目标而失败的较少。从秦国给予六国重大创伤和夺取的战略要地来看，军事手段在秦国对外扩张中起到了重要作用。秦魏石门之战是秦国首次取得对山东六国的较大的军事胜利，后秦又经过龙贾之战夺回战略要地河西郡。《战国策·燕策二》记载：龙贾之战、岸门之战、封陵之战、高商之战、赵庄之战，秦之所杀三晋之民数百万，其生者皆死秦之孤也。之后，仅秦将白起指挥的伊阙之战、华阳之战、鄢郢之

---

① 周丕启：《大战略分析》，上海人民出版社2009年版，第25页。

战、长平之战这四大战役就斩杀三晋和楚的将士在一百万以上,何况秦国猛将如云,总共斩杀的六国将士何其多也,将难以计算。

联盟手段也是秦国在对外战略中使用的主要手段之一。联盟在战国时代也即合纵、连横。所谓"合纵",即"合众弱以攻一强",就是许多弱国联合起来抵抗一个强国,以防止强国的兼并。所谓"连横",即"事一强以攻众弱",就是由强国拉拢一些弱国来进攻另外一些弱国,以达到兼并土地的目的。① 秦国当时使用的主要联盟手段是联合一些弱国来进攻另一些国家,以达到兼并土地的目的,即连横。张仪是秦惠王时期著名的纵横家,他推动的连横策略获得了巨大的成功,使秦惠王能够"拔三川之地,西并巴蜀,北收上郡,南取汉中……遂散六国之从(纵),使之西面事秦"② 在公元前287年,秦、齐两国实现连横,秦让齐攻宋,宋让秦攻魏的安邑。于是,秦攻取了魏的新垣、曲阳;次年又派司马错"攻魏河内,魏献安邑"。③ 秦也使用过合纵的战略手段,齐国在攻灭宋国后,疆域一下扩展了许多,构成了对三晋的直接威胁。于是秦国便参与五国合纵伐齐,大破齐国。秦国不但由此获得不少土地,而且极大地削弱了对手。联盟手段是秦国在自身力量不足以实现对外战略目标的情况下,联合一些国家以达到增强自身力量的目的。秦国在对外兼并中使用联盟手段使其获得了实实在在的利益。

外交手段也是秦国在对外扩张中经常使用的手段,尤其是当秦国军事上处于劣势时,成功的外交手段往往可以挽回失败的危局,甚至转败为胜增进国家利益。公元前344年左右,魏国准备会盟小国以图进攻秦国,当时秦国的实力还不及魏国。秦相卫鞅游说魏王应先称王,再号令诸小国共同攻取齐、楚。魏惠王果然听从了卫鞅的建议先行称王,这使得魏进攻的矛头从秦转变为齐、楚。张仪为

---

① 杨宽:《战国史》,上海人民出版社2003年版,第315页。
② 司马迁:《史记卷八十七·李斯列传第二十七》,中州古籍出版社1996年版,第714页。
③ 司马迁:《史记卷五·秦本纪第五》,中州古籍出版社1996年版,第32页。

秦相时，使用外交手段大大增进了秦的国家利益。他曾凭借高超的外交技巧，赢得了魏王相信并出任魏相，使魏王放弃合纵计划而与秦国结盟，最终形成了以秦、韩与魏之势伐齐、楚的局面。楚国在战争初期处于较为有利的地位。在这种情况下，张仪出使楚国，以秦王献出商於之地六百里为诱饵，成功游说楚王使其与齐国断交。当齐楚联盟瓦解，楚怀王发现被骗而发动大军攻秦时，秦军已经做好了战争的一切准备。因此，楚国在这场大战中不仅惨败，而且失去了战略要地汉中。在某种程度上来说，正是张仪运用外交手段为战争的胜利赢得了时间。秦国外交总是能在秦国处于不利状态时，为秦国最大限度地赢得国家利益。公元前298年，齐、韩、魏三国大举攻秦，前后历时三年，最终攻入函谷关。秦被迫割地求和，归还了以前攻取的韩、魏的一些土地，于是三国退兵。这次合纵攻秦，秦军虽然失败了，然而秦成功的外交化解了合纵联军的进一步进攻，最大限度地维护了秦王朝的利益。

反间外交是外交的另一种形式，秦国为反间外交积累了丰富的经验。到战国后期，秦对这种手段运用得更加得心应手，它经常配合军事手段使秦在对外扩张中获益相当大。范雎担任秦相以后，从"十攻魏而不得伤"中得出经验，提出"毋独攻其地而攻其人"的新战略手段，主张攻地而兼攻人。从此以后，秦国的反间外交在秦国对外兼并战争中起到了重大作用。当长平之战处于僵持状态时，秦国派出间谍到赵国散布谣言，使赵孝成王中了反间计，以赵括代替廉颇为将，致使赵军遭遇长平惨败。战国晚期，燕、赵、楚、越四国计划攻秦，秦王担心四国联兵的军力过盛，于是便派遣姚贾携带重金，贿赂四国君王，最终使得四国联盟瓦解。战国末年，原本赵国尚有李牧、司马尚、廉颇等名将可以抗衡秦军，然而，赵王宠臣郭开被秦国收买，致使李牧被杀，廉颇、司马尚被弃之不用。齐相国后胜也由于收受秦的贿赂，而充当秦的间谍。当秦陆续攻灭韩、魏、楚、燕、赵国时，齐国不但不助五国抗秦，反而不做抵抗秦军的准备。这使得秦军在没有遇到抵抗的情况下攻破了齐国。

（二）军事强国与战略手段单一的齐、赵对外战略

齐国在战国初期由于国力不强，在对外战争中处于守势，经常遭到周边国家的侵扰。自齐威王之后，伴随着齐国国力的增强，开始对外扩张。齐国在对外扩张中，军事手段是最主要的，也使用联盟手段，但却往往在盟友的选择上出现失误。战略手段单一是其对外扩张失败的一个重要原因。如在公元前314年，齐军仅用五十天便攻下了燕国国都。然而，齐国的军事手段过于残暴，没有安抚被征服地区的人民，致使燕人反叛，迫使齐军不得不撤退。齐国在兼并宋国时的策略也出现失误。宋国乃中原地区膏腴之地，各国对之觊觎已久，齐国灭宋必然成为众矢之的，且齐国并没有做分化反齐联盟的政治和外交准备，致使齐国因这次扩张而惨败，险些亡国。

齐国在国力最强呈现秦、齐两强对峙的情况下，并没有采取有效的联盟手段削弱对手秦国，更没有立足国内增强实力，战略方针出现重大失误。齐国自宣王之后常年对外用兵，劳民伤财，虽然兼并了一些土地，然而却不能很好地巩固，最终被兼并的土地所拖累。反观这一时期的秦国却在对外扩张中连连得胜，获得了巨大实际利益。齐在"合纵"而发动的连年战争中消耗了国力，这种穷兵黩武的扩张手段使齐国退出了战国舞台的中心。

在战国初期赵国力量较弱，后因有为君主奋发图强，从而强大起来。赵国对外战略手段也以军事为主，对外扩张主要是采取军事较量，其他手段使用较少。赵国早期攻占的卫国土地，以及之后攻取中山和北方胡地等一些重要土地都是单独采取军事手段而取得。当然，在对外扩张过程中，赵国也采取联盟手段，但联盟手段对赵国的意义并不显著。公元前318年，赵国联合魏、韩、燕、楚四国伐秦，曾攻到函谷关，结果被秦军击败。赵国因为参与这次合纵联盟不但一无所获，反而在次年遭秦军攻击被斩首八万，损失惨重。在战国中后期，形成了秦、齐、赵三强鼎立的格局，其中秦国最为强大。赵国本应该联合齐国等国削弱秦国，然而，赵国却和秦国合纵伐齐，结果使齐国

· 68 ·

遭受致命打击,形成秦国"一超"的战国格局。之后,使秦国在对外兼并中可以集中所有资源进攻赵国,这就加速了秦国统一华夏的进程。赵国虽然在这段时间是个军事强国,然而由于战略手段的失误,致使其削弱了本来的盟友增强了潜在的敌人。

(三)军事虚弱与联盟、外交等手段失败的魏、楚、韩、燕对外战略

魏、楚两国曾是战国初期的强国,两国从强到衰的变化轨迹基本是相同的:强盛是短暂的,衰弱是长期的。两国在强大时曾运用军事手段兼并了一些土地,之后由于诸多因素,两国在扩张中失败割地的场景较多。两国对外战略的失败最关键在于没有以整体的视角审视其行为。在多极体系中,联盟的变化是异常复杂的,今天的盟友往往可能是明天的敌人。而魏、楚两国往往没有处理好盟友和敌人的关系。在桂陵之战中,魏国在围攻邯郸过程中,外交上出现失败,致使齐国在关键时刻出兵救赵,从而使魏军惨败。后魏国围攻韩国,同样的外交失败又一次上演,齐国再次出兵攻魏,导致魏军损失惨重,这次的惨败使魏国从此不再是强国,沦为二流国家。魏国也经常参与联盟来达到对外扩张的目的,如三晋联盟、五国合纵攻秦联盟。然而,在其参与的联盟中只有三晋联盟为其对外扩张发挥过巨大作用,而其参与的其他联盟给魏国带来的多是灾难而不是利益。朝秦暮楚、联盟选择的失误常常使魏国损兵折将而难以获得应有的利益。加之,魏国自战国中期以后,外交上鲜有较大作为,未能在形势不利时通过外交手段尽量挽回利益损失。因此,虽然有魏惠王逢泽之会和齐、魏徐州相王使魏国在形式上保持强盛的声势,然而,这些不牢固的会盟并没有给魏国带来实际的利益。军事的逐渐衰弱和联盟、外交等其他战略手段的失败是魏国在战国后期对外扩张中失败的重要原因。

楚国除了军事上和魏国相似外,其内政更加腐败,其对外政策的制定与执行掌握在腐败无能的本土贵族手中。这些本土贵族往往享有

世卿世禄的待遇，而且嫉贤妒能。内政的腐败往往导致其外交战略手段的失败。在秦取汉中之役中，楚军在已经攻下了战略要地曲沃的有利形势下，而在联盟与外交手段的运用上却失败了。楚怀王听信张仪的欺骗，与齐绝交，又想不劳而获拥有商於之地，结果这些外交手段的失败为秦军调动军队、歼灭楚军赢得了宝贵时间，也为楚国在这次大战中惨败埋下了伏笔。公元前301年，楚王听从齐国策士的诡计参与齐、韩、魏三国合纵攻秦，结果却遭到三国合力攻楚，由于秦楚关系恶化，致使楚军孤立无援而惨败垂沙。公元前299年，楚王入秦会盟，被扣武关，而客死秦地。楚国接二连三在联盟与外交中的失败，更加重了楚国的虚弱。

韩、燕两国都是战国七雄中较为弱小的国家，因此，在整个战国时期常常充当配角。在多级体系中，韩、燕两国往往采取联盟手段来维护国家安全和对外扩张。韩国参与联盟的变换较为复杂，最先它参与三晋联合对外扩张，后与魏、齐等国合纵攻秦而失败。之后，韩和魏、秦联盟与齐、楚对峙，再后是与齐、魏、韩等国形成联盟。总之，由于王朝利益的需要，韩国参与的联盟对象经常发生变化。对于韩国这样相对弱小的国家来说，参与联盟对外扩张无疑是比较明智的选择。然而，弱国参与联盟往往是形势所迫，被强国所左右，难以得到应有利益。韩国并没有因为联盟而使力量得到增强，反而因为联盟对象选择错误，导致扩张失败，逐渐耗损国力。

燕国对外扩张起步较晚，早期主要通过军事手段侵占了大量北方游牧民族的土地，领土曾一度扩展到辽东。军事手段也是燕国对外扩张的主要手段，由于燕国军事力量较弱，因此燕国采取军事手段往往是联合其他国家一起用兵。乐毅率五国联军攻入齐国是其对外联合用兵中最为成功的一次。然而这次军事手段并没有给燕国带来实际利益，五年之后反而以失败告终。联盟手段也是燕国曾用来保障国家安全的一种手段，然而燕国地处北方、国小民弱在联盟中往往充当配角，加上外交手段难以有所作为，因此联盟手段难以为燕国带来实际利益。在燕国的对外扩张中间谍手段曾使其显赫一时。燕昭王派苏秦到齐国成功游说齐王进攻宋国，从而招致天下诸侯愤怒形成联合伐齐的局面，致使齐国遭受重创。这其中苏秦做死间的成功是这次伐齐行动成功的关键因素。

四 结语与启示

战国两百多年的历史，是诸侯国之间联盟、征伐的混战史。战争是彼时的第一要务，各国的一切活动都围绕着战争而展开。战争使一些国家从强盛走向衰败，而使另一些国家从体系边缘走向体系中心。

从某种意义上说，一部战国史是秦国统一中国的斗争史。秦国从西北边陲的落后国家，不断被三晋及周围少数民族侵略的诸侯国，到变法图强一步步发展壮大，再到不断兼并六国土地并最终统一中国，这样的一部发展史不能不说是秦国对外战略的成功。而其他六国则一步步地被削弱直至最后灭亡，不得不说是其对外战略的一种失误。成功与失败都已成为历史。然而探讨这一时段诸侯国对外战略的成功经验与失败教训对制定当前中国对外战略有着相当大的启示意义。虽然先秦国家的概念与现代国家的概念有一定的差别，但古今国际政治具有共通性。[①] 对古代国家之间互动得出的一些启示自然也有益于当今国际政治与中国外交的实践。

（一）合理定位国家在国际体系中的身份

按照建构主义理论，国家行为不仅受国家利益的驱使，更重要的是国家之间相互建构的身份使然。国家身份指一个国家相对于国际社会的位置。温特在《无政府状态是国家造就的》一文中指出："身份是行为体对自身相当稳定的、特定角色的理解和期望。"[②] 具体地说，

[①] 余丽：《先秦中原文化区域国际政治思想主干及其当代价值》，《世界经济与政治》2010年第2期。

[②] Alexander Wendt, "Anarchy is What States Make of it", *International Organization*, 1992, No. 46, p. 397.

国家身份就是一个现代意义上的主权国家与主导国际社会的认同程度。[①] 根据秦亚青教授的观点，国家与国际社会的认同程度可分为正向认同、零向认同和逆向认同，随着国家与国际社会之间互动的增强，国家之间的认同也会逐渐改变。不同身份的国家会有着不同的观念和不同的对外政策，同一个国家，如果其身份发生变化，其对外战略理念和政策也会因之产生变化。对国家身份的合理定位会对其制定科学合理的对外战略有指导意义。

秦国在战国初期偏居西陲、国力较弱，不敢贸然东进与魏、韩争雄，于是将矛头转向实力较弱的西北游牧部落和周围小邦，先后灭掉了大荔、绵诸等，攻占了南郑。随着国力的逐渐增强，秦国开始寻找时机向东扩张，把自身定位于区域霸权国。当秦国的霸权地位得到巩固，实力远远超出六国时，就着手打破力量对比格局，并以统一六国为己任，最终完成了统一华夏的历史任务。国家身份确定国家行为，只有明确并合理定位本国的国家身份，并以此来指导国家行为，才能最大限度地维护国家利益。与此相反，对国家身份认同的不确定性与错误性，往往把国家行为引向歧途，损害国家利益。六国对外战略失败的原因在某种程度上说是身份认定的错误，不明确自身的角色，最终造成国家的灭亡。

新中国对国家身份的认同经历了国际体系的挑战者、游离者和参与者的身份变化，每一次变化都是国内外环境作用的结果，都会导致国家行为的改变。和平、发展、合作成为当今时代的潮流，中国提出和谐世界和人类命运共同体的理念，希望以中国的和平发展促进世界的发展，然而中国的和平发展道路并非一帆风顺。国际社会尤其是西方国家对中国的和平发展一直心存芥蒂，认为中国的崛起会像历史上大国崛起一样成为现有秩序的挑战者，于是"中国威胁论""中国崩溃论""中国责任论"等论调曾一度流行于国际社会。殊不知，中国

[①] 秦亚青：《权力·制度·文化：国际关系理论与方法研究文集》，北京大学出版社2005年版，第349页。

自古以来就崇尚合作型的战略文化。秦国的争霸主要是为了统一华夏，使彼时四分五裂的中国走向大一统。秦统一中国后，即开始修筑万里长城，走向防御性对外战略，与周围小国互惠互利、互通有无。在古代大部分时间，中国都走在世界文明的前列，四大发明等先进科学技术先后传入世界各地，对世界文明的发展进步做出了巨大贡献。然而中国在古代最发达的时候，依然崇尚和平友善的对外战略理念，摒弃以强凌弱、以大欺小的观念。步入近代，中国逐渐落后，不断受到西方的侵略压迫，中国人民深知受压迫受奴役的痛苦，在取得民族民主革命胜利后，从未侵略过周围弱小国家。新中国奉行防御性军事战略，把军事力量限定在本土防卫上，从未进行军备竞赛，反而在二十世纪八十年代进行了大规模裁军。新时期中国把自己定位于国际体系的参与者、发展中大国、负责任大国等多重身份，推动构建人类命运共同体，用自己的发展来推动世界的发展，用自己的行动来维护世界的和平稳定。

（二）制定科学合理的对外战略理念与目标

对外战略理念的形成具有客观性和主观性两重属性。客观性主要是指对外战略理念的形成在某种程度上受国家的历史、文化和地理环境等因素的影响，具有一定时期的稳定性。主观性是指对外战略理念还受到政治领导人和政治意识形态的影响，具有主观性和可变性。美国在历史上曾经实行过孤立主义、国际主义和霸权主义的对外战略理念。每一时期的对外战略理念都有一定的客观性，受到当时美国国力与国际环境等因素的影响。同时又具有一定的主观性，每一阶段的对外战略理念还与政治领导人的政治理念有关。两次世界大战之间，美国的综合国力已经跃居世界第一，具有称霸世界的能力，然而这一段时间美国的对外战略理念并不是霸权主义，而是在领导人的引导下实行孤立主义对外战略理念。当第二次世界大战爆发时美国对外战略理念仍是孤立主义，然而当日本偷袭珍珠港令美国太平洋舰队全军覆没时，美国迅速在罗斯福总统的领导下转变战略理念，参与到反法西斯斗争的潮流之中。因此，对外战略理念除了受客观因素的影响外，还受到政治权力的影响。对外战略理念决定对外战略目标，对外战略目标的完成又反作用于对外战略理念推动其发展演变。

战国七雄形成了战国时期诸侯国间力量分配的多极格局。在这种多极格局里，兼并战争、合纵连横是诸侯国间互动的主要方式。彼时各诸侯国的战略文化就是兼并战争，这使得多极体系更加不稳定，相互之间战争不断，联盟变幻莫测。秦国由于其国力的逐渐增强，逐渐形成了统一华夏的对外战略理念。并为此制定了科学合理的对外战略目标，统一华夏是当时顺应时代发展的历史潮流，是推动生产力发展的迫切要求。秦在兼并战争中所以能够不断取得胜利而占据东方六国土地，由于推行了比较符合当地人民愿望的一些政策。[①] 而六国的对外战略理念和目标则缺乏宏观性、长远性，往往关注于眼前的利益而失去长远利益，短期兼并的领土却不能很好融合利用反而成为累赘最终被秦国所吞并。

中国在改革开放后坚持以经济建设为中心不动摇，在国际上积极参与并融入国际社会，无论国际风云如何变化，中国始终把重心放在国内，以自己的发展促进世界的和平发展与繁荣。新时期中国将自己定位于国际体系的参与者、发展中大国、负责任的大国等多重身份决定了中国积极合作地对外战略理念和构建人类命运共同体的对外战略目标。这种对外战略理念和目标为当前总体和平局部冲突、总体缓和局部动荡的国际局势注入了和平因素。2008年发端于美国的次贷危机迅速波及世界，世界经济一片低迷，中国积极推出一揽子经济刺激计划坚持以自己的发展带动世界的发展，为世界经济的复苏做出了巨大贡献。中国不是国际体系的破坏者和挑战者而是国际体系的维护者、合作者。

（三）保证对外战略目标的连续性与稳定性

对外战略抉择属于国家层面的抉择，涉及国家的根本利益与核心

[①] 杨宽：《战国史》，上海人民出版社2003年版，第437页。

目标，必须谨慎行事。秦国在与山东六国的较量中最终取胜，其中最重要的一点是能够保证对外战略目标的连续与稳定。秦自商鞅变法以后，逐渐确立了统一六国的战略目标，在之后的惠王、武王、昭王以及到秦始皇各个君主始终围绕着这个目标不动摇。而山东六国则往往在出现有为君主时战略目标就会较为明确，但是这种有为政治难以为继，缺少制度上的保证，不能使国家的大政方针保持连续性。而秦国择勇猛而立的王位继承制度，保证了王位始终继承在有能力的君主手里，这就保证了国家对外战略的连续性与稳定性。

对外战略目标虽然具有可变性，需要随着国内外环境的变化而变化，然而，在一定时期需要保持一定的连续性和稳定性。当前中国致力于发展经济，积极推动国际社会和谐稳定发展。随着中国综合国力的不断增强，中国在国际舞台上扮演的角色越来越重要，中国的对外战略成为当今世界各国关注的焦点，中国正在从国际体系的积极参与者向国际体系的建设者转变。中国不断承担起作为发展中大国应当承担的责任。在联合国和其他国际组织中积极履行义务和责任，通过双边、多边机制处理和解决与他国的纠纷和冲突。[①] 当代国际体系正在转型，中国应利用有利时机拓宽自己的有效战略空间。中国的战略主要是融入和完善国际体系，参与推进国际体系转型。中国走和平发展道路，是互利共赢而非扩张掠夺式的"和平崛起"。当前中国以和平发展为指向，营造世界多极化的环境，以区域安全合作为动因，以构建人类命运共同体为目标，对外战略越发理性务实。在未来相当长一段时期内，这种战略目标应当保持稳定性与连续性。在战略目标不变的情况下要保证各种对外战略策略和手段与之相适应，以更好地实现对外战略目标。

（四）综合利用国内国际两大人才资源战略

大国崛起的成败关键是人才，秦国的崛起在很大程度上是合理利

---

① 仇华飞：《当代国际体系转变中的中国对外战略》，《同济大学学报》（社会科学版）2009年第2期。

用了六国人才，当今的知识经济时代中国的和平发展仍取决于人才的合理利用。在经济全球化的背景下，人才全球化趋势将不可逆转，国际性人才竞争将更为激烈，这对中国当前培养、发现和使用人才的机制和制度提出了挑战。

秦国的商鞅变法开创了秦国科学合理的用人制度，为人才源源不断地来到秦国提供了制度保障。秦孝公、惠文王、武王、昭王等历代君主都善于发现和重用人才，尤其是敢于大胆起用有才能的异乡人。由此，秦国收罗了天下人才为其所用，使一大批治国治军的贤才为其出谋献策。商鞅是卫国人，张仪是魏国人，甘茂是楚国人，司马错、范雎、吕不韦、李斯等人皆是秦国在对外兼并战争中立下汗马功劳的异乡人。当前在经济全球化的背景下，中国也要加速融入人才全球化。与国际高技术人才流动的趋势相比较，中国的人才流失现象尤为严重。根据美国国家科学基金会的统计，1986—1998年，大约有21600名来自中国大陆的学生在美国获得博士学位，其中17300人滞留美国。[①] 高级人才外流的实质是一个国家花费大量钱财培养出来的人才，到头来却把他们的教育收获奉献给了别的国家。且人才对国家安全也有至关重要的影响。就其国家安全领域而言，发展中国家一方面要维护"领土国家"时代以领土完整与主权独立为主要特征的传统安全，另一方面，又必须在充分利用经济全球化成果的同时，确保本国以经济、科技为主要内容的国家安全，最终达到反对"新霸权主义"之目的。要解决这个几乎所有发展中国家共同面对的难题，关键在于人才。[②]

新兴国家在20世纪后半期异军突起，在很大方面是实施了科学合理的人才战略。新加坡在20世纪50年代后独立后，奉行"人才立

---

① Issue Brief: Human Resource Contributions to U. S. *science and Engineering from china*, (Arlington, VA: Division of Science Resources Studies), *National Science Foundation*, January 12, 2001.

② 王志军：《"人才安全"是发展中国家国家安全的"核心"》，《现代国际关系》2001年第5期。

国"和"精英治国"理念,大力开发人力资源,以人力资源弥补自然资源匮乏的劣势,在 90 年代中期进入发达国家行列。韩国自从 60 年代中期以来,高度重视人力资源的开发培育,加速发展教育,实现了经济成功追赶。印度等发展中国家也纷纷实施"人才立国"和"教育立国"战略,为本国经济发展和腾飞作出努力。[①] 改革开放后,邓小平同志大力倡导"尊重知识、尊重人才"。中国政府逐渐建立并完善了人才的培养和使用机制,提出了科教兴国战略,积极出台有效的政策,鼓励海外留学人才尽可能多地回到祖国,参与祖国建设。目前中国对发达资本主义国家优秀人才的吸引力还有所不足。因此我们必须树立充分利用国际和国内两种人才资源的观念,制定政策措施积极吸引发达资本主义国家优秀人才来华。人才的跨国界流动已经是经济全球化的一个现实,要全面看待人才的跨国界流动,必须要从流出国和流入国的对立统一的视角。如果说两千多年前的大国竞争与现代全球化下的大国竞争同样表现为人才竞争,这意味着人才竞争并非知识经济时代的特殊现象,而是大国实力竞争的本质。中国崛起的战略如果不能吸引到比美国更多的世界一流人才,这一战略要想实现民族复兴大业是困难的。[②] 因此,当前中国应亟待完善人才引进战略,增强开放性,积极吸引世界优秀人才。

(五)对外战略手段选择多样化、科学化

对外战略手段的多样化是实现对外战略目标的必要条件,任何单一的对外战略手段都难以保证最大限度地实现国家利益。科学合理的对外战略手段往往能够整合利用国家资源,以成本最低收益最大的方式实现国家目标。秦国在实现对外战略目标中常常运用多种手段,以最小的成本实现最大的收益。因此,在对外扩张中,即使军事上处于不利境地,秦国依然能够利用其他手段,最大化地实现国家目标。而

---

① 中央人才工作协调小组办公室编:《人才工作理论研究报告》,党建读物出版社 2003 年版,第 295—296 页。
② 阎学通:《先秦国家间政治思想的异同及其启示》,《中国社会科学》2009 年第 3 期。

其他六国则在对外战略手段的运用上较为失败，尽管六国的战略资源远远大于秦国，然而由于各种战略手段难以有效地整合这些资源，以至于难以形成有效的集体力量抵御秦国，最终被秦国各个击败。

当前中国实行多领域多层次的总体外交取得了显著成效，中国外交手段选择的多样化为中国外交迎来了广阔的发展空间。随着中国实力的不断增强，中国要继续在国际社会构建和平友好的国际形象，向世界展示中国爱好和平、亲仁善邻的文化。公共外交手段顺应了时代发展的要求，在我国总体外交中地位凸显。公共外交为外国民众了解真实的中国提供了一个很好的平台，从而使中国文化、中国理念走向世界为世界人民所理解和接受，由此推动世界对中国积极的、正向的认同。因此，今后中国应更加注重公共外交，利用媒体、民众等多种渠道广泛深入接近外国民众，使之更加了解一个和平、友善的中国。

近年来，中国不断加强派往海外的维和部队，除了在维护地区和平稳定方面做出了积极贡献外，也彰显了中国热爱和平的国家形象。自1990年开始，中国每年向联合国派遣军事观察员执行维和任务，参加联合国维和行动，并承担了巨额维和摊款。中国维和部队在世界舞台上展示了中国负责任大国的风范，在联合国维和行动中发挥着越来越重要的作用。

在经济领域，中国开展了形式多样的经济交流与合作活动，经济外交在中国总体外交中的比重日益上升。中国正着力开展经济领域的战略对话以加强我国与世界主要国家的沟通与交流。目前，中国正在以双边或多边主义为平台加强与周边及世界其他经济体的交流和对话机制建设，这种对话机制建设是在平等互利互信的基础上寻找共同利益，以此推动世界朝着更加和平的方向发展。新时代中国对外战略手段的多样化、科学化必将为中国创造有利的国际环境。中国全方位、多领域的外交手段也将有利于当前大发展、大变革、大调整的国际形势，发挥中国作为负责任大国的作用。

全球治理下政府生态职能外向性建构的困境与启示[*]

政府传统的生态职能表现出很强的内治性，极少关注其外部建构。全球性生态环境问题的治理需要各国之间在协商一致的基础上相互合作，因此一国生态职能的最终实现需要国内与国际接轨、内治与外治相结合。生态职能的外向性建构面临着复杂的国际环境，治理理念的不一致、体系结构的变革导致的责任与权力分配不明朗、治理机制的混乱等因素极大地制约着政府生态职能外向性建构与全球生态保护合作。在国家生态职能的外向性建构过程中，国际秩序与机制的变革和全球治理同步进行将会成为一种常态；全球治理机制变革及路径选择是一种必然趋势。中国要结合国情，推动国家生态职能的外向性建构，为实现全球治理提供有益的尝试与经验。

一 全球治理与政府生态职能

（一）全球治理的概念及其特征

1992 年成立的"全球治理委员会"（Commission on Global Governance）对全球治理的概念、价值有着较为系统的阐述，即"治理是或公或私的个人和机构管理其共同事务的诸多方式和总和，它

---

[*] 原载《洛阳师范学院学报》2017 年第 12 期，作者王俊明、石杰琳，收录本书时略有改动。

是持续的过程，人们通过这样的过程可以调和冲突或不同利益，并采取联合的行动"①。全球治理包括正式制度和规则，也包括各种非正式的制度性安排。既有政府间的行为，也包含政府间组织、非政府组织、跨国公司、各种公民的行为，甚至也包含一些全球传媒活动。

全球治理的基本特征呈现在以下三个方面。

第一，全球治理以国际社会公认和达成的一系列机制与规则为基础。全球治理拒绝有关世界政治和世界秩序以国家为中心的传统概念。主要的分析单元则是制定与执行权威规则的全球的、区域的或跨国的体系。② 现实主义的"无政府状态"表明缺乏一个权威的世界政府来实施有效的管理，国家间的利益一致与合作是有限的；新自由主义坚持国家间存在着共同利益，相互依赖的程度也越来越深，在此基础之上，国与国之间能够达成某些具有决定性的机制与协议，能够从积极的角度出发应对共有的挑战。在人类共有的挑战面前，这些业已形成并得到公认和遵守的正式制度和规则、非正式的制度性安排有着重要的现实意义。

第二，全球治理呈现出多元化和多样性。主要表现在三个方面：一是行为体的多样化；二是治理对象的多样性；三是治理结构的多样性与复杂性。

第三，多边参与的合作框架日益突出。由于全球问题涉及的范围广、影响巨大、持续时间长，因此治理必须打破层次界限，在共有的合作平台基础上实现多方参与、协调、谈判，将程序的基本原则与实质的基本原则放在同等重要位置。

（二）政府生态职能外向性建构的表现与意义

当前政府生态职能的外向性建构已不再是一国的单一行为，这

---

① 李少军：《当代全球问题》，浙江人民出版社2006年版，第278页。
② ［英］戴维·赫尔德、安东尼·麦克格鲁：《治理全球化——权力、权威与全球治理》，曹荣湘等译，社会科学文献出版社2004年版，第13页。

涉及国内与国际接轨的问题。国际环境与国内规范化的治理结构是不同的，国际治理以各国政府或政府间国际组织为主体、以行为体之间的合作与协调为基础、以相应的法律和制度、规范为依据。因此，政府生态职能的外向性建构要综合考虑行为体利益、合作与协调、制度与规范等多种因素。由此，政府生态职能的外向性建构主要表现为三点：一是确立全球生态安全理念。全球生态安全应该朝着合作共治的方向发展，树立责任共同体与利益共同体理念，推动全球生态建设民主化、公正化、法治化。二是设立生态安全机制。主要包括预警机制、治理机制、对话协商机制、高端论坛平台建设发展机制等方面。三是政府行为选择与后果。基本的行为选择是国际合作或竞争，推动全球生态安全共同体建设，共建共享，将多样化的行为模式纳入统一的进程当中，并对违规或违法行为做出惩罚。

政府生态职能的外向性建构最终目的是为了应对和解决生态环境问题，其意义主要体现在全球层面和国家层面。从全球层面来看，生态问题归根结底是发展的问题，政府生态职能的外向性建构有助于扩大各国的交流与合作，实现全球生态问题的有效治理，促进全球生态环境的保护。由于要参考相应的国际法、国际制度或规范，而这些通常被看作国际公共物品的重要组成部分，政府间的合作、交流、协调必然伴随着制度与规范的完善，才能够提供更多的国际公共物品。生态职能的外向性建构与最终实现需要各行为体平等合作与协调为基础，注重公平与效率，这有助于国际政治经济新秩序的建立。从国家层面来看，政府生态职能的外向性建构为国内生态环境问题的解决开辟了外向型通道，其实质是政府职能的改革与调整，有助于完善政府的职能，为实现国家有效治理提供必要条件。生态职能的外向性建构部分体现了政府的对外职能，有助于促进与他国的交流与合作。由于针对生态问题的解决，能够吸收到国际方面资金与治理支持，政府生态职能的外向性建构促进了全球生态环境问题的解决，相应地有助于提升一国的国家形象与地位。

（三）全球治理与政府生态职能外向性建构的关系

国内生态环境问题需要国家进行有效治理，发挥政府生态职能。这里的生态职能仅仅体现了对内性，一旦内部的生态环境问题跨出国界并持续发酵将影响他国，成为一种国际性（国家间）问题，但并非一定成为全球性问题，此时国家治理体系中的政府生态职能也将作出适时调整，出现外部建构的迫切性。全球性生态环境问题呼吁全球性治理，全球治理的主体有国家、国际组织、跨国公司、全球传媒、各种团体与公民等多个层面，国家是其中最基本的、最重要的、最具代表性的主体，但这里的国家治理首先是在全球治理的框架下进行的，它要求实现国家间的通力合作，要求国家治理结构中生态职能进行外向性建构，实现与国际接轨以及功能、资源整合。总体而言，在理解全球治理与生态职能外向性建构关系上可以采用垂直层次分析。全球治理需要国家的生态职能进行积极的外向性建构，而国家生态职能的外向性建构需要全球治理提供秩序化、制度化、民主化的国际环境。两者的最终目标是一致的，即实现全球生态环境问题的有效治理。

二 生态职能外向性建构面临的困境

（一）治理理念的分歧导致难以达成有效的全球性共识

在当前的全球生态环境治理框架中，各行为体之间互动形成一定的结构，遵循一定制度与规范，行为体的权责与义务受到结构、制度与规则的约束（结构化）。尽管存在着行为体多元化与多层次化，但行为体之间并没有达成有效且具有普遍约束性的结构、制度与规则，特别是针对非国家行为体的行为进行有效规范的法律相对缺乏，这是当前全球生态环境治理中所面临的结构性困境。现存的治理协议、制度与约束机制很大程度上建立在技术与商业规范基础上，使得全球生态环境治理面临极大的挑战。最根本的原因在于各行为体之间没有达成有效的共识,存在分歧的根源既有结构性的矛盾,也有利益的冲突。

国际规范是国际体系中大多数行为体共同遵循的行为准则,对行为体的国际行为有着制约和塑造的作用。现行的国际规范是"二战"后由西方国家主导建构的,体现了西方国家对国际社会核心价值和规则的认识。因此,在国际社会中西方国家长期拥有着权力、制度、文化方面的"优越感"。现实主义奉行由最强大的国家建立国际秩序的逻辑显然已经不能主导当今多元化的国际机制的运行。那种逻辑下国际机构要么被认为不起作用,要么很大程度上被认为是附带现象。[1] 随着全球化与多极化的发展,国际权力结构发生变化,一方面,新兴市场国家快速崛起,要求更多的话语权,从而给国际社会注入了一些新的价值理念,并对西方主导的国际规范构成了挑战;另一方面,公民社会、国际组织日益发展,将来自社会层面的价值规范引入治理理念当中。由此,各种治理理念相互碰撞,呈现出不同的发展模式与道路。而理念的分歧与竞争,也使得全球治理规范出现缺失。"即使各国在某一全球治理问题上有原则上的共识,但到了具体问题上目标仍可能不一致。例如,西欧国家与日本认为环境保护的重点是防止空气污染,中国则认为环境保护的重点是防止江河水污染,而美国认为环境保护的重点应是防止海洋污染。具体目标的不一致使它们在环境保护技术开发重点上难以协作。"[2]

(二)治理结构变化导致责任与权力的不明晰

现行的国际体系结构是在以美国为首的西方发达国家主导下于"二战"后建立起来的,其突出的表现,一是坚持了以往威斯特伐利亚体系、维也纳体系、凡尔赛—华盛顿体系的特点,即以主权国家为中心,在全球治理模式上,采取以主权国家为基本的治理主体,在涉

---

[1] [英]戴维·赫尔德、安东尼·麦克格鲁:《治理全球化——权力、权威与全球治理》,曹荣湘等译,社会科学文献出版社2004年版,第18页。

[2] 阎学通、杨原:《国际关系分析》,北京大学出版社2013年版,第206—207页。

及共同利益的问题上，通过主权国家间的协商、谈判、合作来解决，核心表现就是大国协调，中小国家共同参与，是主次较为明显的治理机制。二是在权力结构上呈现出明显的"中心—外围"特征，"在依附论者看来，这种中心—外围的结构存在着一种不平等的关系，这种关系是发达国家之所以发达的根源，也是发展中国家不发达的根源"①。在这种结构中发达国家长期居于中心地位，广大发展中国家则处于边缘地位，发达国家主导了国际规则的制定权和解释权，通过捍卫自身的主导地位来维护自己的利益。随着国际社会朝着多极化方向发展，各行为体之间相互依赖的程度日益加深，国际体系结构也面临着深刻的调整，具体到全球治理领域，主要集中在权力结构与责任分配的变化，具体分析如下。

1. 权力结构的变化

一方面，在国家行为体框架内，新兴市场国家快速发展，以中国、俄罗斯、印度、巴西、南非为代表的"金砖国家"异军突起，成为南南合作与南北对话的重要载体，经济总量占全球经济的比重不断上升，对世界经济增长的贡献持续增加。与此相比，发达经济体的增长长期乏力。有西方发达国家俱乐部之称的西方"七国集团"阵容犹在，G20强势崛起，并被确定为全球经济合作主要平台，在全球治理中扮演着重要角色。另一方面，在国家行为体与非国家行为体之间，权力从国家行为体向非国家行为体转移或扩散的态势持续存在。全球化与多极化的深入发展，国家权力的去中心化趋势日益明显，权力已不仅仅为国家所有，非国家行为体的权威正在兴起并日益被认可与接受，由此将引发对全球治理机构合法性与有效性的再思考。

权力结构变化的实质是权力的转移和扩散。从某种意义上，"全球治理失灵在实践层面上表现为规则滞后，不能反映权力消长，不能适应安全性质的变化，不能应对复杂的相互依存关系；在理念层面上

---

① 王正毅：《国际政治经济学通论》，北京大学出版社2010年版，第207页。

则表现为理念滞后,依然以一元主义治理观、工具理性主义和二元对立思维方式为主导"。① 大量非国家行为体的出现及其不断增长的权力改变着体系结构内部权力的分配。

2. 责任分配的变化

全球性问题的严峻性使得"人类命运共同体"的理念越来越受到人们重视,人类最终真正意义上的全球治理将以全人类共同利益和价值观为基本导向。一方面,全球化趋势不断加快,行为体多元化与多层次性更加明显,全球层面的利益与价值观受到极大推崇;另一方面主权国家仍然是最主要、最基本的行为体,非国家行为体的许多作用要通过国家才能实现,国家主权观念将继续存在与发挥作用。与之对应便产生了全球利益与国家利益、全球价值观与民族价值观之间的二元论,导致了全球治理机制的责任错位。生态环境问题既带有全球性的特点,也涉及各国自身的发展利益。这就是为什么在全球气候谈判框架中,总是会出现各方围绕自身利益进行的激烈博弈,而全人类的利益却总是停留在口头上,推卸与逃避责任的现象时有发生,在责任与成本分担问题上,发达国家与发展中国家难以达成共识,气候框架协议谈判迟迟得不到进展。长期作为国际气候合作制度基石的"共同但有区别的责任"原则,也面临严峻挑战。

(三)国际机制的复杂性导致治理出现盲目、混乱甚至失灵

全球治理某种意义上,是以国际制度为基础的。在全球生态环境治理领域,由于行为体的多元化、层次化、合作平台化等特征,除了联合国框架下的全球多边治理机制与机构,还存在着大量双边的治理机制与机构,既有政府间国际组织,也存在非政府组织。参与范式也从单一主导型逐步过渡到共同参与型,但这并非由后者取代前者,而是两者并存。尽管主导型范式早已风光不再,但仍表现出强大的生命力与韧性,甚至可能出现变体。"人们已经认识到参与的必要性,这

---

① 秦亚青:《全球治理失灵与秩序理念的重建》,《世界经济与政治》2013年第4期。

种认知允许在修订后的主导范式的框架中,重新阐释或复原"[1],使得在生态环境治理这单一议题领域内的国际制度也呈现出复杂性,最明显的表现就是多中心化。由于各自为政,治理理念不同,各自追求自身的目标,极少有中心协调机制,而多形成机制复合体。这一机制在功能上出现交叉、重叠,在层次上既有等级性的制度安排,又有非等级性的、松散的制度安排。多中心化造成的结果就是盲目、混乱且缺乏合理的秩序,制度安排之间缺乏有效地协调统一,相互间契合程度低,竞争阻碍了强有力的统一制度发展。有些制度安排在这一框架内有效,但在另一治理框架体系内就会出现明显的水土不服。全球生态环境治理是一项系统工程,如果没有一个得到普遍认可的全球性协调机制,统一协调各行为体、各机构的政策与行为,使其在同一作用点上发力,那么这种多中心式的治理机制在功能和存在意义上将大打折扣,严重时还能导致治理政策的失灵。

三 建构生态职能外向性的启示

(一) 国际秩序与机制的变革和全球治理同步进行将会成为一种常态

全球化是不以人的意志为转移的客观的社会化进程,它是冷战结束后国际体系相对稳定的一个重要因素,今后相当长一段时期内和平与发展仍是时代的主题,全球性问题的严峻性使得治理的基本途径将仍然被置于国际秩序和机制的框架内。全球治理体现了全球秩序的安排,从某种意义上讲,全球治理就是全球秩序下的具体实施。全球生态环境的治理客观上要求国际机制在国际关系中发挥越来越强的作用,而各国生态职能的外向性建构和作用的发挥也要求稳定的国际环境以及健全的国际机制作保障。现阶段不合理的国际政治经济旧秩序并没有从根本上加以改变,发达国家是其中最大的受益者和主导者,

---

[1] [英] 科林·斯巴克斯:《全球化、社会发展与大众媒体》,刘舸等译,社会科学文献出版社2009年版,第62页。

广大发展中国家处于不利的局面。这种态势不断加剧，南北差距不断拉大，国际力量格局对比失衡会更为严重，霸权主义、强权政治、"新干涉主义"也会长期存在。因此，变革国际秩序和全球治理的同步进行将会成为未来一段时期内国际关系的一种常态。

（二）全球治理机制变革及路径选择是一种必然趋势

一个"和谐共赢"的世界必须以法律和制度为保障。一个健全的国际秩序需要法制的存在，但在由谁制定或由谁主导的进程中，立法者是我们首先要考虑的问题，但我们面临的是一个"滞后的立法者"[①]。现有的处理全球问题的国际机制，几乎都是在冷战时期形成和发展的，西方大国色彩浓重，这些机制的功能和性质备受质疑，已不能令人满意地解决全球化过程中出现的新问题，全球治理面临失灵的态势。当前全球治理机制也面临着改革与创新的难题，这已成为国际社会的共识。未来相当一段时期内，随着国际政治经济力量对比变化，这些机制将进行大幅度改造，但完全推倒尚不太现实。可以确定的是，围绕国际机制改革的博弈将会异常激烈，其中既涉及大国间利益的调整，也涉及南北关系的利益分配。围绕国际机制的制定和改革而展开的斗争将成为国际关系中的一个突出特点。

国际治理机制变革的路径大致分为改革型、创建型两种。两条路径的出发点都认为现有的处理全球问题的国际机制存在局限性。改革派认为这些机制并非都是有问题的，在许多领域中已经形成了有益的探索，只需要进行适当的重组改革，但完全推倒尚不太可能，遇到的阻力以及由此带来的成本或代价将非常大。创建派则认为现有的国际治理机制必须完全推倒，并在原有基础上建立一种符合各方一致要求的新机制。从目前来看，改革派的观点代表了主流，但无论哪一种类型，全球治理体制的改革，都需要确立全球价值共识，推动国际规范

---

① ［美］安妮·玛丽·斯劳特：《世界新秩序》，任晓等译，复旦大学出版社2010年版，第106页。

的包容性发展，增加国际制度的积极互动，并重视全球治理的顶层制度设计与基层制度完善。

（三）中国政府要结合国情积极推动生态职能外向性建构

从党的十八大首次提出经济建设、政治建设、文化建设、社会建设、生态文明建设的"五位一体"的整体布局，到十八届三中全会首次将环境保护作为政府的五大职能之一，到中央国家安全委员会第一次会议将生态安全纳入到整体的国家安全体系中，再到"十三五"规划提出"坚持减缓与适应并重，主动控制碳排放，落实减排承诺，增强适应气候变化能力，深度参与全球气候治理，为应对全球气候变化作出贡献"，这些都表明，中国的环境保护越来越受到重视，甚至被提升为政府的"第五职能"。中国生态文明建设的最终目标就是要实现"美丽中国"，这既体现了政府职能观的与时俱进，也表明确立生态职能的重要性。从国内层面看，生态环境保护一直以来是政府实现有效治理的短板，生态职能的确立体现了政府在治理理念上的巨大转变，坚定了走可持续发展道路的方向，同时也是实现从权力型政府向责任型政府转变的重要一步。从国际层面看，生态职能的外向性建构极具迫切性。第一，全球生态环境问题的迫切要求。单个国家在应对全球性问题上是有局限性的，必须走一条合作型的治理模式。中国的许多环境问题也具有全球性特点，实现环境问题的有效治理，生态职能的外向性建构将是必然。第二，融入国际社会，履行责任的必然选择。随着中国和平崛起，综合国力不断提升，肩负的和平使命与大国责任也愈益凸显。不断加强国际合作，提升中国的话语权与国际地位，树立负责任大国形象，中国必须积极参与到国际治理当中，特别是在国际机制的制定中要积极发出自己的声音，因此，生态职能的外向性建构具有现实意义。第三，建立国际政治新秩序的有益探索。全球性生态环境问题属于非传统安全领域的议题，而在国际政治新秩序的建构方面，取得较大进展往往是在这些非传统安全议题上。要建立一个持续和平稳定的"和谐世界"，就要尊重世界的多样性，承认文明的多元化与包容性，坚持公平为核心价值共识。在具体的领域实现突破性进展，实现生态环境领域治理秩序与机制有效变革将是重要的一个方面，作为单个国家的生态职能在外向性建构方面要走在前面，进行有益的尝试。

《共产党宣言》的全球化思想对中国的若干启示*

《共产党宣言》（以下简称《宣言》）蕴含着丰富的全球化思想。对《共产党宣言》进行文本细读和通观式透析，可以发现其全球化语境是确凿无疑的。它不仅内含于绪言、主体、结语和七篇序言等各个部分，更重要的是还表现为整体架构和宏观脉络。[①]《宣言》作为马克思主义的经典著作，自诞生以来，就以其科学性和严谨性指导着无产阶级及其政党的革命运动，指导着社会主义国家的建设和发展。在全球化时代，《宣言》仍对中国的大战略选择具有重要的指导意义。

一 坚持马克思主义的指导思想，构建强有力的社会主义核心价值体系

《宣言》中的马克思主义思想是高度科学的理论，它揭示了自然界和人类社会发展的一般规律，为人们科学地认识世界和改造世界，为无产阶级及其政党夺取政权，进行革命、建设和改革提供了强大的思想武器。恩格斯曾指出："我们党有个很大的优点，就是有一个新的科学的观点作为理论的基础。"[②]

---

* 原载《商丘师范学院学报》2014年第2期，作者楚丰翼、任中义，收入本书时有所改动。
① 刘明华：《〈共产党宣言〉全球化语境解析》，《当代世界与社会主义》2011年第1期。
② 《马克思恩格斯选集》第2卷，人民出版社1995年版，第39—40页。

《共产党宣言》的全球化思想对中国的若干启示

《宣言》指出:"共产党人为工人阶级的最近的目的和利益而斗争,但是他们在当前的运动中同时代表运动的未来。"① 中国共产党是在中国一批最优秀的知识分子选择信仰马克思主义的基础上建立起来的。在五四时期,中国的新思潮如雨后春笋般地出现,除马克思主义外,尚有反映资产阶级、小资产阶级政治思想的无政府主义、新村主义、泛劳动主义、基尔特社会主义等。改造中国究竟要靠什么主义,在当时先进知识分子的认识中还是非常模糊的,不少人正是在走了一段弯路后,通过反复比较、反复辨析,作出了接受马克思主义的选择。② 当中国先进的知识分子选择了信仰马克思主义,并在其指导下成立了中国共产党后,中国革命的面貌就焕然一新了。中国共产党人在马克思主义的指导下,与中国具体实践相结合,取得了新民主主义革命的伟大胜利,在中国大地上结束了几千年的封建专制制度,建立了社会主义国家,用实践证明了《宣言》中所说的"过去的一切运动都是少数人的或者为少数人谋利益的运动。无产阶级的运动是绝大多数人的、为绝大多数人谋利益的独立的运动。"③

在当代,中国化的马克思主义是社会主义核心价值体系的灵魂,它决定着社会主义核心价值体系的性质和方向,是无产阶级和广大人民群众的精神文化财富。

在中国日益融入全球化、国内政治与国际政治联系更加紧密的背景下,必须在全球化语境中坚持和发展马克思主义。作为社会主义国家的中国,必须坚持马克思主义意识形态,与资本主义意识形态作斗争,抵制资本主义国家的和平演变。既要坚持马克思主义,又要同资本主义国家进行各个领域的合作,因此必须在社会主义核心价值体系的引领下,在和平共处五项原则的基础上与西方国家展开合作。尊重多样性、包容性,绝不是允许各种反马克思主义的政治思潮滋长,更

---

① 《共产党宣言》,人民出版社1997年版,第61页。
② 吴宏亮:《试论五四时期中国优秀知识分子选择信仰马克思主义的历史必然性》,《郑州大学学报》(哲学社会科学版)2011年第4期。
③ 《共产党宣言》,人民出版社1997年版,第39页。

不是允许动摇我们的主流意识形态。资本主义主导下的经济全球化要求文化在全球范围内从属于资本主义，也就是资本主义文化在全球扩张。① 然而，即使在东欧剧变、苏联解体，西方国家高唱"历史的终结"时，社会主义中国仍然以其顽强的生命力屹立于世界。文化"越是民族的，就越是世界的""文化首先是民族的、区域的，同时也是人类的、全球化的"②。社会主义核心价值体系要在全球化过程中形成具有生命力的中国民族文化。

二 不断加强党的自身建设，使党肩负起民族、国家复兴和实现共产主义的历史使命

中国共产党的诞生是与以《宣言》为代表的马克思主义的指导密不可分的，它从成立之日起就以《宣言》作为自己的行动指南，并且非常重视加强自身建设，以自身的先进性、组织性和纪律性推动中国革命、建设和改革向前发展。

《宣言》指出："在实践方面，共产党人是各国工人政党中最坚决的、始终起推动作用的部分；在理论方面，他们胜过其余无产阶级群众的地方在于他们了解无产阶级运动的条件、进程和一般结果。"③ 办好中国的事情，关键在中国共产党。我们党"要在中国这样一个多民族的发展中大国，把全体人民的意志和力量凝聚起来，全面建设小康社会，加快推进社会主义现代化，不能不重视总结自己执政的经验教训，从历史的比较中吸取营养。"④ 历经革命、建设和改革，中国共产党已从领导人民夺取全国政权的革命型党，转变为领导人民执掌全国政权的领导型党。中国共产党要完成国家和民族赋予的伟大历史

---

① 张劲松：《全球化：马克思主义面临的时代挑战》，《学术论坛》2002 年第 6 期。
② 王长坤：《经济全球化当中的文化冲突与整合》，《文化市场》2002 年第 3 期。
③ 《共产党宣言》，人民出版社 1997 年版，第 40 页。
④ 吴宏亮：《关于总结中国共产党执政规律的几个问题》，《郑州大学学报》（哲学社会科学版）2004 年第 3 期。

任务，得到人民的拥护和信任，首先要把自身建设好，成为思想上、政治上、组织上巩固的党。①

党的自身建设不能没有全球化的观念，要加强与世界其他政党的广泛交流与合作，对苏联共产党执政的失误要有清醒的认识并以此为借鉴。面对世情、国情、党情的深刻变化，如何提高我们党的领导能力和执政水平、提高拒腐防变和抵御风险的能力，是党的建设的重大课题。中国共产党必须在实践中按照推动社会主义物质文明、政治文明、精神文明协调发展的要求，不断提高驾驭社会主义市场经济的能力、发展社会主义民主政治的能力、建设社会主义先进文化的能力、构建社会主义和谐社会的能力、应对国际局势和处理国际事务的能力。只有如此，才能承担起完成民族复兴大业的历史任务。② 历史的发展，时代的进步，要求领导民族复兴大业的中国共产党保持先进性，始终走在时代的前列，以改革开放的创新精神推进党的自身建设，不断提高领导民族复兴大业的能力。

《宣言》中写道："代替那存在着阶级和阶级对立的资本主义旧社会的，将是这样一个联合体，在那里，每个人的自由发展是一切人的自由发展的条件。"③ 经过三十多年改革开放的实践，中国共产党进一步深化了对共产党执政规律、社会主义建设规律、人类社会发展规律的认识。只有在中国共产党的领导下，才能在中国的大地上实现民族复兴。

三 不断解放和发展生产力，不断变革阻碍生产力发展的所有制因素

《宣言》自始至终都强调生产力首位论，生产力首位论是马克思

---

① 逄先知：《关于中国共产党的基本历史经验》，《当代中国史研究》2011年第3期。
② 杨河：《中国共产党与中华民族的伟大复兴》，《北京大学学报》（哲学社会科学版）2011年第4期。
③ 《共产党宣言》，人民出版社1997年版，第50页。

主义的理论基石，它揭示出生产力是社会历史的基础，是社会发展的最根本的动力，是社会进步的标准，解放和发展生产力是无产阶级革命和建设的根本目标。①

改革开放以来，中国经济快速发展，人民生活水平有了大幅度提高，然而中国仍处于社会主义初级阶段这一基本国情并没有改变。社会主义阶段的最根本任务就是发展生产力。②《宣言》更是明确指出："无产阶级将利用自己的政治统治，一步一步地夺取资产阶级的全部资本，把一切生产工具集中在国家即组织成为统治阶级的无产阶级手里，并且尽可能快地增加生产力的总量。"③ 不断解放和发展生产力仍然是中国当前工作的重心，"马克思主义最注重发展生产力"④。发展生产力，变革阻碍生产力的所有制关系，是贯穿《宣言》始终的一条红线。如《宣言》指出："共产主义革命就是同传统的所有制关系实行最彻底的决裂；毫不奇怪，它在自己的发展进程中要同传统的观念实行最彻底的决裂。"⑤ 毫无疑问，"两个彻底决裂"就是要同传统的阻碍生产力发展的因素实行决裂，尽可能快地增加生产力的总量，建立雄厚的社会主义物质基础。

改革开放尤其是党的十五大以来，中国强调公有制实现形式的多样化，从而使非公有制经济在中国经济中的比重大幅度提高。非公有制经济在社会主义初级阶段生产力水平较低时，能够大幅度提高社会生产力，提高人民的物质生活水平；而当社会主义经济发展水平达到一定高度时，就应当逐步消灭非公有制经济，增强公有制经济在国民经济中的比重。《宣言》指出："资产阶级除非对生产工具，从而对生产关系，从而对全部社会关系不断地进行革命，否则就不能生存下去。"⑥ 当社会的生产关系不能再促进生产力发展时，就要变革生产

---

① 李惠斌、杨金海：《重读〈共产党宣言〉》，湖北人民出版社1998年版，第198页。
② 《邓小平文选》第3卷，人民出版社1993年版，第63页。
③ 《共产党宣言》，人民出版社1997年版，第48页。
④ 《邓小平文选》第3卷，人民出版社1993年版，第63页。
⑤ 《共产党宣言》，人民出版社1997年版，第48页。
⑥ 同上书，第30页。

关系。当前，中国正处于社会转型期，各种矛盾凸显，如何处理好改革、发展与稳定的关系，是摆在我们党和国家面前的重要课题。所有制关系的变革和建立必须与生产力的发展水平相适应。中国特色社会主义要坚持《宣言》的基本原理和精神，今后应当逐步消灭私有制和雇佣劳动，巩固和扩大社会主义公有制的经济基础。

四 弘扬无产阶级国际主义精神，以无产者的新联合求得新解放

《宣言》中写道："在无产者不同的民族的斗争中，共产党人强调和坚持整个无产阶级共同的不分民族的利益。"[①] 全球化进程使生产越来越趋向于集中，生产的集中造成的资本的集中促使着工人阶级趋于集中，"工人的大规模集结，还不是他们自己联合的结果，而是资产阶级联合的结果，当时资产阶级为了达到自己的政治目的必须而且暂时还能够把整个无产阶级发动起来"[②]。新大陆的发现、新航路的开辟，给新兴的资产阶级打开了新天地。市场的扩大、需求的增加，引起了工业生产的革命，使现代大工业代替了工场手工业。而大工业的建立大大促进了世界市场的形成，世界市场使商业、交通业得到了巨大的发展，这种发展又反过来促进了工业的扩展。[③] 工人的活动越来越超越一国的范围，在世界寻找就业机会，这就为无产阶级的联合创造了绝好的机会，"中世纪的市民靠乡间小道需要几百年才能达到的联合，现代的无产者利用铁路只要几年就可以达到了。"[④]

《宣言》指出："现代的工业劳动，现代的资本压迫，无论在英国或法国，无论在美国或德国，都是一样的，都使无产者失去了任何

[①] 《共产党宣言》，人民出版社1997年版，第40页。
[②] 同上书，第36页。
[③] 刘明华：《〈共产党宣言〉序言全球化思想的三重视域》，《社会主义研究》2010年第5期。
[④] 《共产党宣言》，人民出版社1997年版，第37页。

民族性。"① 无产阶级反对资产阶级的斗争首先是一国范围内的斗争，在打倒本国的资产阶级这一斗争中，无产阶级必须始终高举国际主义旗帜，以寻求世界其他国家无产阶级的支持。全世界无产者的联合行动，是无产阶级获得解放的首要条件。共产党人强调和坚持整个无产阶级的不分民族的共同利益，坚持"工人没有祖国"和"全世界无产者，联合起来！"这一无产阶级国际主义的旗号。

在"和平、发展与合作"的时代潮流下，分散的各国无产阶级如何加强彼此团结，应对早已联合起来的国际资产阶级联盟，除现有社会主义国家通过大力加强自身建设、发展生产力外，另一重要方面就是同国际无产阶级和国际左翼力量的求同存异，联合斗争。不能因为无产阶级的国际联合曾经出现过种种问题，而否定无产阶级的国际联合、斗争和国际主义本身。② 各无产阶级政党应在马克思主义的指导下，探寻一个基于独立自主、完全平等、互相尊重、互相帮扶、互不干涉内政，使国家利益、民族利益与无产阶级国际主义有机结合的全新的无产阶级国际联合斗争模式，只有这样，才能使全人类获得解放。

五 营造最广泛的国际统一战线，消除民族之间的分隔与对立，实现和谐世界的目标

统一战线是我们党革命、建设和改革的重要法宝之一，它包括国内统一战线和国际统一战线两个范畴。国际统一战线主要依据时代特征和国际形势的变化，联合世界上与我们有共同目标的民族和国家，以反对共同的敌人。从我们党成立以来，主要领导和参加过三次较大规模的国际统一战线，即反法西斯统一战线、反美帝国主义统一战线、反苏联大国沙文主义统一战线。

---

① 《共产党宣言》，人民出版社1997年版，第38页。
② 曹天禄：《无产阶级国际主义的当代价值——兼论苏东剧变的一个重要原因》，《江汉论坛》2005年第2期。

《共产党宣言》的全球化思想对中国的若干启示

然而,在和平与发展成为时代主题、世界多极化和经济全球化不断深入发展的国际形势下,在国际统一战线的构建中,除了反对霸权主义和强权政治,还要以经济建设为中心,以经济合作带动政治互信。正如《宣言》中指出的:"随着资产阶级的发展,随着贸易自由的实现和世界市场的建立,随着工业生产以及与之相适应的生活条件的趋于一致,各国人民之间的民族分隔和对立日益消失。无产阶级的统治将使他们更快地消失。"① 随着全球化使世界越来越紧密地联系在一起,中国应及时地将自己的基本任务转变为"实现现代化,完成祖国统一,维护世界和平。这三项任务相互联系,互为条件,其中最关键的是第一项任务——实现现代化,也即解决发展问题"。②

《宣言》指出:"共产党人到处都努力争取全世界民主政党之间的团结和协调。"③ 一切支持和平与发展的团体、政党、民族和国家,都应当成为无产阶级领导的国际统一战线的团结对象。对一些敌视社会主义国家的国际势力,应按有理、有利、有节的原则作坚决斗争。"联合的行动,至少是各文明国家的联合的行动,是无产阶级获得解放的首要条件之一"④ 新时期无产阶级领导的国际统一战线不应明确指向某一国家,而是谁搞霸权主义、强权政治就反对谁,谁违反国际规范、搞恐怖主义就反对谁。唯有如此,才能最大限度地孤立霸权主义和恐怖主义,为和平与发展问题的解决,为和谐世界的构建创造良好的条件。

《宣言》指出:"人对人的剥削一消灭,民族对民族的剥削就会随之消灭。民族内部的阶级对立一消灭,民族之间的敌对关系就会随之消失。"⑤ 无产阶级领导的国际统一战线要消灭民族压迫、民族剥削和民族对抗,消除民族之间的分隔和对立,实现民族之间的和谐共

---

① 《共产党宣言》,人民出版社1997年版,第46页。
② 王少普:《试论新时期国际统一战线与我国国际统一战线政策》,《社会科学》2002年第6期。
③ 《共产党宣言》,人民出版社1997年版,第62页。
④ 同上书,第47页。
⑤ 同上。

处，最终实现全人类的解放。

中国国际统一战线可以团结的对象从未有像今天这样广泛过，无论是发展中国家或是发达国家，无论是全方位的或者某一领域的事务，只要有利益切合点都应该是团结的对象。

国家安全与行为建构

中国政治文化安全与网络谣言治理[*]

网络舆论安全是国家政治文化安全的重要组成部分，也是非传统安全在网络空间的新投射。互联网的高普及率一方面为人们获取信息提供了方便，另一方面也为网络谣言的传播提供了便利。网络谣言传播是国家意识形态主流与非主流博弈的一种形式，是舆论权力的较量，由此引发的规模或大或小的网络舆情如果得不到有效的引导和治理，在一定程度上必然威胁国家的政治文化安全。

一　网络谣言传播的现实性

网络谣言是指通过网络介质（例如邮箱、聊天软件、社交网站、网络论坛等）传播的没有事实依据的话语。[①] 由于网络传播的广泛性、快捷性、匿名性等特征，使得网络谣言的传播更加快捷、更难以控制。

（一）网络空间和现实空间信息互动的非对称

互联网突破了种族、国家、地区等有形或无形的"疆界"，打破了时间和空间对人类活动的限制，改变了人们的生活方式和思维方式。[②] 互联网使得各种不同的信息能够迅速和广泛地传播，在现实空

---

[*] 原载《郑州大学学报》（哲学社会科学版）2018年第1期，作者任中义。
[①] 柴艳茹：《网络谣言对社会稳定的危害及其治理》，《人民论坛》2013年第20期。
[②] 余丽：《互联网国际政治学》，中国社会科学出版社2017年版，第163页。

间不能传递的信息转道网络空间实现流动,从而使该项信息的效应获得实现。① 由此使信息在网络空间和现实空间所受关注的程度、持续的时间和产生的后果大大不同。

与此同时,普通社会公众希望凭借网络空间多样化的内容和传播形式,把现实社会中各种矛盾冲突,以及社会转型期的利益冲突集中转移到网络空间,以实现声音最大化。

中国互联网络信息中心第40次《中国互联网络发展状况统计报告》显示,截至2017年6月,中国网民规模达到7.51亿,占全球网民总数的五分之一。中国网民仍以10—39岁群体为主,占整体的72.1%,网民学历结构以中等学历群体为主,初高中、中专技校学历占比分别为37.9%、25.5%。② 网民结构的年轻化和低学历结构使得网络空间中信息表达的非理性要比现实空间大。由此,进入网络空间的个人能够体验信息与信息的真实载体分离的情形,这使得匿名和虚假信息比在现实世界更为多见。③

2011年7月,"温州动车事件"本是铁路运营中的偶发事件,然而,网络"第五纵队"④却借机发起舆论攻击,鼓噪中国高铁项目下马。而此时一些网络公众难以压制情绪理智地、冷静地辨别一些信息的真实性,一味追求自我发泄的快感,为"第五纵队"攻击中国高铁项目的谣言传播提供了便利条件。由此可见,网络空间和现实空间信息互动的非对称性,一方面使得各种各样的谣言能够在网络空间迅捷地、广泛地传播,另一方面使得社会公众在网络空间获取信息的过程中,不知不觉助推了网络谣言的扩散。

---

① 余丽、王隽毅:《网络空间与现实空间的互动及其对国家功能的影响》,《郑州大学学报》(哲学社会科学版)2013年第2期。
② 《CNNIC发布第40次〈中国互联网络发展状况统计报告〉》,2017年10月,中共中央网络安全和信息化领导小组办公室、中华人民共和国国家互联网信息办公室网站(http://www.cac.gov.cn/2017-08/04/c_1121427672.htm)。
③ 余丽、王隽毅:《网络空间与现实空间的互动及其对国家功能的影响》,《郑州大学学报》(哲学社会科学版)2013年第2期。
④ "第五纵队"一词,出现在"二战"前夕,指西班牙内战期间潜伏于马德里市区的内奸。此后,"第五纵队"成为内奸或内线的代名词。

（二）网络道德约束力相对较弱

互联网为社会公众提供了最为便捷的信息获取途径。在网络空间，社会公众的真实身份被虚拟化，可以较为自由地表达所思所想，由此使得网络空间各种思想、信息传播受到的道德约束力相对较弱。

网络空间的虚拟性和匿名性使人们的行为在某种程度上不受现实道德规范的约束。一些别有用心之人，便利用意见分歧和道德冲突造谣生事、煽风点火，使网络失范行为频频产生。"郭美美事件"通过网络空间被炒作、发酵，使国家级慈善机构中国红十字会被妖魔化。"百度血友病吧被卖事件""魏则西事件"引起了网民对百度搜索机制的舆论问责。这些事件背后都是网络规则和网络道德约束力相对较弱的结果。相对宽松的网络环境容易引发自主意识的过度发挥。网络社区、网络社团、社交网站等新型社会组织形态，由于其成员兴趣爱好较为接近，容易受到煽动性影响。一些群体还会显示出超乎寻常的狂热状态，用多重化人格、畸形心理、破坏性言论参与网络信息互动，从而加剧网络谣言的传播和危害。

现实空间的信息审查与发布制度构建了传播壁垒，让社会公众非理性的政治表达难以得到有效传播。而网络空间的去中心化，使得社会公众的政治诉求和思想表达较为容易和自由，且身份认同的匿名性，使网络空间的道德约束力弱化。由此，网络谣言借助网络空间道德约束力的弱化，使缺乏客观事实依据的虚假信息得以广泛传播。

（三）网络信息传播聚合及裂变的负效应

网络信息传播产生的聚合及裂变负效应，能够引发大量虚假信息，形成网络谣言，造成网络信息污染，影响社会秩序的正常发展。2016年11月，"大学生裸贷"事件在网络上持续发酵，大量关于"大学生裸贷"的照片、视频在论坛、微博、微信等新媒体平台不断被转载，引起网络舆论的一片哗然。此事件一方面暴露出，借贷宝平台本身存在的问题，对用户个人信息保管不当；另一方面，也暴露出监管部门对新媒体平台的监管存在漏洞导致信息的泄露与扩散。该事件发生后,网络空间各种谣言四起,无端指责政府的言论充斥着一些论坛、微博和微信等新媒体平台。研究显示,微信谣言可以细分为健康养生、人身安全、财产安全等多种类型,而传播最为广泛的五大热门谣言,阅读量均超过 2000 万次,并被多个公众号转发。① 由此可见,网络谣言传播速度之快,传播范围之广。

在网络虚拟社会,政府机构和主流媒体并不是唯一的信息来源,国家、非政府组织、各级政府部门、个人等行为体可以同时接收信息,个人很有可能最先发现并广泛传播信息。② 网络谣言广泛传播意味着信息传播处于部分失控状态,当政府主体面对已经开始蔓延的网络谣言时,如果处置不当,会导致严重的后果。

二 网络谣言传播对中国政治文化安全的威胁

网络谣言的产生和传播,是在多种负面情绪和心理影响下,演变成的一种群体性网络舆情事件。因此,一些具有强势特征的网络谣言,在一定时间内使虚拟社会的政治表达沦为多数人暴政的工具。

(一) 网络谣言削弱主流媒体的价值导向

网络谣言是非主流、反主流价值观作用的结果。信息不仅是舆论话语权,也是一种军事、经济和政治权力。隐形外资军团以网络权力为抓手,隐秘地控制网上思想舆论阵地。比如,以被判刑的"秦火火""薛蛮子""立二拆四"等人为代表的网络达人,制造各种谣言,搅乱网络舆论环境。他们颠覆、歪曲传统道德楷模,诋毁政府形象。

---

① 《中国新媒体发展报告 (2017)》,2017 年 10 月,中国社会科学网 (http://tt.cssn.cn/zk/zk_zkbg/201707/t20170705_3569552_2.shtml)。
② 余丽、王隽毅:《网络空间与现实空间的互动及其对国家功能的影响》,《郑州大学学报》(哲学社会科学版) 2013 年第 2 期。

2013年6月爆发的"棱镜门"事件，揭露了美国情报机构与谷歌、微软等公司合作，收集、监控世界各国电子通信信息的事实。2014年5月，国务院新闻办互联网新闻研究中心发布《美国全球监听行动纪录》的报告指出，经查证发现针对中国的窃密行为的内容基本属实。[①] 美国的网络政策和战略，就是要把网络权力变成美国特权。

网络谣言煽动性、迷惑性的话语，动摇着民族价值观念的认同。网络谣言中的错误价值观念经过再加工、再传播，从而营造出了更具摧毁性的强大网络舆论氛围。社会公众难以辨识网络谣言的实质和真实目的，一些人认为这是民主的体现，不仅没有怀疑，甚至还随声附和、参与其中，从根本上冲击着主流媒体的传播功能，主流价值观的地位由此受到严重侵蚀。

(二) 网络谣言消解党和政府的公信力

网络谣言的广泛传播消解着政府的公信力，对党和政府的决策形成严重冲击，对政治生态环境和政治文化安全产生多重影响和危害。2016年初爆发的山东"问题疫苗"事件，受到社会广泛关注，由此各种关于疫苗的谣言也在网络空间传播开来。尽管事件发生后，相关政府部门及时辟谣，但仍有不少家长对注射疫苗产生顾虑。一些不明真相的人受主观情绪驱使，在谣言制造者的蛊惑下，摇身转变为谣言的传播者。

网络空间折射着现实空间的影子，民众在现实空间积压的怨气、受到的委屈，往往会发泄到网络空间。而网络空间信息传播的聚合及裂变负效应，一旦关于谣言的错误信息被制造，经过网民的转发、转载，会迅速蔓延至社会的每个角落，形成消极的社会影响。网络谣言所涉及的内容往往与政府发布的信息相悖。谣言制造者借助网络新媒体的兴起，迎合部分网民猎奇心理，用戏说、颠覆的手段歪曲事实真相，以吸引网民眼球，对政府公信力产生消解作用。一些网络利益集

---

① 余丽：《互联网国家安全威胁透析》，《郑州大学学报》（哲学社会科学版）2015年第2期。

团，为了达到政治和经济目的，利用网络谣言混淆视听，操纵议题设置、绑架网络舆论，影响政府决策。

（三）网络谣言误导民意表达

网络谣言假借民主外衣，间接绑架网络舆论，使普通网民难以辨别事实真相并做出客观理性的判断，由此在一段时间内使社会公众更愿意相信谣言并进行传播。

2008年贵州"瓮安事件"、2009年湖北石首事件等，无一不是受到网络谣言的推波助澜，致使不明真相的群众跟随游行队伍，最终酿成严重的群体性事件。2013年5月3日，安徽籍女子袁利亚在北京京温商城坠楼身亡后，其男友在索赔得不到满足的情况下，编造各种网络谣言以制造混乱。在一些"网络公关公司""网络水军"的推动下，各大网站、论坛、微博纷纷转载引用，使案情扑朔迷离。如此情节在网络空间迅速发酵，导致一些不明真相的群众聚集游行。此外，网络上一些历史虚无主义者曾经质疑英雄黄继光以血肉之躯堵敌人的枪眼是否符合客观实际。历史虚无主义者利用互联网的普及和微信微博的难控性，假借"亲历者"、制造"原始档案"、假意"还原历史"来欺骗受众，从所谓专业角度进行解读，其内容更具迷惑性，更容易让普通网民上当受骗。如此之类的网络谣言经过加工修饰，蛊惑性大大增加，即便政府出来辟谣，也往往难以在短时间内改变民众先入为主的价值判断。

三 网络谣言传播的中国治理途径

网络谣言的有效治理是构建中国网络强国战略的重要组成部分。党的十九大报告指出："加强互联网内容建设，建立网络综合治理体系，营造清朗的网络空间。"[1] 这为中国加强对网络谣言的治理指明

---

[1] 习近平：《决胜全面建成小康社会 夺取新时代中国特色社会主义伟大胜利——在中国共产党第十九次全国代表大会上的报告》，人民出版社2017年版，第42页。

了基本方向。

（一）健全网络监管法律法规，强化主流价值观的引导作用

随着中国网民数量的不断增加，网络空间成为人们信息交流的重要渠道，也成为强化主流价值观教育的重要平台。在网络社区、社交网站等大众舆论空间网络谣言之所以屡见不鲜，与中国网络监管的法律法规不健全有密切关联。要健全网络传播行为的法律规范，应充分考虑技术性因素带给网络世界的多种异化效果，进行前瞻性立法，提升相关法律规范的时效性和可操作性。与此同时，进一步明确网络传播的主体权责，用具体的法律条文规定网民在网络传播中的权利、义务和责任。

网络空间是现实空间的映射，在现实空间难以传播的信息转道网络空间从而实现传播。因此，针对网络谣言所制定的法律法规，要着眼于扩大现实社会法律法规在虚拟社会中的适用性，形成现实社会与网络空间协调联动的法律规制体系。相关部门应总结国内外网络谣言处理过程中的经验教训，制定针对网络谣言的专门法律，形成一整套涵盖网络谣言的性质界定、责任认定、损害赔偿等一系列法律条款，使对网络谣言的处理有法可依。此外，还要从法律上厘清网络空间言论自由与造谣中伤、侵犯他人隐私的界限，完善网络谣言传播的法律配套规范，形成对网络谣言传播者的惩戒与威慑机制。

（二）利用大数据技术完善党和政府网络舆情危机应对机制，进一步健全网络安全体系

针对网络谣言的广泛传播，政府主体具有与信息时代相适应的网络舆情危机应对机制，是有效消解网络谣言对政治文化安全威胁的重要措施。

2016年初"魏则西事件"曾受到网民的广泛关注。网民通过主动跟踪事件发展进程，获取信息，并使事件快速发酵。2016年6月，国家网信办发言人表示："根据网民举报，国家网信办会同国家工商总局、国家卫生计生委成立联合调查组进驻百度公司，对此事件及互联网企业依法经营事项进行调查并依法处理。"① 调查组最终对百度公司提出了多项整改要求。该事件加速了《互联网信息搜索服务管理规定》的出台，对付费搜索广告的界定进一步明确和规范。7月，国家网信办印发《关于进一步加强管理制止虚假新闻的通知》，针对网络虚假新闻加强对互联网平台的管理。该通知明确了互联网平台需要对网上信息管理负主体责任，对自身和来源于第三方的信息均应起到及时监管的作用。

网络空间不仅是信息技术平台，也是社会管理平台。健全和完善网络舆情危机应对机制，要充分利用大数据时代网络信息技术的舆情搜集、检索和监控功能，建立起与国家治理现代化相匹配的网络社会参与机制、心理疏导机制、矛盾化解机制，形成消除网络谣言在网络空间传播的体制机制。要利用大数据及时掌握网络社会舆论走势，加强网络舆情监控、分析和研判，提高应急响应能力，从源头上切断网络谣言的传播土壤。同时，还要运用多种恰当的辟谣策略，消除网络谣言散布错误、歪曲、虚假信息的影响。要进一步加大对传播网络谣言的网站、微博等新媒体平台的打击力度，进一步规范网站、微博、论坛、微信公众号的管理。同时，互联网运营者与管理者需要肩负起严格的平台责任，以建立网络安全体系的基本保障，保证网络空间的清朗。

（三）培养网民自律精神，加强对负能量舆论效应治理

网络谣言的治理效果与社会公众的政治素养有密切关系。正如约翰·克莱顿·托马斯所说："问题的关键在于如何将公民积极参与的热情和行动有效的公共管理过程有机平衡或结合起来，即如何将有序的公民参与纳入到公共管理过程中来。"② 从个人行为体的角度治理

---

① 《中国新媒体发展报告（2017）》，2017年10月，中国社会科学网（http://tt.cssn.cn/zk/zk_zkbg/201707/t20170705_3569552_2.shtml）。
② ［美］约翰·克莱顿·托马斯：《公共决策中的公民参与》，孙柏瑛等译，中国人民大学出版社2005年版，第3页。

网络谣言，首先要提升网民的媒介素养，引导网民用客观公正的态度、观点和立场进行政治表达，客观理性研判信息，自觉做到不虚构、不传播违法不良信息。培育普通网民建立良好的社会心态，最大限度地避免非理性表达和情绪宣泄，遏制网络谣言产生和蔓延的心理境况。

其次，要坚持用历史唯物主义的观点来认识和宣传各种信息，让历史说话，用事实发言。能够自觉辨别网络空间各种信息的真伪是提高广大网民素质，抵制网络谣言传播的基本要求。网络媒体要清醒对待社会效益与经济效益的关系，保障新闻报道的真实性，充分利用自身优势提升社会公众的网络政治素养。网民要担负起更多的社会责任和公理道义，养成讲责任、守规矩、传美德的优良习惯，自觉遵守"七条底线"，营造清朗的网络空间。

最后，构建网络伦理道德规范体系。坚持依法治网和以德治网相结合，明确构建网络伦理道德规范体系的要素和标准，以网络伦理道德规范网民行为。坚持用自律与他律相结合的方式，树立正确的是非判断标准、道德标准和行为标准，以减少网民自身言行失范引发和传播的网络谣言。同时，选取典型网络舆论失范案例，加大宣传批判力度，使网民认同并践行网络伦理道德规范。

大数据应用与非传统安全威胁治理[*]

伴随全球化趋势的发展，一方面，各国之间的相互依赖关系愈益加深；另一方面，全球性问题增多、非传统安全威胁加重。同时，大数据潮涌而至，大数据应用已经不局限于商业智能领域，在公共服务、科学研究等方面也日益彰显其巨大的影响力。因此，探索大数据应用于非传统安全威胁治理的具体形式和路径，也注定是大势所趋。因为大数据已经成为解决紧迫的世界性问题，如抑制全球变暖、消除疾病等的一个有力武器。

一 大数据应用对于治理纷繁复杂的非传统安全威胁大有可为

2015年8月31日，国务院印发《促进大数据发展行动纲要》指出，建立"用数据说话、用数据决策、用数据管理、用数据创新"的管理机制，推动政府管理理念和社会治理模式创新。大数据是一种海量的数据状态和储存技术，能够有效集成众多领域的信息资源，通过对其进行分析处理和应用，可以产生价值巨大的产品和服务。事实上，大数据分析应用于防范非传统安全威胁在欧美国家早有例证。比如，美国国家海洋和大气管理局利用大数据方法协助进行气候、生态系统、天气的研究；"谷歌流感趋势"工具使用经过汇总的谷歌搜索

---

[*] 原载《人民论坛》2017年6月下，作者石杰琳，收录本书时略有改动。

数据来估测流感疫情,有效实施对疾病暴发的跟踪和处理。

之所以说大数据助力于非传统安全威胁治理,主要原因有如下几方面:第一,大数据呈现事物之间的相互关联性,即显示研究对象与他事物之间的相互关系,而这一特点恰与协同应对非传统安全威胁的理念和联动治理的实践契合。第二,大数据使获取足够大的样本数据乃至全体数据成为可能,这为决策者掌握更全面的信息或更有力的证据、增强科学性应对非传统安全威胁的决策提供了充分条件。第三,大数据具有显著的预测功能,可根据现有数据信息预测未来可能发生的事件,并提前做好预案。第四,大数据卓越的数据获取能力及网络化获取方法,能实现跨区域、跨平台的海量数据链接,并能采用可视化形式呈现数据,极大地便利了一些动态的复杂问题处理。

通过以上分析可见,大数据的特质,内在地契合人类治理非传统安全威胁的逻辑需要。因此,有理由认为,大数据应用对于治理纷繁复杂的非传统安全威胁大有可为。鉴于大数据已经成为信息社会日益重要的资源,建设和应用大数据、提高政府应对非传统安全威胁的能力,已成为当务之急。

二 认知大数据的内在特性及现实应用困境,把握大数据服务非传统安全威胁治理规律

尽管大数据被称作"渗透到当今每一个行业和业务职能领域的重要生产因素",或者说是"推动政府决策科学化、民主化及增强政府治理能力的重要手段与途径",但是,如若不深度认知大数据的内在特性、现实应用困境并采取相应对策,也很难做到充分应用大数据优势服务于应对非传统安全威胁的治理。

大数据的内在特性主要表现在以下几个方面:一是大数据的有效性依赖于数据的真实性。大数据处理,首要的是获取和记录数据,如果获取和记录的数据不真实或有缺陷,则大数据就不足为"据"。二是大数据多以非结构化呈现,混杂性突出,若不进行技术操作和处理

则不能使用。三是大数据被认为"长于分析相关关系而非因果关系"①。如同所言,大数据寻找事物之间的相关性,不能准确告诉人们某件事情为何发生,而是提醒人们什么事情正在发生。但基于这一点,我们不可以断定大数据是对因果关系理论意义的否定。正如学者指出:"在大数据中,因果推断即通过数据所反映的相互关系还原因果关系。"② 对大数据内在特性的认知,其意义在于深刻把握大数据规律,以便更好地应用大数据服务于现实生活。

此外,利用大数据应对非传统安全威胁的治理,还需关切大数据的现实应用困境。

一是大数据应用存在数据开放性、共享性与安全性的矛盾。目前许多领域都迫切需要实现国家间数据信息开放、共享,但如何在开放、共享中确保数据安全,是大数据使用中较难平衡的现实困境。数据主权原则与全球互联互通建设存在一定的冲突。

二是大数据存储孤岛林立、闲置现象突出,数据应用水平低。当下虽然企业和政府手中都有大量的基础数据存储,但彼此数据不互通共享,也不重视数据分析和应用,特别是目前国内政府部门"数据孤岛"普遍存在,造成数据闭锁、闲置,处理粗放,可使用性差。

三是大数据分析薄弱,复合型人才缺乏。当下中国大数据应用尚处于探索阶段,能够直接从事大数据分析和应用的创新人才严重不足,这很大程度上成为制约大数据应用于政府治理事务的瓶颈。

三　应用大数据提升政府治理非传统安全威胁的能力

大数据时代已经到来,应用大数据提升政府治理非传统安全威胁的能力势在必行。

---

① 姜奇平:《因果推断与大数据》,《互联网周刊》2014年第18期。
② 王天思:《大数据中的因果关系及其哲学内涵》,《中国社会科学》2016年第5期。

第一，建设统一的、共享的数据信息平台，刻不容缓。这不仅因为数据本身的价值在于被使用，开放和共享是大数据"质"的要求，而且建设统一、开放的数据信息平台，也是打破"数据孤岛"和"信息封锁"困境、推进国际合作以及动员民众参与防范非传统安全威胁的必要途径。建立统一、共享的数据信息平台，加快推进公共数据资源向社会开放，也是政府提供面向社会的公共服务的需要。

第二，树立大数据思维，积极探索应用大数据服务于治理非传统安全威胁的新途径、新方式。近年来，欧美国家在应用大数据治理非传统安全威胁，比如交通堵塞、流行病蔓延、环境污染等方面已有成功的经验可以借鉴；中国在社会舆情风险评估、空气质量检测等方面也有不少探索和尝试，但在应用大数据治理非传统安全威胁的手段和方式上仍有广阔的空间，有待挖掘和开发。比如，如何引入更多的大数据风控管理工具，保证消费金融业务成为稳健的长期信贷市场；如何利用生物传感器、生态遥感、大数据、云计算等技术，提高土地规划质量，以避免土地浪费与流失等。目前非传统安全威胁加重，并且与传统安全威胁相互交织，决策者必须借助大数据分析和应用，增强应对各种安全威胁的治理能力，换言之，大数据优势对于防范各种安全威胁能够有所作为。为此，探索应用大数据服务于应对非传统安全威胁的新途径、新方式，对防范金融风险、维持能源安全和粮食安全、信息安全等方面创新能力的提升，具有重要价值。此外，树立大数据思维，推进大数据应用，还需要强化数据源头管理，并且必须高度重视大数据技术分析及其专业技术人力资源的开发。

第三，着力推进数据开放与共享，并利用制度明示信息安全边界。伴随互联网技术的快速发展，利用信息网络的安全漏洞或后门窃取、倒卖涉密信息的事件频发，实施病毒感染、网络攻击以及恶意公开个人隐私、商业秘密的行为不止，这恰恰证明信息安全本身就是非传统安全威胁问题之一，因此，对于数据信息安全问题，迫切需要通过制度安排，明确数据安全的边界，制定国家层面的政府信息共享条例、实施细则及其数据保护法等，明确规定数据信息开放、共享的尺度。

互联网作用于国际政治的四个维度[*]

20世纪70年代信息网络技术主要限于军事用途，到90年代转为民用之后，迅猛发展的互联网即成为人们生活中不可或缺的内容。随着互联网日益嵌入国际政治的运行中，有关互联网在国际政治中作用的话题引起人们的关注。本书从国家利益、权力政治、全球合作和国家安全四个维度对这一话题展开探讨。

一 国家利益：挑战易见但机遇犹存

国家利益是国际政治中作用最持久、影响力最大的因素，通常表现在政治、经济、文化等方面。互联网对国际政治的作用，首先体现在国家主权上。一方面，网络空间与政治的结合，为国家主权注入了新的内涵，极大地扩展了传统主权的概念和范围。但另一方面，互联网给国家主权造成的冲击也显而易见。如网络传播的"世界舆论"加大了主权国家自主决策的难度；网络的无政府特性、主权超越性，弱化了民族国家作为政治忠诚对象的地位；传播主体的多元化推动了权力从国家向非国家行为体的弥散；网络也为西方国家干涉别国内政、插手他国事务大开了方便之门，使发展中国家的政治制度和意识形态承受更大的压力等。可以说，互联网扩展了国家主权的外延，但相对弱化了其内涵。

---

[*] 原载《郑州大学学报》（哲学社会科学版）2012年第4期，作者石杰琳。

经济财富是国家利益组成的重要方面。信息传递、网络互联,极大促进了国际贸易、金融和跨国经营活动,互联网因此成为世界经济增长的一大决定性因素和财富来源。20世纪90年代信息技术曾给美国带来"高增长、高就业、低通胀"的"新经济","创造了一个1500万个新工作、失业率24年来最低而通货膨胀率30年最低的时代"①。但互联网带来的财富分配在发达国家和发展中国家之间有很大的差异。在过去15年互联网对工业化国家GDP增长的贡献率是10%,近5年上升到21%。尤其美国拥有全球互联网30%的产值和超过40%的净收入②。发展中国家如印度、中国虽以超过20%的增速在全球互联网产业中构筑地位,但发展中国家整体上从互联网获益的空间有限。发展中国家骨干网与美国互联普遍采用转接模式,这意味这些国家不仅要承担沉重的设备费用、传输成本,还要支付大量的转接成本③。为此,发展中国家呼吁改革游戏规则,以使各个发展阶段上的国家都能从互联网获得利益。

互联网自诞生起就打上了文化的印记。一方面,它为各民族文化的传播、交流提供了途径,加快了不同文化间的交流;但另一方面,互联网也方便了强势文化对其他文化的冲击,给弱势文化的发展带来挑战。一是基于英语的计算机技术垄断带来文化垄断。单一语言的威胁,使非英语国家的文化在世界范围内传播遭遇困难。二是西方国家以互联网为载体,将自己的意识形态、价值观念向发展中国家强势输出。长期潜移默化的熏陶可能使受众改变文化认同,而使自身文化发展陷入困局。然而,互联网也是弱势文化反攻的舞台,只要充分发声,就能为文化发展赢得机遇。

---

① 马学亮:《浮现中的数字经济》,《中华读书报》1998年12月2日第3版。
② 应强、王娇:《麦肯锡认为互联网对全球经济增长日益产生积极影响》,2011年5月25日,网易新闻(http://news.163.com/11/0525/08/74SUF4PH00014JB5.html)。
③ 贾丹华:《论国际互联网对世界经济的影响》,《世界经济与政治论坛》2003年第6期。

二 权力政治:"信息力"加剧两极化但多极化是未来趋向

网络政治并没有超越权力政治的范畴,权力依然是网络政治中首要的决定因素。互联网给国际政治权力带来的重大影响,就是增添了"信息力"的内容。而"信息力"在全球分布并不均衡,"信息霸权""数字鸿沟"反映了国际社会的现实,但互联网的特性有助于推动世界多极化的发展。

二十多年前,约瑟夫·奈说道,"信息正在变成实力",权力的性质已经由"高资本含量"变为"高信息含量"[1],准确预示了互联网时代国际政治权力范畴和性质的重要变化。谁能领导以信息革命为主导的新一轮科技革命,谁就能在未来世界的政治格局中占据领导地位。"信息力"作为新的权力来源,虽然拓展了传统权力政治的范畴,但从信息技术和基础设备的角度看,"信息力"仍是一个国家"硬实力"的组成部分。而从信息的影响力、渗透力和网络的传播力来看,"信息力"又是一个国家"软实力"的重要表征。值得注意的是,当"信息正在变成实力"之时,信息网络技术"使国际权力分配两极分化的趋势更加严重"[2],因为发达国家与发展中国家在网络技术方面的差距远远大于两者在工业技术上的差距。发达国家凭借信息技术优势及其对综合国力的拉动与提升,在国际竞争中处于明显有利的地位。而发展中国家整体上信息网络技术较为落后,由此在与发达国家的综合国力竞争中处于下风。其结果是,两类国家在国际权力的占有上依然很不平衡。特别是美国显赫的"信息霸权"地位,已成为其外交的"力量倍增器"。作为信息技术革命的发源地,美国掌握着互联网的核心技术、中央处理器CPU、操作系统Windows、基本浏览器 LE 和 Netscape。[3] 各国不仅要由

---

[1] Joseph S. Nye, "Soft Power", *Foreign Policy*, Fall, 1990, p.164.
[2] 蔡翠红:《试论网络对当代国际政治的影响》,《世界经济与政治》2001年第9期。
[3] 娄成武、张雷:《质疑网络民主的现实性》,《政治学研究》2003年第3期。

美国政府授权的互联网域名与号码分配机构来统一管理全球网络根域名服务器、域名体系和IP地址，而且电子器件、高端用芯片、基础软件产品的核心技术也多掌握在美国手中①。凭借"信息霸权"实力，2009年希拉里提出开展"互联网外交"，主张用"全民网络外交"实现美国的部分外交战略。事实上，由于美国的"信息霸权"以及发达国家与发展中国家在信息技术掌握和使用中的"数字鸿沟"，传统的"南北问题"有了新的内涵。不能不说，互联网技术所带来的"信息力"使国际权力分配处于两极分化的态势。

然而，另一方面，互联网本身的特性及其他因素也使国际政治权力趋于分散化。其一，互联网的无中枢特性和全球信息的自由流动，将推动国际政治中心分散化发展，而且"任何一个中心的瘫痪都不会对国际政治局势产生全方位的致命影响"②。托马斯·弗里德曼把互联网视为使世界扁平化的动力之一，认为这将给自上而下的政治带来冲击。其二，技术的竞争优势是流动的，除非拥有"信息霸权"的国家不断发明、创新和长时间保有优势，否则，竞争机制会使技术优势格局发生深刻的变化，而新的竞争强国必然要求政治权力的再分配。其三，发展中国家可从发达国家获得技术性外部经济，学习效应将使一部分发展中国家利用信息革命的机遇而加快发展、赶超上来，就像在印度、中国身上看到的那样，而发展中大国的崛起对于信息权力的"极化"起解构作用。因此说，互联网又将大大推动世界多极化的发展趋向。

三 国家安全：释放"信息自由"但加大政治风险

"信息传播自由"与"国家政治安全"是当今世界各国特别是发展中国家遭遇的一大困境。一方面，"信息传播自由"是互联网发展

---

① 《网络成西方渗透工具 网络政治化突成世界话题》，2009年7月3日，中国新闻网（http://www.chinanews.com/it/it-itxw/news/2009/07-03/1760154.shtml）。
② 侯艾君：《"维基解密"或成地缘政治武器》，《中国社会科学报》2011年7月7日第15版。

的客观要求，也是互联网技术进步的动力。但另一方面，"信息传播自由"容易也确实引发了"国家政治安全"的风险问题。两个层面可解释这一点。其一，互联网涉嫌政治煽动、政治颠覆活动。主要是西方国家通常把互联网作为向发展中国家传播价值观、进行政治渗透的渠道。一位美军前情报官员如此表白："中情局突然发觉，通过互联网输送美国的价值观，远比派特工到目标国家或培养认同美国价值观的当地代理人更容易。"① 近年来发生在一些国家的政治动荡，的确说明了互联网与这些政治动荡的相关性。突尼斯正是在网上曝光了美国外交官关于突国腐败的私人谈话后，立即爆发了街头革命，致政权倒台②。较早时候发生在格鲁吉亚、埃及和伊朗的街头抗议活动也与社交网络的作用有关。其二，互联网上发生严重的政治泄密事件。2010年网上发生的"维基解密"事件惊恐了全世界，不仅其揭秘的内容损伤了有关国家之间的关系，打破了国际交往中内外有别、明暗有序的默契，而且其揭秘的方式和手段令人震撼。通过互联网大批量、直接地泄露国家机密的行为，触发了人们关于互联网时代"信息传播自由"与"国家政治安全"的争论，也延伸到了对确保公众知情权、保护隐私以及维护政府重要活动的机密性等问题的思考。如何在"信息自由传播"和"国家政治安全"两者之间保持平衡，是互联网给人类政治生活带来的新课题。

可以肯定地说，网络时代，国家政治安全已经超出了传统的理解与范畴，互联网给国家政治安全所带来的威胁更快速，更难以防范。

四 全球合作：加快全球化进程但也激化民族主义

从全球合作的维度看，互联网对国际政治的作用，最突出地体现

---

① 《网络成西方渗透工具 网络政治化突成世界话题》，2009年7月3日，中国新闻网（http://www.chinanews.com/it/it-itxw/news/2009/07-03/1760154.shtml）。

② 侯艾君：《"维基解密"或成地缘政治武器》，《中国社会科学报》2011年7月7日第15版。

在加快了全球化进程。它使世界各国前所未有地紧密联系在一起,使各国政府决策都建立在国内外信息大规模流动的基础之上。它使各国政府彼此之间的政治磋商更加直接和便捷,实现了足不出户、通过办公室多媒体网络即可达到高效率、低成本的信息传递。它超越时空的特性大大缩短了世界范围内国家、地区间的距离,既拓展了人们选择和利用信息资源的内容和范围,实现了"资源共享",又使各种信息和不同文化通过互联网交流、沟通、对话、碰撞,互相融合,促进了国际合作的形成和人类的共同进步。可见,互联网注定是全球化进程的推动力。约翰·奈斯比特曾说道,跨国计算机网络和信息高速公路的建立,将整个世界变成了息息相关的"地球村"。

但另一方面,互联网也会给全球合作设置障碍,尤其是可能加剧民族主义反弹。当互联网使发展中国家遭受发达国家严重的全方位冲击,而又无法控制和理解这种强大力量时,其国家内部某些社会势力就会去寻找精神上的认同和宽慰,这在很大程度上导致了原教旨主义、恐怖主义等极端民族主义的泛起[1]。同时,互联网的开放性、廉价性和隐蔽性也恰为极端民族主义者散布民族仇恨、制造种族歧视提供了理想的场所。因此,在一些地方,互联网是在加剧而不是降低冲突,是在阻碍而不是推进国际合作。

从以上四个维度对互联网在国际政治中作用的探析,不难发现,每一个维度上互联网的作用都是双重的,甚至是悖反的。问题的关键是,人类如何在应对其负面影响时能够有所作为,而使互联网的正面效应发挥到最大。

---

[1] 邹衍:《关于信息网络化对国际政治影响问题的研究综述》,《理论前沿》2001年第14期。

大国石油博弈与中国石油安全考量[*]

21世纪的国际竞争，首要的就是资源的竞争，而资源竞争的重心就是能源的竞争。在今天人们广泛使用的化石能源中，石油被称为"能源中的能源""现代工业的血液"，因而，对石油资源的竞争就成为国际能源竞争的焦点。事实上，大国之间石油资源的争夺战早已在紧锣密鼓地进行。冷战结束后，经济因素在国际关系中地位的上升固然给世界带来了较多的和平与安宁，但是大国之间石油争夺战的血腥味儿却时常很浓。

一 大国博弈石油的原因

1. 石油的高度依赖性、不可再生性和分布不平衡性是大国博弈石油的深层次原因。"二战"后，石油因其能量高、污染小、廉价且又易于储存和运输等优势在世界一次能源消费中的比重逐渐超过煤炭，到20世纪60年代中期时，人类就由煤炭时代步入了石油时代。自此以后，石油在世界能源生产与消费的平衡中就处于举足轻重的地位。石油的高度依赖性，就在于石油是各国国民经济不可或缺、无法替代的重要能源和工业原料。以石油为原料生产出的产品广泛应用于工业、农业等国民经济各个领域和日常生活的各个方面。目前，石油占整个世界能源消费结构的40%左右。从西方国家

---

* 原载《理论导刊》2005年第12期，作者石杰琳，收录本书时略有改动。

看，早在1973年，石油在一次能源消费中的比重联邦德国就达到56.5%，法国达到68.4%，意大利达到75.1%，日本达到77.4%，[1] 从某种意义上说，战后工业发达国家经济的迅速增长依靠的是廉价的石油。美国是世界第一大石油消费国和进口国，每天大约消费2000万桶左右，占世界石油总消费量的26%，美国经济繁荣的原因之一是其自身拥有丰富的石油资源，并从其他地区廉价获取了大量石油。西方大国对石油的高度依赖，是他们视石油为重要战略资源并想方设法夺取之的原因。

石油的不可再生性，就在于石油本身是一种不可再生资源。一方面，石油的探明量有限，世界石油的地质蕴藏量伴随着经济增长而不断减少。据英国石油公司（BP）报告称，截至2003年年底，全球石油储量为11477亿桶，仅够用40年。另一方面，世界石油需求在不断增长，石油资源的相对稀缺性增大，人们对于石油资源耗竭的担心不能不刺激石油消费大国抢夺石油资源的欲望，先下手为强。

石油分布的不平衡性，就在于石油资源在世界范围内的分布、生产和消费极不平衡。世界石油资源分布在中东—北非、中亚—俄罗斯和北美地区，而世界石油的消费则主要集中在北美、亚太和欧洲，[2] 石油储量和产量最大的地区往往不是石油消费量最大的地区。[3] 目前，世界石油探明储量的66.5%分布在仅占全球陆地面积4.2%的中东地区。据英国石油公司统计的全球剩余探明量（截至2001年1月），世界排名前五位的国家分别是：沙特阿拉伯（占25%）、伊拉克（占10.8%）、科威特（占9.8%）、阿联酋（占9.3%）、伊朗（占8.6%）。[4] 而世界石油消费大户却是北美、亚太和欧洲，这三个地区的石油消费占世界总量的约80%。世界石油资源分布、生产与消费

---

[1] 林进成：《世界石油生产与消费的回顾与展望——兼论我国的对策》，《世界经济与政治》1997年第1期。
[2] 李飞：《对我国石油安全战略的几点思考》，《世界经济与政治论坛》2003年第6期。
[3] 刘新华、秦仪：《略论21世纪的石油地缘政治学》，《当代亚太》2003年第7期。
[4] 刘新华、秦仪：《中国的石油安全及其战略选择》，《现代国际关系》2002年第12期。

的不平衡性，必然激发石油消费大国为获得稳定的石油供应而进行争夺。

2. 经济全球化下石油成为全球性战略资源，是诱发世界大国博弈石油的直接原因。经济全球化的发展，使石油成为全球性的战略资源。一方面，石油资源国普遍放松了对原油勘探、开发投资、市场流通和价格的管制，使石油资源在全球范围内的自由流动和配置充分实现；另一方面，石油消费国也纷纷以国家力量推进本国公司实施全球资源战略，通过资金与技术投入对油源国的资源取得不同形式的占有。石油资源的国际化，为石油消费大国缓解资源供需矛盾，参与国际石油资源的分配和共享，提供了大好机会。

3. 石油不是简单的贸易商品，而向来是影响世界政治、经济和国际关系的重要因素，这是世界大国博弈石油的特殊原因。石油对世界经济的影响，从1973年的石油危机中可见一斑。1973年10月第四次中东战争期间，中东产油国利用石油武器打击以色列的支持者，对当时经济繁荣依赖于中东石油的西方发达国家实行全面的石油禁运，直接造成了1973—1974年资本主义世界的经济危机。经济合作组织国家GDP大幅下降，西方经济乃至全球经济衰退。美国工业生产下降超过14%，日本和欧洲国家工业生产下降10%—21%。至此，西方经济高速增长的"黄金时代"结束，转而进入近15年的"滞胀"痛苦。从这里人们深刻感受到石油与世界经济的息息相关，也看到了石油作为外交手段的运用。

石油同样影响世界政治和国际关系。早年利比亚正是由于发现了大油田，才能从一个落后的国家变成一个在国际舞台上有着相当影响的国家，才敢于把世界头号强国美国视为自己对外政策的主要对手；[①]沙特阿拉伯正是凭借世界重要产油国的地位，得以长期与美国结成特殊的合作关系，美国驻军沙特阿拉伯保护着王室的统治。美国一专栏

[①] [俄]亚·瓦西连科、弗·拉祖瓦耶夫、邱桂荣：《石油与国际关系》，《现代国际关系》1997年第7期。

作家说得好:"决定美国和沙特关系好坏的最重要因素是石油。"① 俄罗斯在当今世界能源市场上的地位,很大程度上也决定着俄的地缘政治影响力。为了石油,美国开始与昔日的"邪恶"帝国共舞,美俄签署能源合作协议,开发和运输沉睡在俄里海沿岸的巨大资源。

石油还是几十年来诸多国际争端的起因,是世界各国尤其是石油消费大国激烈较量和争夺的焦点。1941年德国为夺取高加索地区的石油而侵入苏联。50年后,伊拉克为吞并科威特的石油而占领了该国,引发了海湾危机;一定程度上说,石油消费大国美国为确保自己的石油供应,控制中东石油,领导多国部队进行了海湾战争。2003年的伊拉克战争,从某种意义上说,是一场大国石油博弈。美国以清除萨达姆大规模杀伤性武器为由对伊拉克动武,实质上是要推翻萨达姆政权,创建新伊拉克,使之成为美国控制中东石油资源的"基地"。法德俄反对美国动武,是出于维护他们在伊的既得石油利益的真实考虑;日本积极派自卫队去海湾,声称为"反恐倒萨"提供后勤支援,目的在于谋求中东石油上一定的发言权和利益均沾权。

随着经济全球化及国家关系经济化趋势的加强,经济安全与经济国防的重要性越来越突出,石油安全已成为各大国经济安全、经济国防的重要组成部分,也成为各大国制定外交政策的重要基础。他们以经济手段达到政治目的或以政治谋略获取更大的经济利益,石油资源所特有的与世界经济、政治、外交和军事斗争密切相关的特性更突出地体现出来。

二 大国博弈全球石油及对中国石油安全的影响

世界大国在全球范围内展开的这场石油资源争夺战,有人称之为"第三次世界大战"。

---

① Daniel Pipes, "The Scandal of U. S. ——Saudi Relations", *The National Interest*, Winter 2002/03. p. 75. 转引自刘新华、秦仪《略论21世纪的石油地缘政治学》,《当代亚太》2003年第7期。

中东是世界石油中心，也是大国石油争夺战的重要阵地。夺取石油一直是美国在中东地区的首要战略目标。1991年海湾战争后，美国加强了其在中东地区的军事存在，尤其是加强了对主要产油国沙特和科威特的控制和影响。2003年美国开打伊拉克战争，在一千多名美国军人生命代价中诞生的"新伊拉克"将成为美国传播民主、改造中东的桥头堡，更将成为美国夺取并控制整个中东石油资源的"基地"。日本长期依赖于中东石油，海湾战争时日本从中东进口的石油占其总进口的80%，目前，已上升到90%，这是日本长期以来把石油外交重点放在与中东国家的关系上、希望与中东国家保持长期合作关系的原因。2001年1月，外相河野洋平出访海湾国家，希望与之建立"不限度进出口原油的更加广泛的合作关系"，日本还积极谋求与沙特、科威特等国合资合营建大型炼油厂。2003年当美国对伊动武引起中东石油争夺格局改变时，为加强自己在中东的地位，日本不惜冲破和平宪法的限制派自卫队去海湾，成为出兵海湾的少数国家之一。西欧国家也同样依赖于中东石油，海湾战争后美伊关系紧张，法德等欧洲国家的大公司借机在伊进行石油勘探和开采，并获许多优惠条件，这是法德等国强烈反对美国对伊拉克动武的原因之一。随着萨达姆政权的垮台，法德等国在伊拉克的利益遭受巨大损失，数百亿美元的债务和石油合同失效，为确保战后获取稳定的能源供应，他们制定了新的中东能源战略，包括积极寻找机会介入伊的战后重建，角逐在伊的石油利益；还致力于对沙特、科威特等产油国的能源投资开发并加强与伊朗的能源合作。

中亚里海地区是20世纪90年代起步开发的新兴石油产地，也是石油消费大国实施能源多元化战略考虑的重点。里海已成为国际资本激烈竞争的舞台。"9·11"后，美国通过阿富汗战争和提供经济渗透，强化对里海周边产油国的影响和控制。将美军推进到逼近中亚——里海的油气资源，先后在乌兹别克斯坦、吉尔吉斯斯坦、哈萨克斯坦、阿塞拜疆和格鲁吉亚建立了军事基地，据统计，中亚和外高加索地区国家用于能源开发的外资中，有30%—40%由美国提供，几年时间，美国的石油公司获得了里海16%的石油资源和11.4%的天然气资源的控制权。

俄罗斯在大国石油资源的博弈中角色特殊，既是参与争夺石油资源的大国，又是世界上石油资源大国和出口大国。在世界能源竞争格局中，俄罗斯的战略卖家地位凸显。俄充分利用其卖家地位与两大石油需求国周旋，一方面与中国谈判从俄安加尔斯克至中国大庆的石油运输管线（安大线），另一方面又与日本谈判从俄安加尔斯克至其太平洋港口城市纳霍德卡的输油管线（安纳线），企图从两买家竞争中获取最大国家利益。对俄的石油资源争夺中，不仅有中日，还有美欧。美俄已签署能源合作协议，对石油资源未开发的西伯利亚进行勘探，美获得了"来自西伯利亚的礼物"；欧盟国家的石油公司也积极参与俄油气上游领域的投资项目，俄与欧盟发表能源合作声明，由欧盟投资帮助俄开发油气资源，以换取俄对欧洲的长期稳定能源供应的承诺。除以上地区外，世界大国还在非洲展开竞争。非洲已探明石油储量近800亿桶，占世界总探明储量的7%。[1] 欧美石油公司近年对非洲石油开发注入了巨资，尼日利亚、安哥拉分别是美国的第5和第9大石油出口国，加蓬46%的石油也对美国出口，目前，美从非洲进口的原油占其进口总量的15%。[2] 欧洲国家在利比亚石油生产领域占据主导地位，利比亚和阿尔及利亚90%的石油出口到西欧。

那么，西方大国在全球范围内展开的石油博弈，对石油需求国中国的石油安全有什么影响呢？中国在过去几十年一直是石油出口国，但1993年开始成为石油产品净进口国，1996年中国又成为原油净进口国。[3] 随着中国经济的持续高速增长以及几大因素如汽车数量的激增、航空旅游业的发展、发电用重油和农业用轻油的需求增长等，中国国内石油供求矛盾日渐增大且已成定势，在国内石油探明量有限和石油企业生产能力不足的情况下，国外石油的大量进口便成为必然。

---

[1] 汪巍：《非洲石油开发前景与大国石油外交》，《石油政工研究》2003年第6期。
[2] 同上。
[3] 李飞：《对我国石油安全战略的几点思考》，《世界经济与政治论坛》2003年第6期。

静观大国石油博弈，考量中国石油安全，有几个方面是值得重视的。

其一，中国的主要海外油源安全度低，石油稳定供应性脆弱。中东地区是中国倚重的主要外来油源，每年石油进口总量的50%以上来自中东地区，可这里是世界上最为动荡不安的地带，民族矛盾、宗教矛盾、政治矛盾错综复杂地交合在一起，一旦发生突然事件，会造成石油供应减少或中断。海湾战争和伊拉克战争的发生，都曾使中国的石油进口遭受直接的经济损失。中东地区同时也是美日欧等大国的主要石油进口地。美国进口石油的近30%、欧洲进口石油的60%、日本进口石油的80%以上都来自这里，中国处于与西方石油消费大国争夺油源的"碰撞"之中，西方大国在这里的激烈争夺必然威胁到中国的石油稳定供应，尤其是美国目前已掌握着对中东石油的控制权，它完全有可能打"石油牌"来对付中国，使中国的石油供应受到美国的牵制。

其二，中国的进口石油运输通道亦受他国钳制，自我保护能力差。中国进口原油大多是由海轮从波斯湾经印度洋和印尼群岛运往中国的，这条线路的必经之地是马六甲海峡，中国石油进口的近60%经过该海峡，谁控制了该海峡，谁就能随时威胁中国的石油安全。马六甲海峡不仅航路拥挤，而且海盗猖獗，更为重要的是，整条线路都一直是美国舰队控制的区域，中国根本不能为航行在这条线路上的油轮提供保护，一旦中美关系交恶，石油供应就可能被切断。在美国军事霸权下，中国难以保证在任何情况下都能将海外石油安全运回国内。

其三，中国的"走出去"战略受到其他大国的挤压。为降低对中东石油的依赖，实施进口原油的"多源化"和"多元化"，中国大型石油企业加大"走出去"步伐，他们与哈萨克斯坦、埃及和阿尔及利亚等国就石油管道修建、石油勘探和开采等问题进行商谈，签署了有关能源方面的框架协议，但无论是在中哈管道计划上，还是在探寻非洲石油进口来源上，中国都面临着西方大国的激烈竞争。中石化和中海油参与收购北里海卡沙甘油田的计划因西方石油公司从中作梗而失败；中俄"安大线"石油管道铺设也因日本的"插足"而拖延。1994年中俄开始就"安大线"进行谈判，日本为拼争远东石油随后也加紧与俄开始"安纳线"谈判，并提出为修建"安纳线"提供全部50亿美元的投资，另外还提供20亿美元贷款用于开发东西伯利亚的新油田。日本以首脑外交开道、金钱外交铺路，企图说服俄采用"安纳线"而不是"安大线"。一旦"安纳线"铺设，既可保障日本石油供应安全，减少其对中东石油的依赖，又可削弱中国的石油安全。

其四，中国的海洋石油资源存在与他国的争议，影响自身的开发利用。中日两国对外依存度的相向性、地缘政治经济的相关性、主要进口油气的同源性不可避免地导致双方在国际石油市场上展开激烈的竞争。不但如此，中日钓鱼岛领土争端和东海大陆架争端拉开了又一场能源争夺战。日本政府最近拨款100亿日元用于建造一艘能够进行三维海床地震测绘的船只，使之可以对钓鱼岛油气资源进行勘探。在东海，2005年4月日本启动了允许民间企业在东海海域试掘权的程序，试掘地点就在其单方面主张的所谓东海"中间线"靠近日方一侧。中方坚决反对日方所谓的"中间线"划分，主张遵循"大陆架自然延伸"的原则划分双方的专属经济区。中日之间的钓鱼岛领土之争和东海大陆架之争，实质是油气资源之争。此外，几个东南亚国家与中国对南沙群岛的主权争执，也蕴含对南沙海底油气资源的争夺。

三 中国石油安全战略选择

在激烈的大国竞争中，中国的石油安全形势日益严峻。有学者认为，石油安全已成为影响中国21世纪和平崛起和经济可持续发展的重要因素。那么，如何制定适合中国国情的石油安全战略，笔者认为以下几点不可或缺。

首先，重视开展大国外交，处理好与美、俄、日等国家的关系。随着政治经济化和经济政治化势头的发展，石油安全不仅是经济问题，而且是政治、军事问题。美国控制着中国的主要油源和海上运输线，维持好与美国的关系，是保证中国石油安全供应的重要前提。俄罗斯的石油供应，有助于减少中国对中东石油的依赖，且中俄相邻，可避免长距离海上运输的风险，两国在石油勘探、开发、储存、管道铺设等项目上合作潜力巨大。日本与中国对钓鱼岛、东海油气资源之争，影响到中国海洋石油资源的开发利用，必须通过外交谈判解决。

其次，实现油源的多元化，加强与中东、中亚、非洲、东南亚国家的合作。多元化的石油来源可以有效化解石油对外依赖度高所产生的安全风险。中国石油对外依赖度2000年已达25%，2020年将接近50%，如果进口油源多元化，即使对外依赖度高，也可分散风险，降低石油供应的不安全性。① 中国石油进口来源较为单一且倚重于矛盾重重的中东地区，这是中国石油安全的一大隐患。中亚具有地缘优势，运输安全性较高，是中国今后重要的石油供应源之一。非洲地区也是中国今后石油来源多元化的重要部分。东南亚国家印尼、马来西亚等本是中国的传统油源，应力争在南沙争端上实现"搁置争议、共同开发"油气资源。

再次，发展强大的制海权，保护自己海上石油运输和海洋石油权益的安全。中国的军事战略长期立足于国土防御，缺乏远距离海上作战的能力，没有强大的制海权，就使得中国对海外石油利益的军事保护手段不足，在美国控制马六甲海峡等重要海上通道的军事霸权下，中国石油运输线路的安全性受制于人。同时，发展海权也是妥善处理钓鱼岛、东海、南沙油气资源争端，应对突发事件的必然要求。

最后，尽快建立国家战略石油储备体系。应急的石油储备可以解决短期内石油供给问题。世界上许多国家都有自己的战略石油储备，而中国目前的战略石油储备几乎等于零，石油储备体系的缺位正在加大中国经济的风险。2002年原国家计委启动了国家第一期四个战略

---

① 崔新健：《中国石油安全的战略抉择分析》，《财经研究》2004年第5期。

石油储备基地的建设工作，2003年又成立了国家石油储备主管部门，但中国仍未能建立起真正意义上的石油储备。按照经济发展需要，到2020年中国应达到90天规模的4500万吨储备，这不仅需要国家加大储备的工作力度，也需要石油生产商、进口商、炼制厂等承担任务。

国家治理与实践研判

新中国中央人民政府组织
结构的人民性意蕴*

　　1949年10月1日中华人民共和国中央人民政府宣告成立。根据《中国人民政治协商会议共同纲领》和《中华人民共和国中央人民政府组织法》的规定，中央人民政府实行了中央人民政府委员会及其下辖政务院、人民革命军事委员会、最高人民法院、最高人民检察署的两级政府体制。这一中央行政体制直到1954年9月第一届全国人民代表大会召开并选举产生新一届中央政府后才宣告结束。关于新中国第一届中央人民政府的研究，学术界多从中央人民政府的组建背景、内部机构的职能定位、政策实施以及中央政府和地方政府的关系等方面进行了深入研究，并取得了很多成果。笔者运用定量分析与定性分析相结合的方法，以新中国成立之初中央人民政府的主要组成人员为样本，分析中央人民政府组织结构的人民性特征及其对新中国的影响。

一　新中国成立之初中央人民政府的组织架构

　　1949年9月，中国人民政治协商会议通过的《中国人民政治协商会议共同纲领》和《中华人民共和国中央人民政府组织法》是新中国第一届中央人民政府成立的法理依据，它勾勒了中央人民政府的基本形式和组织结构。从纵向看，中央人民政府委员会统辖政务院、

---

　　* 原载《毛泽东邓小平理论研究》2019年第9期，作者任中义，收录本书时有所改动。

最高人民法院、最高人民检察署和人民革命军事委员会；从横向看，中央人民政府委员会下属的政务院与其他3个机构是地位平等、各司其职、相互平行的关系。

一是中央人民政府委员会。中央人民政府委员会于1949年10月1日宣告成立，是中央人民政府的首脑机构，对外代表中华人民共和国，对内领导国家政权。它是当时国家最高权力机关和国家最高行政机关，集最高立法权、行政权、司法权于一体，是典型的"议行合一"的政权组织形式。关于中央人民政府委员会的人员构成，《中华人民共和国中央人民政府组织法》规定："中央人民政府委员会，由中国人民政治协商会议的全体会议选举中央人民政府主席一人，副主席六人，委员五十六人，并由中央人民政府委员会互选秘书长一人组成之。"[1] 据此，中国人民政治协商会议第一届全体会议选举毛泽东为中央人民政府主席，朱德、刘少奇、宋庆龄、李济深、张澜、高岗为副主席，陈毅、贺龙等56人为委员，共计63人组成中央人民政府委员会。

中央人民政府委员会的运行结构是中央人民政府主席领导中央人民政府委员会，中央人民政府委员会产生并领导政务院、人民革命军事委员会、最高人民法院和最高人民检察署。因此，中央人民政府委员会是中央人民政府内的最高一级机构，其他机构由其产生并受其领导。

二是政务院。政务院是中央人民政府的一个重要组成部分，在新中国成立之初其本身并不构成中央政府，只是"国家政务的最高执行机关"。《中华人民共和国中央人民政府组织法》规定："政务院由中央人民政府委员会任命总理一人，副总理若干人，秘书长一人，政务委员若干人组成之。政务委员得兼任各委员会的主任委员和各部的部长。"[2] 新中国成立之初，政务院由总理1人，副总理4人，秘书长1人，政务委员15人组成，其下属机构包括4个委员会和30个专业部门。4个委员会即政治法律委员会、财政经济委员会、文化教育委员

---

[1] 中央档案馆编：《中共中央文件选集》第18册，中共中央党校出版社1992年版，第571页。

[2] 同上书，第573页。

会和人民监察委员会，主任皆由政务院副总理兼任，地位较高，以便联系和指导与其相关的专业部门的工作。30个部、会、院、署、行等专业部门，比4个委员会低一级，大多数要受政治法律委员会、财政经济委员会和文化教育委员会的"指导"[①]，同时都要受人民监察委员会的监督。此外，外交部、华侨事务委员会和情报总署3个部门则直属于政务院，由政务院总理直接指导。政务院不管军事，因此不设国防部。除军事外，政务院实际上是中央人民政府委员会下属的领导和管理国家经济、社会等各方面建设的核心机构。

三是人民革命军事委员会。人民革命军事委员会于1949年10月20日正式成立，是国家军事的最高统辖机关。新中国成立之初的人民革命军事委员会有主席1人，副主席5人，委员22人，主要由28人组成。作为中共中央军委主席和中央人民政府主席的毛泽东任人民革命军事委员会主席。这种制度设计除了要有效保证党对军队的绝对领导之外，还在于当时特殊的历史环境，以利于中国共产党能够迅速组织动员全国的力量，继续进行解放战争，肃清国内外敌对势力，保障人民当家作主的权益。

四是最高人民法院。最高人民法院于1949年10月22日成立，是国家的最高审判机关，隶属于中央人民政府委员会。新中国成立之初的最高人民法院有院长1人，副院长2人，委员14人，主要由17人组成。

五是最高人民检察署。最高人民检察署于1949年10月22日成立，是国家最高检察机关，"对政府机关、公务人员和全国国民之严格遵守法律，负最高的检察责任"[②]。新中国成立时的最高人民检察署有检察长1人，副检察长2人，委员11人，主要由14人组成。

---

① 其中，政法委员会指导5个部门：内务部、公安部、司法部、法制委员会和民族事务委员会；财经委员会指导16个部门：财政部、贸易部、重工业部、燃料工业部、纺织工业部、食品工业部、轻工业部、铁道部、邮电部、交通部、农业部、林垦部、水利部、劳动部、人民银行和海关总署；文教委员会指导6个部门：文化部、教育部、卫生部、科学院、新闻总署和出版总署。

② 中央档案馆编：《中共中央文件选集》第18册，中共中央党校出版社1992年版，第577页。

二 新中国中央人民政府组织结构的特点

本书分析的新中国中央人民政府组织结构的人员构成主要依据1949年10月1日中央人民政府委员会第一次会议和10月19日中央人民政府委员会第三次会议通过任命的人员。从政府的权力来源与行使目的上可以看出中国共产党领导的中央人民政府具有人民性属性。中国共产党是马克思主义政党，是新中国人民政府的领导者，党的性质和宗旨要求政府具有人民性。

（一）各党派和民主人士参政议政

第一届中央人民政府是在新民主主义理论指导下成立的民主联合政府，充分尊重各党派人民的主体地位，根据各政治力量的实际情况践行了"主权在民"的政治理念。在中央人民政府五大组成机构中，民主党派和无党派人士都占有相当的比例。

其一，在中央人民政府委员会63名组成人员中，中国共产党和民主党派、无党派人士的比例如下（表3-1）。

表3-1　中央人民政府委员会63名组成人员党派结构

党派	人数	比例%
中 共	33	52.3
民 革	8	12.7
民 盟	4	6.3
民 建	2	3.2
民 联	2	3.2
民 进	1	1.6
民 促	1	1.6
致公党	1	1.6
救国会	1	1.6
农工党	2	3.2
无党派	8	12.7
合计	63	100

（民革至无党派合计47.7）

表 3-1 至表 3-6 资料来源:《中共党史人物传(精选本)》(中共党史出版社 2010 年版)、《中国各民主党派史人物传》(华夏出版社 1991—1995 年版)

表 3-1 需要说明的是,此表统计的是出席 1949 年 9 月中国人民政治协商会议第一届全体会议时所代表的党派和政治面貌,以后改变政治面貌的不计算在内。同时,有的人员身兼两党或三党职务,则以职务最高的党派计算。例如高崇民同志虽然在 1946 年 7 月加入中国共产党,然而长期以来一直以民主人士身份为党工作,是中国民主同盟中央委员会副主席,因此按民盟盟员计算。

由表 3-1 可以看出,中央人民政府委员会,具有广泛的政治代表性,能够充分代表各阶层人民的利益。委员会中中国共产党党员有 33 人,占 52.3%,高出一半,能够保证党对政府的领导;党外人士共 30 人,占 47.7%,能够比较广泛地代表其他党派人民的利益。此外,在中央人民政府 6 名副主席中,党外人士有 3 人,宋庆龄、李济深同属民革,张澜为民盟领导人,中国共产党与民主党派各占 50%。在 56 名委员中,有党的干部有 29 人,党外人士有 27 人,接近 50%。这一构成说明,在中央人民政府委员会中,党外人士占有相当比例,体现了中国共产党与各民主党派、无党派人士合作共事,成立民主联合政府的主张;也说明在中央人民政府这一最高权力机构中,民主党派和无党派人士有充分表达政治诉求和代表不同阶层人民利益的权力。

其二,在政务院 30 个部委正职以上领导职位人员构成中,中国共产党与各民主党派、无党派人士的比例如表 3-2 所示。

表 3-2 需要说明的是,人民银行行长南汉宸是中共党员,1950 年加入中国民主建国会,后任中国民主建国会中央副主任委员,是民建主要领导,故将其按民建成员统计;人民监察委员会秘书长李世璋,1949 作为三民主义同志联合会代表出席第一届全国政协会议,同年 11 月又当选民革中央常务委员,在统计过程中将其按民联成员统计。

表3-2　　政务院30个部委主要领导人员党派结构

党　派	人数	比例%
中　共	25	46.3
民　革	8	14.8
民　盟	3	5.6
民　进	2	3.7
民　建	4	7.4
民　联	2	3.7
农工党	2	3.7
无党派	7	13.0
九三学社	1	1.8
合计	54	100

（民革至九三学社合计 53.7）

从表3-2可以看出，在政务院的组成人员中，各民主党派和无党派人士所占的比例更高，在所统计的政务院54名领导干部中，党外人士有29人，占53.7%，超过了中国共产党党员。其中，4位副总理中有2位民主党派人士，15位政务委员中有9位民主党派人士，4位委员会主任中有2位党外人士，30位部、会、院、署、行正职领导中有13位党外人士。这一比例充分说明政务院作为国家政务的最高执行机关，要充分按照民主联合政府的要求代表各阶层人民的利益。作为政务院总理的周恩来，为了妥善安排党外人士，更是做了大量协调沟通工作。如傅作义将军已是中央人民政府委员会委员，考虑到傅作义对和平解放北平有特殊贡献，且自身曾经在兴修河套水利工程方面有很好的经验，因此提名他担任水利部部长；中国民主建国会主任委员黄炎培，曾拒绝担任国民党政府的部长，后经周恩来反复做工作，最终出任政务院副总理兼轻工业部长。经过中共中央和周恩来的精心安排，10月21日宣布成立的政务院汇集了各党派、各团体的代表，使党外人士各得其所，能够充分发挥他们的特长和联系人民群众的纽带作用。

其三，在最高人民法院（包括院长、副院长、委员）中，中国共产党各民主党派、无党派人士的比例如表3-3所示。

表 3-3　　　　　　　最高人民法院主要领导人员党派结构

党派	人数	比例%
中　共	9	52.9
民　盟	5	29.4 ⎫ 47.1
无党派	3	17.7 ⎭
合计	17	100

从表 3-3 可以看出，在最高人民法院中，党外人士有 8 人，占 47.1%。而出任院长一职的也非中国共产党人士，而是当时著名的法学家、民盟主要领导人沈钧儒。在两名副院长中，其中一名是无党派人士张志让。

其四，在最高人民检察署（包括检察长、副检察长、委员）中，中国共产党与各民主党派、无党派人士的比例如表 3-4 所示。

表 3-4　　　　　　　最高人民检察署主要领导人员党派结构

党派	人数	比例%
中　共	10	71.4
民　革	2	14.4 ⎫
民　盟	1	7.1　⎬ 28.6
无党派	1	7.1　⎭
合计	14	100

从表 3-4 可以看出，在最高人民检察署系统中，党外人士有 4 人，占 28.6%。虽然相对于其他四个部门党外人士所占比例较低，但依然占有相当比例。这是由于建国初期检察机关面临着打击反革命分子和敌特分子等重要任务，需要履行侦查、监督、起诉等职责，而由中国共产党人员出任检察署官员，可以更方便地协调军队和公安部队行动，更好地开展阶级斗争、肃清敌对势力，维护人民群众的利益。

其五，在人民革命军事委员会（包括主席、副主席、委员）中，中国共产党与各民主党派、无党派人士的比例如表3-5所示。

表3-5　　　　人民革命军事委员会主要领导人员党派结构

党　派	人数	比例%
中　共	21	75
民　革	4	14.3
民　促	1	3.6　}25
无党派	2	7.1
合计	28	100

从表3-5可以看出，在人民革命军事委员会中，党外人士有7人，占25%，相对于中央人民政府的其他四个机构，比例最低。这与中国共产党"枪杆子里面出政权"的指导思想和党对军队绝对领导的军事体制有关。中国共产党以武装斗争夺取政权，党的各级主要领导同时也是同级军队的主要领导。同时，在坚持党对军队绝对领导的前提下，人民革命军事委员会中也吸收了七位国民党军队中有军事才能的起义将领。程潜在解放湖南以及策反国民党其他将领中立下大功，被任命为人民革命军事委员会副主席，张治中、傅作义、蔡廷锴、龙云、刘斐等五位国民党起义将领被任命为军委委员。中国近代海军的开创者萨镇冰时年已经90岁，因其在中国军界的威望和盛名，也被任命为军事委员会委员。

就整个中央人民政府来说，由于兼职和交叉任职的现象较多，有的一人身兼数职，在统计时按一人计算。如政务院总理周恩来同时兼任外交部长，政务院副总理陈云同时兼任财经委员会主任和重工业部部长等。因此，本书统计的中央人民政府人员构成为129人，中国共产党与各民主党派、无党派人士的比例如表3-6所示。

表3-6　　　　　中央人民政府主要组成人员党派结构

党　派	人　数	比例%
中　共	70	54.2
民　革	16	12.4
民　盟	12	9.3
民　建	5	3.9
民　联	3	2.3
民　进	2	1.6
民　促	1	0.8
致公党	1	0.8
救国会	1	0.8
农工党	2	1.6
无党派	15	11.5
九三学社	1	0.8
合计	129	100

（民革至九三学社合计45.8）

总体来看，中央人民政府整体人员结构中，中国共产党占54.2%，民主党派和无党派占45.8%。无论是中央人民政府整体还是其组成机构，民主党派、无党派人士都占有较高比例，由此也体现了中国共产党不问出身、广揽人才的宽阔胸怀与民主作风。中央人民政府具有广泛政治代表性的特点为其制定大政方针，有效行使国家权力奠定了坚实的群众基础，也充分体现了中国共产党领导的新中国政府是为人民服务的政府，具有一切为了人民，一切依靠人民，维护人民根本利益的人民性特征。

（二）老、中、青合理搭配的年龄结构

中央人民政府及其所属机构主要领导的年龄结构分布与比例如表3-7所示。

从表3-7可以看出，在中央人民政府委员会63名组成人员中，平均年龄为57.5岁，且呈梯次分布。在40—59岁，共有36人，占57.1%；40岁以下的2人，最年轻的34岁；60—69岁有17人，70—79岁有7人，最年长的时年81岁。

· 141 ·

表 3-7　中央人民政府及其所属机构主要人员年龄结构及比例

比例 人数	委员会	政务院	高 院	高 检	军 委	中 央 （总）
30—39 岁	2 3.2%	3 5.6%	2 11.8%	3 21.4%	1 3.6%	10 7.8%
40—49 岁	16 25.4%	20 37.0%	6 35.3%	6 42.9%	9 32.1%	42 32.6%
50—59 岁	20 31.7%	17 31.5%	3 17.6%	1 7.1%	14 50.0%	37 28.7%
60—69 岁	17 27.0%	11 20.3%	4 23.5%	2 14.3%	3 10.7%	26 20.1%
70—79 岁	7 11.1%	3 5.6%	2 11.8%	2 14.3%	0 0	12 9.2%
80 岁以上	1 1.6%	0 0	0 0	0 0	1 3.6%	2 1.6%
合　计	63 100%	54 100%	17 100%	14 100%	28 100%	129 100%
平均年龄	57.5	52.3	53.2	50.4	52.5	53.5

资料来源：《中共党史人物传（精选本）》（中共党史出版社 2010 年版）、《中国各民主党派史人物传》（华夏出版社 1991—1995 年版）。

政务院的年龄构成更趋向年轻化。在 54 名政务院主要领导中，40—59 岁有 37 人，占 68.5%；40—49 岁有 20 人，相比其他年龄段是最多的；60—69 岁 11 人，70—79 岁有 3 人。政务院主要人员的平均年龄为 52.3 岁，这一年龄段的人正处于年富力强之时，为很好地胜任建国初期繁重的日常政务提供了保障。

在最高人民法院 17 名组成人员中，平均年龄为 53.2 岁。在 40—59 岁有 9 人，占 52.9%；30—39 岁有 2 人，60—69 岁 4 人，70—79 岁有 2 人。

在最高人民检察署的人员构成中，平均年龄为 50.4 岁，是中央人民政府几个机构中最低的。最高人民检察署的年龄结构最为年轻化，30—49 岁有 9 人，占 64.3%；

在人民革命军事委员会的人员组成中,平均年龄为52.5岁。在40—59岁有23人,占82.1%;40岁以下1人,60岁以上者4人。

综之,就整个中央人民政府主要组成人员的年龄结构来看,平均年龄为53.5岁;40—59岁的人员最多,有79人,占61.3%,其中又以40—49岁最多,有42人,占32.6%;其他年龄段中,30—39岁有10人,占7.8%;60—69岁有26人,占20.1%;70—79岁有12人,占9.2%;80岁以上者2人,占1.6%。中央人民政府主要组成人员的年龄结构呈梯次分布,从40—49岁向两边逐渐递减。由此可以看出,新中国中央人民政府的主要组成人员,在年龄问题上没有"一刀切",既有30多岁的年轻人,也有70多岁的老同志,老、中、青年龄段人员在政府中搭配较佳,具有充分的代表性。因此可以说中央人民政府组成人员既经验丰富、老成持重,又年富力强、精力旺盛,为担负新中国成立之初建设和治理国家的繁重任务提供了保证。

(三) 追求救国救民的学缘结构

中央人民政府及其所属机构主要组成人员的教育背景和所占比例如表3-8所示。

需要说明的是,表3-8中所列留学人员是指具有在国外学习、工作等经历的人员,并非专指在国外取得正式学校教育文凭的人员。大学学历也并非今天意义上的取得学位教育,由于当时战争的原因,有一部分人并未获得学位,仅有在高等院校学习的经历,在此也按大学学历计算。在中央人民政府委员会63名组成人员中,有出国留学经历的32人[①],占50.8%,他们多是在国内新式学校接受教育后又出国留学,如朱德在云南陆军讲武堂毕业后赴德国和苏联留学,陈毅在成都甲种工业学校毕业后赴法国勤工俭学,邓小平在重庆留法预备

[①] 朱德、刘少奇、张澜、宋庆龄、何香凝、吴玉章、聂荣臻、周恩来、董必武、林伯渠、赛福鼎、邓子恢、乌兰夫、徐特立、蔡畅、马寅初、马叙伦、郭沫若、邓小平、刘伯承、陈毅、李立三、高崇民、沈钧儒、陈叔通、李锡九、李烛尘、章伯钧、程潜、陈铭枢、张奚若、张东荪。

学校学习后赴法国留学,他们大多没有获得国外正规大学的文凭。当然,留学人员中也有完整接受国外高等教育取得正式文凭的,如马寅初北洋大学毕业后赴美国留学获耶鲁大学经济学硕士和哥伦比亚大学经济学博士学位。上述情况因人而异,不一一列举。就留学的国度来说,留学日本的有16人,占留学人员的50%;留学法德的有8人,占留学人员的25%;留学苏联的有5人,占15.6%;留学美国的有3人,占9.4%。中央人民政府委员会中具有军校学习经历的有13人①,占20.6%;具有大学学习经历的有9人②,占14.3%。总体来看,中央人民政府委员会中具有出国留学经历的人最多。

表3-8　中央人民政府及其所属机构主要人员教育背景结构及比例

人数＼比例	委员会	政务院	高院	高检	军委	中央（总）
留　学	32 50.8%	21 38.9%	9 52.9%	5 35.8%	11 39.3%	56 43.4%
大　学	9 14.3%	20 37.0%	4 23.5%	2 14.3%	3 10.7%	31 24.0%
军　校	13 20.6%	3 5.6%	1 5.9%	1 7.1%	11 39.3%	16 12.4%
中　学	3 4.8%	5 9.3%	2 11.8%	3 21.4%	1 3.6%	12 9.3%
小　学	2 3.2%	4 7.4%	0 0	2 14.3%	2 7.1%	8 6.2%
不　详	4 6.3%	1 1.8%	1 5.9%	1 7.1%	0 0	6 4.7%
合　计	63 100%	54 100%	17 100%	14 100%	28 100%	129 100%

资料来源:《中共党史人物传(精选本)》(中共党史出版社2010年版)、《中国各民主党派史人物传》(华夏出版社1991—1995年版)。

---

① 李济深、高岗、叶剑英、林彪、彭德怀、徐向前、张云逸、蔡廷锴、李章达、龙云、张治中、傅作义、刘格平。
② 毛泽东、薄一波、饶漱石、罗荣桓、康生、林枫、沈雁冰、黄炎培、谭平山。

在所统计的政务院组成人员中,具有大学学历的有20人①,占37%。有出国留学经历的有21人②,占38.9%。就留学的国度来说,留学日本的有9人,占留学人员的42.9%;留学法德的有5人,占留学人员的23.8%;留学美国的有4人,占19.0%;留学苏联的3人,占14.3%。中学和军校学习经历的共8人,占14.9%。在政务院中具有大学和留学经历的人员合计高达75.9%,其中仍以具有出国留学经历的人员最多。

从最高人民法院组成人员的教育背景结构来看,具有出国留学经历的有9人③,占52.9%。从留学的国度来看,留学日本的4人,留学欧美的2人,留学苏联的3人。大学、军校、出国留学等知识分子在法院中共计占到82.3%。

从最高人民检察署的人员组成来看,具有出国留学经历的有5人④,占35.8%,大学学历的有2人占14.3%,军校学历的有1人占7.1%,中学学历的有3人占21.4%。留学人员中全部留学日本,其中蓝公武在日本东京帝国大学哲学系毕业后于1913年赴德国留学。

从人民革命军事委员会组成人员的教育背景来看,军校毕业的有11人⑤,占39.3%;具有留学经历的有11人,占39.3%,和军校毕业的人员相等。在11名留学人员中,留学苏联的4人,留学日本的4人,留学法德的3人。

在表3-8所统计的中央人民政府129人中,具有出国留学经历的56人,占43.4%;具有大学学习经历的31人,占24%;具有军

---

① 黄炎培、谭平山、薄一波、滕代远、王昆仑、章乃器、齐燕铭、许广平、郭春涛、孙起孟、辛志超、陶希晋、陆定一、沈雁冰、胡乔木、潘震亚、叶季壮、史良、南汉宸、李德全。
② 周恩来、董必武、郭沫若、章伯钧、李立三、马叙伦、罗隆基、邵力子、陈劭先、张奚若、陈绍禹、马寅初、陈伯达、李世璋、梁希、朱学范、李书城、胡愈之、何香凝、李维汉、陈郁。
③ 沈钧儒、张志让、陈绍禹、许之桢、费青、陈瑾昆、闵刚侯、李培之、陆鸿仪。
④ 李六如、蓝公武、何香凝、李锡九、周新民。
⑤ 高岗、叶剑英、林彪、彭德怀、徐向前、张云逸、蔡廷锴、龙云、张治中、傅作义、罗瑞卿。

校学习经历的16人，占12.4%。在半殖民地半封建的旧中国，中国人民为了寻求救国救民的真理和道路，早日实现民族独立、人民解放和国家富强，不惜背井离乡、远渡重洋到异国他乡学习先进的科学技术和文化知识。因此，无论是中央人民政府还是其所属机构，具有出国留学经历的是所有学历段中人数最多的，从一个方面也印证了近代国人向西方学习，寻求救国救民道路的发展轨迹。

（四）服务人民、保障民生的职业背景结构

职业背景是指在中央人民政府主要组成人员中，他们在担任新中国第一届中央政府领导职务以前的职业和主要经历。中国共产党领导的新中国政府注重民生建设，把增加物质财富，丰富文化生活，完善社会保障作为执政追求，因此政府的组成人员吸纳了各行各业的代表，以服务于人民的利益和要求。

中央人民政府委员会组成人员职业背景结构和所占比例如表3-9所示。

表3-9　中央人民政府委员会主要组成人员职业指导结构及比例

职　业	人数	比例（%）
军　队	17	27.0
中共机关	14	22.2
解放区政府	5	7.9
政治活动	9	14.3
社　保	1	1.6
教　育	5	7.9
文　化	3	4.8
工　商	4	6.3
司　法	2	3.2
妇　联	2	3.2
医　药	1	1.6
合　计	63	100

表3-9至表3-12资料来源:《中共党史人物传(精选本)》(中共党史出版社2010年版)、《中国各民主党派史人物传》(华夏出版社1991—1995年版)

从中央人民政府委员会组成人员的职业背景来看,除了出自军队和中共机关外,还有教育、文化、工商、司法等各行业有影响的社会知名人士。

政务院30个部委正职以上领导人员职业背景结构和所占比例如表3-10所示。

表3-10　　政务院主要领导人员职业背景结构及比例

职　业	人数	比例%
中共机关	14	25.9
解放区政府	5	9.3
军　队	4	7.4
政治活动	9	16.6
文　化	4	7.4
教　育	6	11.0
司　法	3	5.6
工商联	1	1.9
妇　联	2	3.7
经　济	1	1.9
林　业	1	1.9
劳工界	1	1.9
医药卫生	1	1.9
新闻出版	2	3.6
合计	54	100

从表3-10可以看出,在政务院主要组成人员的职业背景中,出自中共机关的最多,有14人,占25.9%。其他人员的职业背景包括了军队、文化、教育、司法、经济、劳工、医药卫生、新闻出版等许多领域。

需要说明的是,一些人有多重角色,在统计时则按其职位高或比较重要的职务计算。如许广平曾长期跟随鲁迅从事左翼文化运动,在鲁迅去世后,负责整理、出版、宣传鲁迅生前的著作,积极从事文化事业。

而在1947年她被推选为上海妇女联谊会主席,新中国成立后还担任全国妇联副主席等职务,然而"她的最为人们熟知的贡献,是保存鲁迅文化遗产、宣传鲁迅光辉业绩"。[①] 故将许广平的职业背景按文化事业计算。郭春涛曾任国民党政府官员,抗日战争时期主持东方文化协会,从事文化宣传工作,解放战争期间从事民主运动,参与组织中国国民党革命委员会,任中央常委,[②] 故将其职业背景按政治活动计算。

最高人民法院(院长、副院长、委员)职业背景结构比例见表3-11。

表3-11　　最高人民法院主要人员职业背景结构及比例

职　业	人数	比例%
军　队	2	11.8
教　师	2	11.8
中共机关	3	17.6
妇　联	1	5.9
司法工作	4	23.5
律　师	5	29.4
合计	17	100

从最高人民法院组成人员的职业背景结构来看,从事司法工作和律师职业的人员较多,占52.9%,这应当说与法院的工作性质、法官的职业化、专业化要求有很大关系,所谓必须满足"岗位符合度"的要求,充分发挥专业人才的作用。首任院长沈钧儒,是中国科举制度最后一批进士,1905年抵达日本,进入东京私立法政大学速成科学习,从此开始了他对立宪、司法事业的执着追求。[③] 由于其渊博的学识及在中国法律界的崇高地位,年过七旬被任命为最高人民法院院

[①] 陈漱渝:《许广平的一生》,天津人民出版社1981年版,前言,第6页。
[②] 参见民革中央宣传部编《民革领导人传》第2辑,团结出版社2007年版,第884—888页。
[③] 参见中共党史人物研究会编《中共党史人物传》第39卷,陕西人民出版社1988年版,第268—273页。

长。其他职业出身的如军队、中共机关、教师等,也在法院中占有一定比例,使人民法院能够网罗多方面人才开展工作。

最高人民检察署(检察长、副检察长、委员)职业背景结构比例见表3-12。

表3-12　最高人民检察署主要人员职业背景结构及比例

职　业	人数	比例%
军　队	2	14.2
妇　联	2	14.2
司法工作	1	7.2
解放区政府	1	7.2
政治活动	2	14.2
公　安	6	43.0
合　计	14	100

从最高人民检察署职业结构来看,出自公安背景的人员最多,占43%。其他来自军队、解放区政府、妇联等职业的人员也有一定比例。

人民革命军事委员会统一管辖和指挥人民解放军及其他武装力量。其组成人员主要是原中央军委和中国人民解放军四大野战军的主要将领,同时,也吸纳了在解放战争中为新中国的解放事业做出过重大贡献的国民党高级将领,特殊的工作性质决定了他们的职业背景基本上是"清一色"的军人。

总之,中央人民政府的主要构成人员具备很强的参政议政能力,他们是不同职业背景、不同专长人民群众的代表,这有助于中央政府在决策时集思广益、优势互补,也有助于团结各方面的人民参与到国家建设之中。

三　新中国中央人民政府组织结构蕴含的人民性

新中国第一届中央人民政府,是中国共产党在推翻大地主大资产阶级旧政权的基础上组建起来的,是中国共产党第一次组建全国性的政府,其重要性是不言而喻的。从前文分析中可以看出,新中国中央人民政府是各阶层、各团体、各界别人民的大联合,能够保证人民当家作主,代表了全中国人民的利益,是实实在在的人民政府。

(一)坚持党的领导与人民民主的有机结合

在所统计的中央人民政府主要组成人员129人中,党外人士有59人占到了45.8%,中国共产党人占有半数以上,这种制度安排保障了党的领导和人民民主专政的有机统一,能够保证人民充分行使当家作主的权利。

中国共产党通过举荐自己的优秀领导人在中央人民政府各机关中担任重要行政职务,实施党对政府的领导,以此确保党的各项方针政策的贯彻执行。同时,中央人民政府最广泛地吸纳了各民主党派的主要领袖、社会贤达和知名人士进入政府,安排他们担任副主席、副总理和一些政府部长职位,能够充分代表人民的利益和表达人民的诉求,呈现出多党参政议政的特点。中国共产党广纳党外人士担任政府领导职务的做法,充分体现了中国共产党立党为公、执政为民、不谋党派和个人私利的坦荡胸怀,因此受到了其他党派和无党派人士的衷心拥护和高度赞扬,调动了他们建设新中国的积极性。由此也奠定了具有中国特色的政党制度,我们完全可以说,中国共产党领导的多党合作、政治协商制度即发轫于此。

新中国中央人民政府之所以能够实现中国共产党执政、其他党派参政的联合政府,从根本来讲是基于各个政党共同的政治愿景和携手奋斗的历史进程。早在抗日战争时期,中国共产党就发出了建立联合政府的主张,但遭到了代表大地主大资产阶级利益的国民党的拒绝。在反对国民党一党执政、独裁专制的斗争中,各进步民主党派逐渐站到了中国共产党一边,成为中国共产党风雨同舟的朋友。而中国共产党也时刻牢记自己的初心和使命,为中国人民谋幸福,为中华民族谋复兴。1948年3月,当解放战争还在激烈进行时,毛泽东就严肃批评了"贫雇农打天下，贫雇农坐天下"的思想，认为这是"左"的表现。① 一年之后，当革命胜利的曙光已经来临时，毛泽东在党的七届二中全会上再次强调："我党同党外民主人士长期合作的政策，必须在全党思想上和工作上确定下来。我们必须把党外大多数民主人士看作和自己的干部一样，同他们诚恳地坦白地商量和解决那些必须商量和解决的问题，给他们工作做，使他们在工作岗位上有职有权，使他们在工作上做出成绩来。"② 在筹建新中国的过程中，毛泽东进一步强调："一定要注意吸收包括起义将领在内的党外人士参加政权机关，注意发挥他们的作用，使他们有职有权。"③ 中国共产党的这一胸襟坦荡、大公无私的做法，把党内党外两个方面的积极性充分调动起来，保证了各种政治力量都参与到政府管理与决策中来，保证了人民可以通过多种途径行使当家作主的权利，使新生的民主政权更加具有人民代表性，为建设新中国奠定了坚实的群众基础。

（二）构建年富力强、为人民服务的领导群体

在统计的中央人民政府129人中，平均年龄为53.5岁，多数集中在40—59岁，占61.3%。且中央人民政府的年龄结构呈梯次分布，实现了老、中、青三个年龄段人员的有机搭配。这一年龄结构在中央政府层面是最为科学合理的，现代医学研究已经证明，40多岁到50多岁的人生理、心理发育最为成熟健康，正处于年富力强阶段。一般说来，这个年龄段的人已经经过二十多年到三十多年的工作磨炼，有过正反两个方面的经验教训，既经历过失败的痛苦，也品尝过胜利的喜悦，处理问题能够客观冷静。同时，这个年龄段的人精力充沛，可以胜任繁重的工作任务，保证了政府行政的效率。当时，从主席、总理到各部长，工作起来常常通宵达旦、废寝忘食，年龄太大，肯定不行。中央人民政府委员会的会议有时是晚上7点半开始，到深夜方散

---

① 杨尚昆：《对毛主席的几点回忆》，《文献和研究》1987年第2期。
② 《毛泽东选集》第4卷，人民出版社1991年版，第1437页。
③ 《毛泽东传（1949—1976）》（上），中央文献出版社2003年版，第17页。

会,如第六次会议是晚上7时半开会,11时半散会,整整开了4个小时。① 当然,在中央人民政府中也有70岁以上的老年人,他们多是德高望重、有很大号召力、影响力的著名人士,他们老成持重,遇事稳重,应对错综复杂形势的经验丰富,能够很好地建言献策。

邓小平同志对新中国成立初期政府人员的年龄结构多次肯定、多有怀念。1984年10月,他在中央顾问委员会第三次全体会议上的讲话中指出:"要大胆起用中青年干部。特别是陈云同志讲要选拔三四十岁的年轻人,这个意见很好。这些年轻人选拔上来以后,可以干得久一些。他们现在经验不够,过两年经验就够了;现在不称职,过两年就可能称职了。他们脑筋比较活。"② 1985年9月,他在中国共产党全国代表会议上的讲话上再次讲到:"这次增选的中央委员,新近上任的部长、省委书记,都比较年轻。一般是五十多岁,有的才四十出头。我们开国时的好多部长、省委书记,也就是这个年龄。"③ 可见,新中国中央人民政府良好的人员年龄结构对邓小平影响之大之深。

(三) 放眼世界、追求救国救民的理想信念

从新中国第一届中央人民政府主要组成人员的教育背景结构来看,具有出国留学经历的人员占43.4%,而在中央人民政府委员会中则占50.8%,一半左右具有在国外学习工作经历的人员担任政府要职,这充分说明了留学教育对近代中国革命和人才培养起到了重要推动作用。

中华人民共和国成立初期留学人才极为缺乏,而在中央人民政府组成人员中占有如此高的比例,是十分罕见和珍贵的。考其源流,容闳开近代中国留学教育之先河,之后留学教育在中国开始蓬勃发展起

---

① 赵金康:《中华人民共和国中央人民政府委员会研究》,《中共党史研究》2009年第7期。
② 《邓小平文选》第3卷,人民出版社1993年版,第92页。
③ 同上书,第146页。

来。近代中国的积贫积弱，使先进知识分子意识到向西方学习的必要性和紧迫性。首先是洋务派留学教育，主要派往欧美，培养了近代中国第一批科技管理人才，起到了开风气、促民智的作用。其次是晚清留日教育，日本是中国的近邻，明治维新后迅速崛起，甲午战争中打败中国，给国人以很大的刺激，引发中国首轮留日学习、救国救民的浪潮。留学日本无论就语言文字、风俗习惯，还是经济费用等考虑，都远较西洋合算。晚清留学日本重在寻求救国救民的真理，留日学生不仅在思想上启发中国人的觉悟，而且亲身参加了反帝反封的革命实践，他们是辛亥革命的领导骨干，也是最早地向中国传播马克思主义的一批知识分子。正如有学者所说："如果没有留日学生，则中国革命，特别是辛亥革命，是难以进展的。"[①] 再次是五四运动前后赴法勤工俭学和赴苏留学，这两股留学潮为新民主主义革命造就了一批骨干领导力量。赴法勤工俭学以追求救国救民的真理为目标，把读书和探索中国彻底解放的道路紧密结合起来，造就了一大批早期共产主义者，如蔡和森、周恩来、邓小平等，为新民主主义革命的胜利打下了根基。赴苏留学以学习马列主义和俄国革命经验为主要目标，为中国革命培养了大批领导干部，苏联的莫斯科中山大学、东方共产主义劳动大学、列宁学院等几所学校是培养中国革命人才的摇篮。

中国近代革命的历程与留学教育密切相关。留学教育不仅把国外先进的科学技术带到了国内，而且还培养出了大批争取国家独立、人民解放，反帝反封的先进分子。伴随着新民主主义革命的胜利，这批人士进入中央政府担任领导职务，成为新中国政府的骨干力量。他们的留学经历和宽广眼界，对新中国确立以追赶型为目标的经济发展战略、加快发展科学技术、建设现代化国家，具有重要意义。

（四）注重民生改善、维护社会公平的价值追求

从中央人民政府主要组成人员的职业背景来看，有的出自军队和

---

① ［日］实藤惠秀：《中国人留学日本史》，谭汝谦、林启彦译，生活·读书·新知三联书店1983年版，第352页。

中共机关,他们是职业革命家和军人,他们大多在十多岁时即投身到推翻帝国主义、封建主义和官僚资本主义的民主革命斗争中,对马克思主义和共产主义有着坚定的信仰。与政治人才相辅相成的是中央人民政府也充分吸收了许多专业人才,有从事文化教育事业的知名学者,有从事经济活动的民族资本家,还有从事司法事业的律师。如教育界的马寅初、马叙伦、张奚若,工商界的李烛尘、陈叔通,司法界的沈钧儒、高崇民。这些长期从事文化、教育、工商、司法等的专业人才,进入到中央人民政府,成为各部门的骨干与核心,从而能更好地开展中央人民政府的工作。在中国共产党的领导下,各行业专业人才齐集中央政府,致力于迅速医治战争创伤,大力发展生产力,提高人民的生活水平,为新中国迅速恢复国民经济,向社会主义过渡和开展"一五"建设奠定了坚实基础。

中央人民政府组成人员都亲身经历过旧中国的积贫积弱,他们对旧政权的腐败无能深恶痛绝,立志要改变旧社会,建立公平的新社会,对建设美好社会有着强烈的信念。这使得他们在掌握政权以后保持着比较清醒的头脑,决心跳出"历史周期律",建设廉洁的、为人民服务的政府。当他们面对腐败现象出现时,能够以大无畏的精神进行坚决斗争。早在党的七届二中全会上,毛泽东就郑重地告诫全党"因为胜利,党内的骄傲情绪,以功臣自居的情绪,停顿起来不求进步的情绪,贪图享乐不愿再过艰苦生活的情绪,可能生长。"[①] 并要求全党务必继续保持谦虚、谨慎、不骄、不躁的作风,务必继续保持艰苦奋斗的作风。新中国成立后,作为领导核心的中国共产党,确实做到了高度重视反腐蚀问题,一旦发现苗头,就坚决纠正。1951年11月当毛泽东看到东北局开展反贪污、反浪费、反官僚主义斗争的报告后,敏锐地认识到这是一个大问题,迅速将报告批转全国,要求"在此次全国规模的增产节约运动中进行坚决的反贪污、反浪费、反

---

① 《毛泽东选集》第4卷,人民出版社1991年版,第1438页。

官僚主义的斗争"。① 1952年1月又根据情况适时开展了反行贿、反偷税漏税、反盗骗国家财产、反偷工减料、反盗窃国家经济情报的"五反"斗争。针对华北天津地委前书记刘青山和张子善均是大贪污犯的事实,毛泽东批示道:"这件事给中央、中央局、分局、省市区党委提出了警告,必须严重地注意干部被资产阶级腐蚀发生严重贪污行为这一事实,注意发现、揭露和惩处,并须当作一场大斗争来处理。"② 通过"三反""五反"运动和其他思想教育等活动,有力打击了腐败现象,把腐败遏止在很低水平,使新中国成为世界上少有的政府清廉、干部清正、政治清明的国家。

四 结语

新中国成立之初的中央人民政府群星灿烂、人才济济、结构合理、配置科学。各党派、各团体、各界别的人民代表参与到新政府的管理与决策中,使人民的意志在新政府中能够得到充分体现。这种制度安排体现了中国人民民主专政的国家性质和人民在国家中的主体地位。

新中国中国共产党领导的中央人民政府和国民党一党专制政府有根本不同。中国共产党领导的新中国政府真诚接纳民主党派和无党派人士,让他们有职有权,在政府中担任重要职务,使他们能够充分施展才能和抱负。民主党派和无党派人士在政府中有职有权、参政议政,和国民党政府一党独裁、绑架民意形成鲜明对比。国民党政府虽然在1928年就结束"军政",开始"训政",并以国民的"保姆"自居,要"培养训练"人民行使政权的能力。但无论是在"训政"还是在1946年之后实行的"宪政",国民党政府都是打着继承孙中山遗志的幌子实行大地主大资产阶级的专制统治,人民群众没有参政议政的政治权利。而中国共产党领导的新中国政府代表了中国最广大人民的根本利益,实现了真正的人民当家作主。

---

① 《建国以来毛泽东文稿》第3册,人民出版社1992年版,第30页。
② 《建国以来毛泽东文稿》第2册,人民出版社1992年版,第468页。

中央人民政府科学合理的人员结构提高了新政府运行的合法性、稳定性和效能性。新中国成立之初，百废待兴、百端待举，对内要肃清敌对势力，对外要抗美援朝，打破帝国主义的封锁，中央人民政府科学合理的人员结构为新中国迅速凝聚人心、汇聚各方面力量，医治战争创伤，恢复经济、政治和社会秩序，进行社会主义改造和工业化建设，提供了强有力的制度保障。

1954年9月，随着第一届全国人民代表大会的召开，《中华人民共和国宪法》的通过，国家与政府领导体制发生了很大变化。但人民民主专政的国体和中国共产党领导的多党合作和政治协商制度没有变，这一制度一直延续至今，为改革开放以后中国共产党能够迅速凝聚民心、集中力量进行现代化建设，最广泛地调动人民群众的积极性，推动经济的飞速发展奠定了坚实的政治基础。

新中国中国共产党与西方社会党的关系流变与启示[*]

西方社会党是在19世纪中期从欧洲的社会主义思潮与工人运动的结合中发展起来的，包括社会党、社会民主党和工党。自产生以来，西方社会党总是能够随着国际和国内环境的变化而调整其政治纲领，但其奉行社会改良的宗旨始终不变，并且普遍以民主社会主义理论为指导原则，力求通过议会斗争或选举政治而使资本主义更为人道化，进而和平过渡到社会主义。战后，西方国家的社会党纷纷获得国家政权，上台执政。为了在理论与实践上加强沟通交流，西方社会党在1951年筹建了社会党的国际组织，即社会党国际来协调各国社会党的政策。西方主要国家的社会党都加入了这一组织，进而为他们执行相同或相似的对外政策铺平道路。西方社会党作为国际舞台上的一支重要力量，不仅对西方政治，而且对国际政治也产生了重大影响。

新中国成立后，由于意识形态、国际环境、国家利益等因素的影响，中国共产党与西方社会党的关系经历了曲折的发展过程，梳理两者之间的关系，对于新时期中国共产党的党际交往具有重大意义。

一 新中国成立以来中国共产党与西方社会党的关系流变

（一）冷战对峙下的全面对立与个别接触

第二次世界大战使欧洲各国遭受重创，各国政治、经济陷入了崩

---

[*] 原载《重庆交通大学学报》（社会科学版）2010年第5期，作者任中义、马素贞。

溃的边缘。而大西洋彼岸的美国则在战后成为超级大国，其通过马歇尔计划、北大西洋公约组织把西欧主要资本主义国家纳入到反苏反共的战略框架之中。为了发展国民经济和反苏反共的需要，西欧各国纷纷加入了以美国为首的军事同盟体系。英国工党书记摩根·菲利普曾经指出："完全依靠西欧和英联邦并使之成为在政治上独立于美国和苏联之间的'第三种力量'是非常不现实的。"① 在这种背景下，战后欧洲各国社会党都鲜明地树起了反共大旗。社会党国际成立之时通过的《法兰克福宣言》的序言指出："共产主义造成了国际劳工运动的分裂，并使社会主义在许多国家中的实现推迟了几十年。共产主义妄称继承了社会主义传统。但事实上，它歪曲了这个传统，使它面目全非……国际共产主义是新帝国主义的工具。"② 在之后二十多年里，社会党国际通过的主要文件中也都有鲜明的反共条文。在这种基本政策主张的指导下，西方社会党对刚刚执政的中国共产党采取了敌视的政策。

新中国成立之初，在美苏冷战的国际格局下，中国共产党采取了"一边倒"，即倒向以苏联为首的社会主义阵营一边的外交总方针。这种外交方针制约着中国共产党与资本主义国家的党派之间的关系，同样也影响到中国共产党与西方社会党的关系。西方社会民主党由于从属于西方阵营，与中国共产党又有意识形态分歧，根本就不在中国共产党对外交往的视阈之中。③ 从新中国成立到50年代，我党只同社会主义国家的共产党保持着亲密的党际关系，尽管与西方社会党有个别接触，但这种接触是个别的和偶然的，根本谈不上党际关系。1954年，毛泽东在会见英国工党代表团时指出："你们问，我们和你们所代表的社会主义能不能和平共处？我认为可以和平共处……只需要一

---

① ［苏］H. I. 西比列夫：《社会党国际》，姜汉章等译，中国社会科学出版社1983年版，第157页。
② 社会党国际文件集编辑组：《社会党国际文件集（1951—1987）》，黑龙江人民出版社1989年版，第3页。
③ 舒新：《冷战时期中国共产党与西方社会民主党关系述论》，《江汉大学学报》（社会科学版）2008年第3期。

个条件,就是双方愿意共处。为什么呢?因为我们认为,不同的制度是可以和平共处的。"① 在东西方冷战激烈的背景下,虽然中国共产党与西方社会党有个别接触,但两种不同政治信仰的政党最终没有建立起全面的良好的党际关系。50年代后期到70年代初,中国共产党指导思想随着"左"倾错误加剧,提出了党的对外工作的目的和宗旨就是"支左反修"(即支持各国共产党中的"左"派,反对"修正主义")、"支援世界革命"。中国共产党把西方阵营中的社会党划为修正主义,进而大加批判。在这种情况下,中国共产党不可能与西方社会党发展良好的党际关系。

(二)20世纪70年代末到80年代党际关系的全面展开

20世纪70年代初,国际形势发生了重大变化,美苏两个超级大国的实力相对下降,他们之间的关系有所缓和。同时,在战后二十多年中西欧各国经济实力得到迅速增强,其政治上联合自强的倾向加强。尤其是1969年西德社会党领袖勃兰特上台执政后,他采取现实主义的态度,主张在与西方盟国团结的基础上改善与苏联及东欧社会主义国家之间的关系,即"新东方政策"。这一政策是欧洲社会党人开始以自己的方式处理国际事务,摆脱对美国的依附,走向相对独立道路的一个标志。这一政策得到当时西欧和北欧各国社会党以及社会党国际的支持。因此,从70年代开始,西方社会党与共产党之间的对立关系开始缓和。社会党国际十三大后,西方社会党摆脱"反共不交往"的禁令,对共产党采取了现实主义的灵活态度,开始积极寻求与各国共产党的联系与合作。

在中国,1978年党的十一届三中全会以后,党的工作重心转移到经济建设上来,在对外交往中逐渐放弃了以意识形态划线的党际交往原则,开展了全方位的对外交往。1982年,党的十二大提出了"独立自主、完全平等、互相尊重、互不干涉内部事务"的党际关系四项原则,以此作为同各国政党交往的原则。对于党际关系的历史遗

---

① 《毛泽东文集》第6卷,人民出版社1999年版,第338页。

留问题,邓小平又提出不计前嫌、不纠缠旧账、一切向前看的主张,这对于消除我党与国外其他一些政党之间的隔阂,建立正常的党际关系,进而实现国家关系的正常化起到了促进作用。[1] 从此我党摆脱了国际共产主义运动对社会党认识的误区,在党际关系四项原则的指导下,与法、意等发达国家的社会党等中左翼政党开展了交流与合作,并建立了正常的党际关系。在这一时期,我党与西方社会党的合作逐渐具有全方位性。

(三)冷战后党际关系的挫折与全面发展

苏联解体、东欧剧变后,西欧社会党一改70年代以来的"超越意识形态的差异"与共产党谋求合作的方针,实行突出意识形态差异、造谣诽谤与改造共产党的新政策。与此同时,西方社会党还借口人权问题对中国共产党大加指责,追随美国对中国实施"孤立"与"制裁"的政策,并中断了双方的关系。社会党国际十九大、二十大均未邀请中国共产党参加。面对改革开放以来党际交往遭到的严重挫折,中国共产党在党际关系四项原则的指导下,坚持"冷静观察、稳住阵脚、沉着应付、韬光养晦、有所作为"的应对策略,本着超越意识形态分歧,谋求相互了解与合作,相继与西方国家的社会党恢复了正常关系。1990年5月,中国共产党率先与日本社会党实现了关系的完全正常化。德国社民党从1992年开始同我党恢复了交往。1998年9月,社会党国际主席皮埃尔·莫鲁瓦率领代表团访问中国,标志着中国共产党与西方社会党因苏联解体、东欧剧变而中断的关系得到全面恢复和发展。

进入新世纪,中国共产党与西方社会党的关系有了进一步的发展,双方合作的领域不断拓宽,程度不断加深。2003年10月,中国共产党代表团出席了社会党国际在巴西圣保罗举行的二十二大。大会通过的文件高度评价了中国共产党改革开放所取得的成就,欢迎中国

---

[1] 余丽:《新中国60年中国共产党政党外交的实践之路与理论创新》,《中州学刊》2010年第2期。

共产党与其成员党进行对话与合作。次年2月，社会党国际主席古特雷斯率领高级代表团访华，胡锦涛总书记同古特雷斯主席就双边关系、当前国际和地区形势以及建立世界新秩序等问题交换了意见，双方取得了广泛共识。

新时期，中国共产党与西方社会党的合作有着广泛的基础。首先，双方都积极主张建立拥有法律规范、更加公平的多边主义机制来解决全球性问题。其次，双方都认为可持续发展是满足人们当前需求而不损害后代的发展，都主张加强全球协调，实现可持续发展。最后，双方都致力于维护世界和平。冷战结束后，原来隐藏在冷战格局下的矛盾如地区冲突、民族宗教矛盾、恐怖主义等成为世界不稳定的重大威胁因素。正是面对世界上存在着如此多的威胁和平的因素，社会党国际才在其决议中把和平问题确立为20世纪90年代对外政策的首要目标，并呼吁冷战后世界各国应该继续采取持久有力的和平、安全和裁军行动。[①] 中国共产党与西方社会党在以上问题的共同点使双方在许多国际场合相互支持，对超级大国的霸权主义进行了有效抵制，对国际力量的平衡起到重要作用。

二 中国共产党与西方社会党关系流变的若干思考

从20世纪50年代社会党国际重建至今，中国共产党与西方社会党的关系经历了全面对立与个别接触、党际关系的全面展开、党际关系的挫折与全面发展三个阶段。从这种关系流变中我们可以得出以下启示。

（一）党际交往超越意识形态

政党是具有某种政治信仰的组织，意识形态相近的政党更容易形成亲密的关系，但是并不能把意识形态作为划分党际关系的充要

[①] 任俊英：《欧洲民主社会主义研究》，郑州大学出版社2008年版，第184页。

条件。苏共以意识形态划线,搞社会主义大家庭,结果滋长大党沙文主义,孤立了自己,最终使社会主义阵营瓦解。中国共产党曾经以意识形态划线,反帝反修,支援世界革命,结果使我党的路线越来越左,影响国家现代化建设发展。中国共产党与西方社会党关系的发展变化固然原因多样,然而两种不同性质的政党对意识形态的看法是影响双方关系的重要因素。当双方本着超越意识形态的差异发展党际关系时,两种政党方能在平等互利的基础上展开对话与合作,发展正常的党际关系。改革开放以来,中国共产党对意识形态在党际交往中的作用有了更清醒的认识。1998年,江泽民总书记在会见来华访问的社会党国际主席皮埃尔·莫鲁瓦时指出:"意识形态不同的政党之间,应当提倡互相尊重、平等对话、增进了解、加强合作。中国共产党和社会党国际及其成员党之间,可以超越意识形态的差异,进行交流与合作。"[1] 据统计,党的十七大召开前后,国外政要和政治组织发来了近600份贺电函,对我党的执政能力和国际形象给予了高度评价。这一切充分显示了我党在新时期对外交往所取得的成绩。

政党交往中的意识形态分歧是难免的,即便是存在分歧也应当本着求同存异的原则保持进一步的交往,因为只有交往才能最终化解隔阂,求得共识。如果中国共产党本着党际交往四项原则,超越意识形态的差异,同世界各国进步政党加强沟通、交流执政经验、发展正常党际关系,必定能使中国共产党在世界政治舞台上开拓出党际交往的新局面。

(二) 党际交往服从于国家利益

在当代,一个主权的内政和外交是很难截然区分开的。政党作为国际政治的行为体加入到国家总体外交的现象越来越凸显。代表着不同阶级、阶层和集团利益的各类政党,作为各国社会中最活跃的政治载体,通过执政、参政和组织各种社会运动等方式,对其国

---

[1] 杨国强:《江泽民会见社会党国际主席》,《人民日报》1998年9月16日第1版。

家的内外政策发挥着重要作用。① 政党政治的核心是通过政党的活动控制和掌握国家权力。中国共产党是代表中国最广大人民根本利益的执政党，其对外交往应该也必须为国家利益服务。改革开放前，中国共产党的对外交往受极左思潮影响，走了不少弯路。改革开放后，中国共产党以党际关系四项原则为准则，超越意识形态，使党际关系服务于国家利益，使中国共产党的对外交往呈现出前所未有的良好局面。

一个政党在取得执政或参政地位后，该党的对内利益诉求往往表现为维护和巩固自身执政或参政地位，对外则代表本国政府维护和实现国家利益。西方社会党是西方国家的主要政党之一，有着丰富的执政经验。中国共产党与西方社会党建立在平等互利基础上的良好党际关系，对双方来说都有积极意义。对中方来说，有利于引进经济建设中急需的外资、先进技术和管理经验，从而推进中国的对外开放事业，为中国的经济建设服务；对社会党来说，可以使其在国际上得到支持，并且中国广大的市场和经济发展的良好势头对推动西方各国经济的发展具有巨大吸引力。中国共产党和社会民主党在党际交往时，可以注入经济因素，使中国共产党和社会民主党均能为本国的经济建设牵线搭桥，从而为推动本国经济发展做出贡献。② 这不仅有利于中国共产党加强自身的执政基础，而且有利于实现好、维护好、发展好中国的国家利益。同样，对于欧洲社会党扩大选民基础而获得执政地位，发展本国经济，维护本国利益也具有重要意义。

（三）党际关系服务于国家关系

夺取或参与国家政权是政党的主要目标。发展与执政党或参政党的良好关系有利于两党所在的国家关系的良性发展。发展与在野党的正常党际关系有利于加强两国人民之间的了解和信任，间接推动国家

---

① 余丽：《新世纪中国共产党政党外交的特点与发展趋势》，《马克思主义与现实》2009 年第 3 期。

② 舒新：《冷战后中国共产党与社会党国际之间的关系述论》，《社会主义研究》2007 年第 3 期。

关系的发展。党际关系与国家关系虽然是两个不同性质的关系,但两者相辅相成、相互促进。不同国家间的党际关系从来就是国际政治的重要内容。阶级政党在国际政治中的巨大作用不仅表现为阶级政党的国际政策和党际活动,而且还在于它对国家政权的影响。[①] 在实行政党政治的国家中,国家对外政策的决策大权基本上都掌握在执政党手中,在野党一般通过议会活动、发动社会力量向执政党施加压力等方式间接影响国家政策走向。因此,当今社会执政党之间关系的好坏就直接影响到国家关系。

有鉴于此,中国共产党的对外交往工作要充分发挥自身的优势和特点,通过党际互访、党际经验交流等方式,了解对方党的政治理念、政策立场和倾向等等,为开拓、巩固和发展国家关系做出贡献。中国共产党在改革开放前把无条件支援兄弟党的革命活动放在首位,从而使国家关系服从于党际关系,影响了国家关系正常发展。基于这一历史教训,以邓小平为核心的第二代领导集体提出党际关系服务于国家关系的思想,对消除中国共产党与国外其他一些政党之间的隔阂,建立正常的党际关系,进而实现国家关系的正常化起到了重要作用。邓小平在多种重要场合提出党际关系不能凌驾于国家关系之上,必须服从、服务于国家关系,这对我党以后发展党际关系与国家关系指明了正确的方向。

三 冷战后党际关系对国际关系影响加深

从中国共产党与西方社会党的关系发展演变来看,冷战后由于原苏东国家由一党执政演变成多党执政,且发展中国家政党数量大量增加,致使党际关系对国际关系的影响加深。新时期对中国共产党的党际交往提出了新的挑战,具体来说党际关系对国际关系的影响得以加深主要体现在以下几个方面:

---

① 梁守德、洪银娴:《国际政治学理论》,北京大学出版社2000年版,第89页。

（一）作为国际行为体的政党的数量和类型不断增加

苏联解体、东欧剧变后世界范围内新增了数千个政党，其类型多种多样，包括民族主义政党、宗教主义政党、社会民主主义政党、绿党、右翼政党等等。这些政党与具有悠久历史的老政党共同构成了当今世界政治的特色。政党作为当今国际关系的行为体之一，在国际关系中发挥着重要作用。政党之间的关系构成了国际关系的重要内容。在国际关系中具有广泛影响力和重要作用的政党主要有共产党、社会党、民族主义政党以及绿党等，他们大多执掌国家政权或参与国家政权。这些政党不仅分布广泛，在全球各大地区、各主要国家几乎都有他们的存在，而且其数量也相当众多，从而构成了对国际关系有重要影响的行为体。

在总体和平、局部战争，总体缓和、局部紧张，总体稳定、局部动荡的国际局势下，中国共产党一贯坚持独立自主的和平外交政策，坚持和平共处五项基本原则，确定"真正的不结盟"战略，坚决反对超级大国争夺霸权，维护世界和平。[①] 中国共产党对外政策的基本主张赢得了世界上大多数政党的理解和支持，为中国共产党的党际交往奠定了观念基础。新时期我党要继续以党际交往的基本原则为指导，保持与扩大和国外政党的交流与合作，为我党和国家营造有利的国际环境。

（二）作为国际行为体的政党的国际行为能力不断增强

现代国际关系是多层面、多领域、多角度的复杂体系，涵盖政治、经济、军事、文化和社会生活各个方面，任何单一国际行为体都不能解决国际关系中存在的不和谐因素，任何单一国际关系理论都无法完全解释现代国际关系的现象。

冷战结束后，随着经济全球化和世界多极化的发展，以及全球性

---

① 仇文利、吴志娟、王宏：《论新时期中国共产党社会公信力的提升》，《重庆交通大学学报》（社会科学版）2008年第5期。

问题的不断增多，政党对当代国际关系的影响越来越大，因此，政党参与全球治理成为必然。政党作为一种非政府组织，本身虽不是传统意义上的国际法主体，但其在国际政治中行为能力的不断增强，决定了它们是国际关系中的新型行为体。

当今世界各国的国内政局演变与世界政治的发展变化都明显带有政党政治的背景和痕迹，与各类政党的兴衰存亡以及力量的分化组合密切关联。因此，研究当今世界政治和国际关系，政党成为不得不考虑的一项重要影响因素。西方社会党作为西方国家的主要执政党之一，在国际舞台上日益发挥着重要作用。一方面，西方社会党作为执政党影响或牵制国家和国际组织的决策，从而影响国际关系；另一方面，社会党提供和创造非政府性的对话和信息渠道，使国家间的交流和沟通具有更大的灵活性。中国共产党作为拥有9000多万党员，执政七十余年，领导14亿人口的社会主义国家的执政党，要不断加强同西方社会党的交流与合作，为党自身发展和国家发展创造和谐氛围。

（三）作为掌控国家政权的政党控制国家的对外政策

目前在全世界200多个国家和地区中，除少数国家和地区是严格的君主制或政教合一外，绝大多数国家都实行政党政治。因此，国家对外政策的制定与执政党的政策理念有至关重要的关系。在一个国家内部，由于对外决策的民主化趋势，许多国家在对有关国际问题进行表决的时候，都是政党通过代议制民主来参与到对外政策的制定、审批和监督过程中来。西方社会党总是能够随着国内和国际环境的变化调整内外政策。20世纪90年代中后期，西方社会党实行的"第三条道路"在世界引起相当重视，使欧洲经济社会又一次焕发出生机。中国共产党作为中国的执政党，对中国对外政策的制定执行有着重要甚至决定性的影响。因此，中国共产党与西方社会党的关系自然会影响到国家关系，进而影响到国际政治和国际关系。然而，任何政党要想在国内政治和国际政治中发挥作用、有所作为，还要能够适应急剧变革的社会，能够因势利导，不断地自我革新和发展。当然，与时俱进、不断创新也是我党永葆生机，不断发展的力量源泉。

政党政治是当代世界政治的通则和基本要素，直接影响着国际政治和国际关系的诸多领域。中国共产党作为执政党，要深刻理解政党在当今世界政治中的作用，加强其与国外的执政党、参政党、在野党等等各种进步政党的交流与合作，以便互通有无、取长补短，拓展中国共产党和国家的国际活动空间。同时，也要发挥中国各民主党派在党际交往中的作用，使其加强同国外政党的沟通与交流，宣传中国共产党的大政方针政策，增进中国与世界各国的相互了解与信任。

西方国家政府机构"大部制"改革的实践及启示
——以英、美、澳、日为例[*]

"大部制"即"大部门体制",最早推行于西方,是当今西方发达市场经济国家普遍采用的政府组织形态。所谓"大部制",就是在政府部门的设置中,将那些职能相近、业务范围相同的事项相对集中,由一个部门统一进行管理,最大限度地避免政府职能交叉、多头管理,从而达到提高行政效率、降低行政成本的目标。政府各部是现代官僚体制的核心。在自由竞争的市场经济时期,政府只管"法律和秩序"以及少量的公共基础设施,职能简单。相应地,政府部门普遍较少,通常是一些行使国家核心职能的部门,如财政部、司法部、国防部和外交部等国家与生俱来的职能单位。如美国,1789年建国之初,联邦政府只有国务院、财政部和陆军部,直到19世纪末20世纪初才出现了农业部、商务部、劳工部等管理经济和社会事务的部门。20世纪40年代以后,随着政府职能不断扩展到政治、经济、社会、科学、教育和文化等领域以及福利制度的建立,西方国家政府部门的剧增成为不可避免的事情。为解决部门林立、职能交叉、协调困难、成本较大的问题,西方国家开始探索整合政府职能部门的路子,实施大部门体制。目前中国的"大部制"改革已在有序进行,本书分析西方国家"大部制"改革的实践,以期对我国"大部制"改革提供有益的经验与思考。

---

[*] 原载《郑州大学学报》(哲学社会科学版)2010年第6期,作者石杰琳。

西方国家政府机构"大部制"改革的实践及启示

1. 英国是西方国家中较早推行"大部制"的国家

"二战"结束后,英国以艾德礼为首相的工党政府大力推行凯恩斯主义经济政策,积极干预经济与社会生活,实行国有化和福利制度,扩大了政府职能,相应地导致了政府机构增加,最高峰时英国职能机构达到27个。50年代政府机构膨胀的弊端到60年代初明显表现出来,于是,英国政府开始着手撤并、调整一些政府部门。把教育部和科学部合并为教育和科学部,把国防部、海军部、陆军部、空军部重新组建国防部,新设立国家经济发展委员会,撤销经济事务部和技术部,把原国家保险部、抚恤部和国家救济局合并成立社会保险部并与卫生部再度整合为卫生和社会保险部,外交部与联邦关系部合并成为外交和联邦事务部。可见,20世纪60年代英国政府机构改革的基本思路是将一些业务相近的部门综合组建成"超级大部"。1970年希思出任首相后,于10月发表了《中央政府机构改革白皮书》,被认为是这次英国政府机构改革高潮的标志。根据《白皮书》的建议,希思政府进一步对部级机构进行整合与调整,如把原住房和地方政府部、运输部、公共建筑工程部重组为环境事务部,把海外发展署合并到外交与联邦事务部,贸易部和技术部合并成贸易工业部。通过这一时期的改革,英国政府职能机构的总体架构基本形成。作为较早推行"大部制"的国家,英国的经验尤其值得总结。首先,在职能和任务整合的基础上探索试行"大部门体制",是克服部门主义的有效途径。英国的改革实践证明了"大部制"的优越性,正如1970年10月发表的《白皮书》中所说:提高了政府的综合协调与执行统一的政策能力,提高了管理过程中政策制定与执行的能力,减少了部门间冲突与扯皮现象,提高了管理与控制大规模资源浪费现象的能力,使大臣与部门职责更加明确,增加了部门的计划能力,有利于议会对各部门的监督等。其次,英国的实践也显现出"大部制"推行过程中涉及的一系列问题,诸如部门协调、管理幅度、监督机制等。拿1968年卫生部和社会保障部的合并来说,机构整合必经过一个磨合的过程。合并之初,两者貌合神离,经过一段时间的磨合后,卫生和社会保障部这个综合性的机构才稳定下来。这说明如何建立大部内的协调与沟通机制,是一个非常现实的问题。再者,英国一些超级大部的管理幅度过大,超越了大臣个人的管理能力,直接影响了部门决策的制定,于是一些部门在大臣之下,还配备几名非内阁级大臣各管一块,这说明组建大部要有一定的限度,部门整合要注意管理幅度问题。此外,超级大部加强了部门大臣的权力,在某种程度上却削弱了政府对部门的控制,这既是一个管理机制问题,也是一个监督机制问题。大部门体制下,部门职能领域变大,权力与职责相应增多,如何对部门实施有效监督,可以说是个难点。英国超级大部实践中反映的问题,折射出"大部制"改革不是简单的机构合并,而是政府组织结构和运行机制的深刻变革。

2. 美国也是实行"大部制"的典型国家

杜鲁门执政时期,主要是对前任罗斯福总统设立的庞大规模的政府机构进行精简改革。他撤销了全国战时劳工局、战时生产局、国防运输局、战时情报局等战时机构。到了艾森豪威尔时期,美国政府着手按照"超级大部"模式调整职能机构,如成立的卫生、教育和福利部是在原联邦政府公共卫生署、教育总署和社会保障总署三个独立机构的基础上综合而成的。70年代中期,美国陷入能源危机的困境,一批为解决能源问题的政府机构应运而生,但在运作过程中相互扯皮等管理上的弊端也暴露出来。卡特总统一上台,就把统一能源政策作为政府机构改革的一项重要内容来抓,将50多个与能源问题有关的组织机构综合组成一个能源部[①]。卡特向国会提交的第一份立法性文件就是要彻底检查联邦的官僚制度,其中包括大幅度减少联邦政府部门。美国"大部制"改革最具特色的经验,就是独立机构辅佐大部。在美国,有60多个独立机构,它们是适应联邦政府管理经济事务及协助联邦政府处理过于复杂而不能包罗的事务、由国会通过专门立法而成立的,独立机构主要是向总统直接负责。最早的独立机构是1887年成立的洲际商业委员会,它不但享有行政执行权,而且享有委任立法权和委任司法权。后来独立机构不断发展起来,尤其是

[①] 卓越:《比较政府与政治》,中国人民大学出版社2004年版,第170页。

1929—1933年的经济危机之后，为了克服经济危机所造成的破坏，国会连续通过立法成立了一大批权力很大的独立机构，其中有一些局、署的地位和规模相当于内阁部，主管某一方面的工作，参与重大问题的决策，如国家航空和航天局军备控制和裁军署、国际发展合作署等，还有一些独立机构属管制性委员会，如民权委员会、洲际商业委员会等，它们往往集立法、行政和司法职能于一身。关于美国独立机构辅佐大部管理国事之作用，我们从美联储的身上可见一斑。美联储是美国联邦储备系统的最高权力机关，对现代美国的金融体系起着重要的管理作用，联邦政府通过它制定政策，稳定货币和经济，并对商业银行的活动和联邦储备银行的业务行使广泛的管理职责。可以说，大部门体制和独立的执行机构，是美国联邦政府的"两大支柱"。美国的"大部"名副其实，如运输部包含了海陆空运输，体现了"大运输"概念，农业部涵盖了农业部、水利部、国家林业局，还包括食品安全和检验、动植物卫生检验等职能，体现出"大农业"的管理理念。"9·11"事件后于2002年成立的国土安全部，至少综合了22个机构，有18万雇员。目前，美国联邦政府部级机构只有15个，每个部的职能都是宽领域的。用独立机构辅佐大部，从而实现大部的宽职能、高效率，不失为美国的成功经验。

3. 澳大利亚是在1987年实行"大部制"改革的

在进行联邦政府与州政府分权的改革之外，澳大利亚联邦政府也采取"大部制"改革措施，试图通过集权性质的管理技术，如结果管理、项目评估、改进计划、加强公务员的责任等，来改善行政绩效。澳大利亚建立"大部制"的目的是多方面的，其中最重要的是想通过减少部门数量使各部部长进入内阁，从而在总体上改善政府部门的管理。其结果是，澳大利亚整个联邦政府部门的数量从28个减少到18个，多个政府部门合并到一起，产生了"超级大部"，如外交和外贸部，教育、就业和培训部，交通和通讯部。澳大利亚的"大部制"改革是处在西方新公共管理运动的时代背景下，因此，自然带有新公共管理运动的特色，如重视管理技术，崇尚"效益理念""经营理念"和"责任理念"，强调产出与结果，提倡灵活性和行政绩效等，这可谓是澳大利亚的经验之一。部长和公务员获得实现目标所需要的管理的灵活性及改进绩效的动力，公务人员就他们的工作向部长负责并努力达到各自的目标。可见，澳大利亚的"大部制"改革凸显了新公共管理的价值取向。此外，澳大利亚"大部制"改革常常令人称道的经验还在于它的周密部署、稳定发展。实行"大部制"改革的初期，裁员消息导致公务员人心浮动，为此，政府专门发表白皮书说明改革的具体措施，取得了良好的效果，使澳大利亚经历了比邻国新西兰的改革较少的剧痛和矛盾，较早实现了改革与稳定的协调发展。

4. 日本引人注目的"大部制"改革是在20世纪90年代后期进行的

事实上，在20世纪80年代日本进行的政府改革中已表现出"大部制"的趋向。1996—2001年日本进行的"桥本改革"意义深远，其重点内容就是对省厅的重组，改革的目标是克服行政管理中的"部门主义"，精简、整合内阁部门及相关职能。到2001年6月，日本的政府机构由原来的1府22省厅合并压缩为1府12省厅。其中，外务省、法务省、防卫厅、环境厅、农林水产省、国家公安委员会6个部门保持原体制不变，但内部进行了大幅调整，其余6个省厅均为原有部门的合并或改组而成，如将原来的总理府、经济企划厅、冲绳开发厅合并为内阁府，邮政省、总务厅、自治省合并为总务省，将大藏省改组为财务省，通商产业省改组为经济产业省，将文部省和科学技术厅合并为文部科学省，将厚生省和劳动省合并为厚生劳动省，将运输省、建设省、国土厅、北海道开发厅合并为国土交通省，一共精简了10个部门。日本政府"大部制"改革最突出的经验有两条：一是坚持立法先行。为保证机构改革的顺利进行，1998年6月9日，日本政府颁布了《中央省厅改革基本法》，加上先期制定的《中央省厅等改革相关法案大纲》和《关于推进中央省厅改革的方针》，为"桥本改革"的有序进行做了必要的法律准备工作，这突出反映了日本政府依法行政的特点。日本以法律形式对行政改革做出明确和具体的规范，有助于保障改革实施过程的严肃性。二是在职能转变的基础上改革政府机构。职能重新定位、职能转变、职能剥离是这次日本政府机构改革的根本原因。改革中将冲绳开发厅和北海道开发厅，分别并入内阁府与国土交通省中，这是将一部分管理权限移交给地方行使的结果。可以看出，这次改革中某些机构的合并与调整意在进一步完善和巩固中央集权和地方自治相结合的行政管理机制。为实现某些职能"由官向民转移"，日本政府撤销了一些认为不必要的公共事业机构，所以，将文部省和科学技术厅合并为文部科学省，将厚生省与劳动省合并为厚生劳动省，也是基于在新的管理方式上对政府职能进行新的定位的需要①。

在对西方国家"大部制"改革实践的比较研究中，笔者认为有以下几点值得总结与思考：

第一，20 世纪 80 年代前西方国家的"大部制"改革主要是以理顺职能机构内部关系为导向，进行增减组合，只是整合功能，主要不是出于政府职能转变之需要。而 80 年代之后的"大部制"改革往往与转变和优化政府职能、提高内阁决策效率等联系在一起，且"大部制"改革不再是单纯的机构改革，而是作为整个国家行政改革的一部分，它与其他的改革措施，诸如政府职能转变、管理方式创新、公务员制度改革等内容并行推进。

第二，西方国家实行"大部制"的职能基础，是市场经济的成熟和公民社会的发展，如此才使原来由政府承担的公共职能、公共事务得以不断外移，正是政府职能的市场化、社会化为政府部门的减少提供了可能；此外，实行"大部制"的技术保障，是行政管理技术的发展，如部长信息系统的开发与利用，使部长能直接掌握各处与各室的政务动态，从而为加强协调，减少冲突，减少管理层次，促进管理组织扁平化创造了条件；② 实行"大部制"的现实需要，是随着工业化的完成与信息社会的到来，政府综合事务在政府管理中的比例不断

---

① 李和中：《1996—2001 年日本政府机构改革的底蕴与启示》，《中国行政管理》2001 年第 7 期。

② 张德信、薄贵利、李军鹏：《中国政府改革的方向》，人民出版社 2003 年版，第 65 页。

上升，要求政府综合决策、综合执行、综合管理。

第三，西方国家实行大部门集中体制，是与分散的多样化行政性组织相互依存的。自美国19世纪末引入独立机构制度后，英国、法国等国家先后效仿，20世纪末期各国政府改革之后，行政组织多样化更呈趋势性发展。独立行政组织的大量存在，促进了政府管理方式的变化，原来由政府机构行使的管制性职能部分地转移到独立行政组织身上来，这为缩小政府机构管制职能，推行大部门体制创造了条件；再者，政府机构内部决策职能与执行职能分离，行使决策职能的高级文官组成一个专门负责决策的相对较小的"核心司"，而将执行职能交给专门成立的执行局。前者负责政策制定与咨询，后者负责政策执行与服务提供，这样的组织创新也为"大部制"的进一步发展提供了条件。

第四，大部门集中体制也与中央向地方下放权力，或者说扩大地方自治范围的改革相关联。中央政府集中于决策和监督，地方政府承担更多的执行性职能，这样，中央政府实行"大部制"就成为可能。如法国1982年权力下放改革实施后发生的显著变化，就是地方权力的增强，也相应地改变了中央政府的职能及其机构设置。澳大利亚、日本两国政府在进行"大部制"改革的前后也涉及联邦政府与州政府、中央政府与地方政府的权责划分，同样说明了这一点。

综上所述，西方国家政府"大部制"改革的实践与经验，无疑给我们提供了重要的启示，也引起我们对于此问题的深入思考。2008年3月中旬，中国改革开放后的第六次政府机构改革——以"大部制"改革为中心环节，正式启动，目前在有步骤地进行着。固然，由于不同的国情，别国的经验我们不一定照搬，但至少教训可以汲取。它山之石，可以攻玉。借鉴西方国家政府"大部制"改革的实践与经验，可以帮助我们开阔思路，增长见识，有助于我们把自己的事情办好。

析美国文官制改革取向：
"结果"重于"规则"[*]

20世纪70年代末80年代初以后，为迎接全球化、信息化、国际竞争加剧的挑战、摆脱财政困境和提高政府效率，西方各国相继掀起了一场声势浩大的政府改革浪潮。在这场被称为"重塑政府"的运动中，各国的官僚体制首当其冲成为改革的焦点。正如桑德斯所说："行政改革的浪潮席卷全球，其中一个共同的方面是对公务员制度的改革。"[①]这正是20世纪90年代美国克林顿政府行政改革的国际背景。就美国国内来说，持续膨胀的政府财政赤字和愈益严重的政府信任危机成为联邦政府行政改革的动力源。而行政改革的核心仍然是官僚体制，"因为它已成为官僚化、墨守成规和信誉扫地的传统化身"[②]。本书试图对20世纪90年代克林顿"政府再造"运动中最具影响意义的改革举措"放松内部规制、加强绩效管理"进行分析，并在此基础上论证美国文官制改革的基本取向是"结果"重于"规则"。

一 强调"结果"重于"规则"有其特殊背景

西方文官制度起源于英国，后扩展到整个西方世界。1883年美

---

[*] 原载《郑州大学学报》（哲学社会科学版）2007年第5期，作者石杰琳。
[①] 国家行政学院国际合作交流部编译：《西方国家行政改革述评》，国家行政学院出版社1998年版，第250页。
[②] 同上。

国建立起文官制度,《彭德尔顿法案》(《文官制度法案》)确立了美国文官制度的一些重要原则,体现了美国文官制度的功绩制、政治中立和对公民负责的核心价值和精神。随着美国由工业社会向后工业社会或信息社会的转型以及全球化时代的来临,传统的文官制度越来越不适应新时代的要求,突出表现在"联邦政府已陷入官僚规则的泥潭而不能自拔。简言之,墨守成规所带来的僵化妨碍政府完成自己的使命"[1]。究其原因,是政府内部管理上的过度规制。由于传统的文官制建立在规则的基础之上,这有助于防止行政权力的滥用,但是,政府内部管理上的过度规制却造成行政人员惟规章是从、墨守成规的习惯,导致了政府机构在提供服务时反应迟缓、效率低下和效果不佳。

那么,政府内部管理上的过度规制是如何形成的?主要成因是美国三权分立架构中立法、司法部门对行政部门的控制与制约。早在20世纪80年代,格鲁斯委员会就指出美国公共部门低效及失败的主要原因之一,就是国会对联邦政府机构日常管理的过多干预。国会制定政府部门必须遵守的法律,促使行政部门依法行政;传讯政府官员到国会作证,接受调查活动;利用掌握"钱袋子权",控制政府部门的预算支出;依法审批高级官员的任命等等。丑闻"水门事件"则进一步推动了对政府机构人员的道德约束和对行政部门监督的法律出台。这一切都促使了行政部门以"规则为本"氛围的形成。美国特色的司法审查机制也强化了对行政部门的规制程度。法院对行政行为是否合法做出判断,从而决定行政行为是否应该维持、撤销或停止进行,或者命令行政机关履行某些义务。为避免法律纠纷,行政官员不得不谨慎从事,出于自我保护的本能,行政部门也会借助于拟定规则和照章办事来显示自己的"清白"和"公正"。[2] 众所周知,美国三权分立体制中立法、司法部门对行政的监督,是防止公共权力腐败的有力武器。由于行政权力具有强制性和支配资源流向的特征,如果不

---

[1] 国家行政学院国际合作交流部编译:《西方国家行政改革述评》,国家行政学院出版社1998年版,第251页。

[2] 刘炳香:《西方国家政府管理变革》,中共中央党校出版社2003年版,第207—210页。

加以约束，就有可能违背行政管理目标，出现行政行为越轨和行政权力异化。所以，维护资产阶级整体利益，需要通过各种方式来监督政府，防止某个集团、某个行政人员滥用行政权力。但是，一旦规制过度，也会产生负面的结果，这既提高了体制的运作成本，降低了行政效率，压抑了行政人员的积极性和创造性，又在美国行政机构中形成了一种规则比结果更重要的服从性文化。如克林顿总统所说的，过度的规制，强调对外部制约力量的服从，转移了行政管理人员的注意力，使他们凡事首先考虑的不是效率和结果，而是避免错误。换句话说，文官坚持照章办事，以免去政治上的麻烦，这成了组织的首要目标，而对于自己所在部门的职责如何、办事效果如何反倒成了其次[1]。很显然，文官惟规则是从及墨守成规所带来的僵化已妨碍着政府完成自己的使命。迅速变化着的世界、闪电般的信息技术、全球性竞争和需求式顾客都迫切要求政府提高灵活性和效率，增强回应性。而这正是美国克林顿政府实施"放松规制、加强内部绩效管理"改革举措的直接原因。强调"结果"重于"规则"也正是出于这样的背景因素。

此外，时代的变迁也使一些通行多年的规则事实上已不合时宜。传统的文官制体现了永业制、政治中立、功绩制等核心价值和精神，制定了一整套复杂而又整齐划一的法规制度来控制政府机构及成员的行为。那么，随着传统文官制核心价值和精神在当代受到挑战，与之相适应的法规制度的权威性自然也受到质疑。比如永业制，永久性任职所产生的非灵活性和惰性，造成注重年资而非贡献，压抑了文官的积极性和创造性，降低了行政效率。人们对灵活性的要求意味着需要结束事实上的终身受雇制；再如功绩制，本应强调以能力、功绩作为选择、任用和晋升文官的依据，但事实上功绩主义原则被淹没在以规则为基础的评估系统中，它更多地成为一种象征性价值而非实质性措施。要使功绩主义原则真正体现，就必须建立以绩效为本的评估机制。此外，政治中立原则随着文官日益卷入政策制定事务也受到挑

---

[1] 刘炳香：《西方国家政府管理新变革》，中共中央党校出版社2003年版，第214页。

战。因为要提高行政效率的话，就需要文官发挥更大的主观能动性，而不是处处受制于政治家或当选官员。所以说，传统的模式已不再适应不断变化的环境的需要了，如若固守旧的规则框框，惟规则是从，势必太僵化呆板。从这个意义上说，美国政府放松规制，强调"结果"重于"规则"，是合乎时代发展变化要求的。

由上得出，放松内部规制和强调"结果"重于"规则"，是美国政府基于加强行政部门绩效管理的需要而为，试图达到的目标是提高政府绩效和增强政府对公民多样性需求的回应性。正如盖·彼得斯所分析的，改革的"基本观念是：政府无效率的主要原因是对管理层进行预先控制的内部机制和规则的数量太多，它们包括人事规则、僵化的付酬制度、预算规则、具有约束性的采购法规以及许多别的规则；基本假设是：如果公共组织能够清除这些清规戒律，它就能更加富有灵活性和效率"[①]。

二 政府改革凸显"结果为本"的价值取向

克林顿政府轰轰烈烈的"再造政府"运动从1993年开始。起初，国会通过了《政府绩效与结果法》，这是20世纪60年代以来国会监督体制的一次根本性的转变，标志着国会对行政部门的监督开始转到以"绩效"和"结果"为基础的轨道上。克林顿总统宣称"政府再造"运动的目标在于使整个联邦政府降低开支，提高效率，改变国家官僚机构中骄傲自满、不思进取的现象，增加主动性和责任心。这场改革运动的纲领性文件就是副总统戈尔领导的国家绩效评估委员会的报告——《戈尔报告》，其中提出了政府改革的主要原则，包括消除繁文缛节，由注重过程的系统转变为注重结果的系统，授权雇员以取得成果等。同年9月11日，克林顿签署行政令，要求取消联邦政府

[①] [美]盖·彼得斯：《欧洲的公共行政现代化：一种北美视角的分析》，载国家行政学院国际合作交流部《西方国家行政改革述评》，国家行政学院出版社1998年版，第70—71页。

内部规制的一半,废除过多过滥的法律、法规,以增强灵活性。1995年秋,克林顿政府公开接受了桑得斯提出的新型政府管理模式,即建立在分权的、灵活性的绩效基础上,而不是程序(过程)和服从上的以结果为本的文官制度改革"一揽子拨款"方案。政府将一些机构转变成所谓的以"绩效为本"的组织,它们均有可测量的绩效基线,并且为工作结果承担责任。为保证以结果为本,这些组织有权自由设计其内部(人力资源、财政、信息等)体制。包括社会保障署、国内收入署、小企业局等在内的27个政府部门的71个示范项目按政府绩效和结果法案所规定的方式运作。把文官录用权力下放到各部门,放松录用程序;打破文官永业制,使用合同制雇员;改革文官评估体制,重视"结果导向",并采取灵活的付酬奖励措施;设立高级文官序列,订立业绩合同,加速向结果为本的文官制度转化。由此可以看出,20世纪90年代美国政府改革的核心是文官制改革,而文官制改革的一个基本取向,就是"结果"重于"规则"。

克林顿执政8年间,清除了厚达64万页的各种规章,使政府内部规章烦琐、手续复杂的状况大为改观,降低了行政成本,提高了政府部门的运作效率,连同政府部门裁员,到1998年,政府节省下来的财政开支达1370亿美元。"结果导向"改变了美国文官的评估方法和评估标准,从过去只看是否服从规则、不看取得多大成果,转变到注重结果、以"绩效为本"上,这无疑有利于调动文官的积极性和创造性,使传统文官制度下的职位管理转变到促进机构使命的实现上来。

三 "结果"重于"规则"命题探析

正如人们所认为的,民主政府最基本的要求是运用法律来驾驭公共官僚制度。而放松规制等于是减少立法、司法部门对行政部门行使权力时的束缚,行政部门及成员自由裁量权扩大,那么,这是否意味着,为提高行政效率可以打破三权分立体制对行政监督的制度安排?强调"结果"重于"规则"是否意味着规则对于行政部门及其成员已无关紧要?笔者认为,要说明这些问题,把握下面几点至关重要。

首先，必须指出，美国政府放松内部规制，强调"结果"重于"规则"，目的是要设计一种政府官员对结果负责而不仅仅对过程负责或对规则负责的新体制，并不是简单地取消一些规则，改变一些规则，更不是不要任何规则。关于这一点，戴维·奥斯本的见解很能说明问题。奥斯本和盖布勒的《改革政府》一书，是美国政府行政改革的先导，书中提出的行政改革十大原则，形成了美国政府改革运动的框架。在奥斯本看来，大多数公共组织被它们的规章制度所左右，成为"规章驱动的政府"，他们制定出无数个规章来防止可能的错误发生，规章太多，就会使政府的活动慢得像蜗牛，难以对瞬息万变的环境做出反应。但奥斯本反对的是"繁文缛节"而非必要的规章，他说："政府是需要一些规章的，政府的航船需要一两层油漆，如果我们去掉油漆，那就剩下光秃秃的金属，将会生锈腐蚀，问题是大多数政府的航船上了几十层油漆，上面又有一层又一层的附着物，取消控制的目的，是要重新恢复到我们真正需要的一两层保护层，使这艘航船能重新航行。"[①] 由此看来，放松规制和强调"结果"重于"规则"，只是要消除"繁文缛节"，改变政府机构人员墨守成规的习惯，并非取消必要的规则。美国的改革是力求建立一个以"结果为本"的新的文官制度模式，不致陷于官僚规则之中而降低公共服务效率。

其次，必须看到，放松规制和强调"结果"重于"规则"，是美国政府内部管理制度建设发展到一定历史阶段上提出的问题。法治是美国政治和社会的基础，一切社会政治活动都是在法律的基础上开展的。美国的过度规制及其种种表现，从另外一个角度说明了它的民主化、法制化程度较高，政府管理制度健全，有比较完善的行政规则，政府行政人员遵守规章已成为习惯，成为他们的内在价值取向和行为模式，而这正是许多发展中国家和经济转型国家政府管理欠缺和追求的目标。美国政府内部管理制度完备，规章体系健全，甚至是太过严密和程序化，转而变为僵化，因此，它所面临的问题，不是发展中国

[①] ［美］戴维·奥斯本等：《改革政府——企业精神如何改革着公营部门》，转引自丁煌《西方行政学说史》，武汉大学出版社1999年版，第419页。

家所面临的民主化、法制化问题,而是如何向行政权力运行中注入更多效率因素的问题,应是强调"结果"而不是"规则"。再进一步说,完善的法律体系、有效的监督机制及政府成员遵守规章的良好习惯,也为美国政府放松规制、加强绩效管理的改革提供了保障。如果没有这个前提作保障,那么给政府机构及成员更大的自由裁量权,造成的后果恐怕更多的不是效率而是腐败。

最后,"结果"重于"规则"体现的是美国文官制改革的取向,即注重结果而非过程控制。注重结果或以结果为本实际上就是以"绩效为本"。美国推行绩效管理可以追溯到20世纪20年代。随着时间的推移,美国绩效管理的主题、内容和形式不断发生变化,到20世纪90年代发展到一个新的历史阶段即政府再造阶段,这称作美国公共部门绩效管理发展过程的第五个阶段。因此说来,绩效管理并不是20世纪90年代美国政府管理体制创新中提出的新课题,而是美国公共部门绩效管理历史的延续,只是到90年代绩效管理达到鼎盛时期。1993年美国成立"国家绩效评估委员会",目标在于使整个联邦政府花费更少,效率更高,更有进取心和更有能力,改掉自以为是的官僚文化。在其公布的《戈尔报告》中,揭示了美国政府绩效不佳的原因,不在于政府懒惰和无能,而在于繁文缛节和规制令人窒息,以至抹杀了政府官员的最后一点创造性。因此,改革中强调"结果"重于"规则",这恰是该时期美国政府依据现代社会发展对民主和效率的矛盾做出的相应调整。规制过多了,民主过剩了,制约了效率;当效率成为迫切问题时,就需要节制民主。在经历了一个辩证的否定阶段之后,再在更高层次上回归。加强绩效管理,改变公共组织僵死不灵的状况,为的是更好地回应公众的要求,从这个意义上说,加强绩效管理,强调"结果"重于"规则",正是美国政府设法解决西方民主制过程中的深层次矛盾所为。

四 对美国改革取向的思考

美国文官制改革强调"结果"重于"规则",放松规制,并不意味着法制尚不健全的国家，需要改弦易辙，放弃建章立制，放缓或停止走向法制化的步伐。正如以上提及的，美国解决的是自己发展阶段上的问题，其他国家不一定盲目照搬。处于现代化不同发展阶段上的国家，面临的具体问题不同，政府改革的制度设计自然也不同。比如，中美目前在文官制度上似乎正朝着相反的方向发展。美国强调放松规制、打破僵化，而中国正加强制度建设，强调规范；美国取消烦琐的法律规则，将8000多页的人事手册减少到3页，而中国正建章立制，不断补充和细化法规，已有近40个单项法规或实施细则；美国强调灵活性，人事权下放，而中国强调统一性，强化依法管理等[①]。但是，两国有一点是共同的，即都是立足于自己的国情，都在力求改变过时的或传统的人事管理制度，以适应新时代政府管理的需要。

另一方面，对于美国放松规制、强调"结果"重于"规则"，处于不同历史阶段上的发展中国家自然不能生搬硬套，但是也不能对美国等西方国家现代化进程中出现的问题及其对策视而不见，而是应该去研究、思考，甚至去借鉴他们改革中的一些做法。比如，打破公务员的永业制、实行合同聘用，设立灵活的付酬和奖励体制，强化竞争机制、结果监控和绩效评估等方面都值得我们借鉴。关键的问题是怎样在加强文官制度化的同时，注意到灵活性，找到二者的平衡点，也就是说，如何把制度建设和管理方式创新有机地结合起来。政府行为虽然有政治性、阶级性，但管理本身具有社会属性，在规范政府行为、提高行政效率、改善行政技术、理顺政府关系等方面都有一定的共性。研究和借鉴发达国家在发展过程中积累的经验和智慧，可以大大降低发展中国家进行规则完善和体制创新的试错成本，有助于我们调整思路，增长远见卓识。

---

① 徐理明：《面向新世纪的中国公务员制度》，载晏智杰等主编《面向21世纪的中国现代化：课题与展望》，经济科学出版社1999年版，第198页。

韩国总统朴槿惠被弹劾的
政府体制之源[*]

"政府体制",广义上是指国家、行政、司法机关的构成原则、机构设置、职权划分、结构形式及其相互关系的总和,大体与"政治体制"的含义相同;狭义上是指政府行政部门的职能设置、权力结构及其运行的总方式,基本与"行政体制"的概念相重合。因此,从政府体制维度研究朴槿惠弹劾案,不仅涉及政府与立法机关、司法机关的关系,而且涉及政府与政党、政府与市场以及政府与社会的关系。2017年3月韩国总统朴槿惠被弹劾下台,或因或果都与韩国的政府体制密切相关。深度剖析此弹劾案背后的政府体制因素,不仅有助于拓展对韩国内政的研究,而且对于认知后发国家政治发展的进程也具有现实意义。

一 独特的总统制模式:法国式与
美国式的混合

各国政府体制中一个至关重要的内容,就是定义行政机关(狭义的政府)与立法机关的关系,这即所谓的政府模式。1987年10月,韩国通过的新宪法规定,立法权属于国会,行政权属于以总统为首的政府,司法权属于由法官组成的法院,三权分立、相互制约。宪法还明确规定,国会对于总统、总理、国务委员等职务在执行公务过程中

---

[*] 原载《商丘师范学院学报》2018年第5期,作者石杰琳、何静,收录本书时有所改动。

违犯宪法或法律时，可决议弹劾追诉。其中，对于总统的弹劾追诉，须有半数以上的在籍国会议员提议、三分之二以上的在籍国会议员同意①。可以说，宪法授予国会弹劾追诉总统违法的权力，是韩国政府模式与法、美总统制的共同点所在。但不同的是，法国半总统体制下总统有权解散议会，而美国总统制下总统没有解散国会之权力，正是在这一关键性权力的配置上，政府模式形似法国半总统制的韩国吸收了美国总统制的特色。

之所以说韩国政府模式形似法国半总统制，因为韩国既有国家元首总统，也有政府首脑总理，类同于法国的双巨头体制。总统是国家元首和全国武装力量司令、首席外交官和外交政策决策者、主要政策和法律的决定者，在政府系统和对外关系中代表整个国家。总统有权任命总理，总理任政府首脑。根据大韩民国宪法，总统"统辖由国务总理和各部组成的行政府"，"行政权属于以总统为首的政府"②。但总统任期满后不得连任，特别是韩国宪法没有明确授予总统解散国会的权力，这使韩国的政府模式凸显出与法国半总统制的迥异点。韩国宪法亦未有涉及总统有权解散国会的条款，这在相当程度上保障了韩国立法机关对国家元首、政府首脑的权力监督和制约有效，但另一方面，正如所见，韩国总统每每遭际国会中反对党、在野党联合发难被穷追猛打时无力反制，包括朴槿惠被提起弹劾，国会气势如虹，锐不可当，这恐怕与韩国总统没有被授予解散国会的权力不无关系。总统的失职、非法行为是引发国会问责、弹劾乃至调查的致因，但总统无权解散国会是否客观上诱使反对党、在野党借助国会权力无所顾忌地"逼宫"，值得探究。从政治民主化后韩国的经验来看，在任总统因各种原因受指控和揭露，几乎全部发生在总统任期即将结束的跛脚鸭时期③。从李承晚到卢武铉、再到朴槿惠，其个人命运虽然令人唏嘘，

---

① 《大韩民国宪法》，访问时间 2018 年 1 月，http://www.148com.com/html/503/96929.html。

② 同上。

③ 洪静：《韩国总统非正常遭际的类型及影响因素——从朴槿惠弹劾案说起》，《当代世界》2017 年第 3 期。

但制度设计及其运行关乎政治生态的大局。

二 政商关系密切：根源于后发国家政府的"拐杖"作用较强

政府职能是各个国家政府体制中的内在结构要素，它是指一定历史时期政府应该承担的职责或者应该发挥的作用。政府职能中一个绕不开的问题，就是如何处理政府与市场的关系。政商关系，某种意义上就是政府与市场的关系。在西方国家，如英国、美国，属于典型的自由市场经济国家，政府对经济的干预度较低，而后发国家，如日本、韩国等东亚国家，在二次大战后较长时期内，实施追赶先发国家的"赶超战略"，此过程中，政府的"拐杖"作用强大，致使政府与市场主体的关系密切。应该说，"政府主导经济"是后发国家经济起飞时期的普遍模式，实践中也确实取得显著的经济成就，但是随着经济发展上升到更高阶段，政府干预经济的程度和范围理应逐渐减弱[①]。

在韩国，政府与财阀的互倚关系由来已久。朴正熙时代的"汉江奇迹"就是对威权体制下政商密切关系的注脚。几十年前，为了快速跻身于经济强国行列，性急的韩国选择扶持财阀以求重点突破，国家政策和资金向财阀倾斜，政府不遗余力为其保驾护航[②]。其后几十年，韩国政治转型，威权体制风光不再，但历史的惯性使政府与商界依然保持着撇不清的关系。确实有几届前任总统有意改变这种被人诟病的状况，但最终无法实现。即使他们自身尽力避免与商界发生纠葛、独善其身，也难以保证家人或亲戚涉案而致他们陷入被动境地。此种情形在卢武铉、金大中、金泳三总统身上体现得淋漓尽致，而总统本人全斗焕、卢泰愚涉嫌腐败被处刑罚，也正是官商勾结带来的恶果。朴槿惠弹劾案中，总统容忍其闺蜜（崔顺

[①] 石杰琳、秦国民：《经济发展方式转变与政府转型：角色转变和制度创新》，《中国行政管理》2014年第11期。

[②] 笪志刚：《总统难善终，非韩式民主的光荣》，2018年1月，http://opinion.huanqiu.com/1152/2017-03/10365951.html。

实有财团背景）干政，致使韩国民众心理受伤，加上朴总统被指控向一些大型企业逼捐给其闺蜜控制的机构，更让人难以容忍其公权私用的行为，不能不激起民众的强烈反应。其实，"亲信干政"只是韩国现行体制下政商关系的派生物而已，涉嫌受贿特别是朴槿惠涉及三星、乐天等韩国大企业的贿赂事件恰是韩国式政商关系的反映，"亲信干政"事件和向大财团"逼捐"，暴露出韩国政府决策体制的弊端及政府管理经济职能的错位。

不可否认，财阀为韩国经济腾飞做出过突出贡献，也在韩国经济体制中扮演着重要的角色。但韩国财阀与政府之间的胶着关系，不仅挤压着众多中小企业的发展空间，而且事实上也是造成权钱交易、互谋利益的"黑金政治"现象不绝的根源。朴槿惠执政之初，宣称打造"创新经济"、推动"经济民主化"、限制财阀。然而，几年过后，创新经济中心的动力不足，财阀体制依然根深蒂固，即便是财阀企业债台高筑、竞争力下降，朴槿惠"并不打算改变它们的所有权结构以及对韩国经济的垄断状况"[1]。三星、乐天、SK等企业集团为两大涉腐基金会捐款是贿赂行为，而贿赂者自然有获取政府让利和某些特权的盘算。政商合流是引致朴槿惠总统犯案及其被弹劾下台的原因之一。实践证明，要改变政商合流的现状，必须要让政府转型，收起"拐杖"，放权于市场。

三　政党政治斗争：反对党、在野党联合火攻

政党政治是通行于欧美国家的政治活动范式，它是欧美国家政府体制运行的依托环境，甚至说是政府体制运行的构成内容，因为现代西方国家的政府都是"政党政府"。韩国的政党政治形同欧美国家，也是多党竞争选举、轮流上台执政，但与欧美国家政党竞争较多集中在意识形态倾向、政策主张的分歧上面不同，韩国政党竞争更多涉及

---

[1] 李枏：《朴槿惠下台：是非功过怎评说》，《世界知识》2017年第7期。

韩国总统朴槿惠被弹劾的政府体制之源

对政府成员的腐败和滥用权力的监督、特别是注重对前任总统的罪行追讨或对现任总统的违宪行为实施弹劾。应该说，反对党、在野党的监督和批判是迫使执政者自律的有效途径，也是韩国民主政治发展进程不可缺少的动力，但韩国式的政党政治加上其"血性"的民族性格，就使其政党之间的分歧和争斗往往不易调和和消弭，理性的低成本的朝野协商难以达成，这给韩国政治所必需的妥协带来了极大的困扰[①]。

一般说来，总统任期将满之际，也是各政党展开下届总统竞选、制造竞选话题的启动之时，各政党不会放过任何机会寻找政敌的把柄和漏洞。而执政者进入第四年即进入政治资源相对不足的权力跛脚鸭时期，往往容易遭到攻击[②]。此次总统朴槿惠被弹劾，正是国会中反对党、在野党联合开火取得的胜利。反对党、在野党以国会为阵地，联合行使国会的弹劾权以扳倒执政党。应该说，议会政治与政党政治相交织，是现代西方式民主模式的常态运行，而且在野党、反对党也只有借用议会这个阵地和运用议会拥有的法定权力，才能对执政党形成强大的杀伤力。在韩国，朴槿惠及其历届韩国总统的命运结局都折射出韩国总统与国会、执政党与反对党、在野党互动关系的复杂性。由于"亲信门"丑闻、"世越号"事故中总统应对不力以及被控接受Mir财团、K体育财团贿赂等事件发酵，2016年12月3日，韩国三大在野党即共同民主党、国民之党、正义党及无党派议员向国会提交对总统朴槿惠的弹劾动议案，指责朴政权执政不力、违反宪法和法律，结果是国会以234票赞成、56票反对、2票弃权、7票无效宣布通过弹劾议案，朴槿惠遭到停职，由国务总理黄教安代行总统职务。此次国会弹劾权的成功实施，成为韩国国会有力制约执政党政府权力的又一个例证，而反对党、在野党的策略也助推了国会之外要求朴槿惠下台的公众呼声高涨。

---

① 于海洋：《韩国大选60天：道德造神运动的又一个轮回？》，《中国新闻周刊》2017年第10期。

② 洪静：《韩国总统非正常遭际的类型及影响因素——从朴槿惠弹劾案说起》，《当代世界》2017年第3期。

当然，这次弹劾案能在国会内顺利通过，也与执政党内部发生严重分化即"倒朴派"与"拥朴派"决裂有直接关系。本来执政的新国家党在 2016 年 4 月 13 日第 20 届国会议员选举中未能获得 300 个议席中的半数席位，而使在野的共同民主党一跃成为国会第一大党，这就为日后国会成功实施弹劾权提供了有利条件。加之朴槿惠所属的新国家党的非主流议员也支持表决总统弹劾案，表明一部分本党议员已与朴槿惠划清界限，"非朴"势力赞成反对党、在野党的主张，有助于推动弹劾进程。

四　公民参与：舆论的压力推动了弹劾案的进行

在弹劾朴槿惠案中，反对党、在野党使用国会的弹劾权力向朴槿惠总统及其执政党追责，属于体制内政党力量的抗衡，同时也是三权分立架构下部门之间"以权制权"的体现；而民众发起的街头集会"倒朴"行动可被视作体制外的压力与诉求。常言道，"水能载舟，亦能覆舟"。四年前，朴槿惠在韩国国会广场就任总统时踌躇满志地宣示自己的治国理念，这即经济振兴、国民幸福和文化兴盛，人们期望着"一个充满希望的新时代"来临。然而，四年之后，韩国财政赤字逐步扩大，国家债务增加，经济发展停滞，2016 年失业人口突破百万人[①]，加之《劳动法》改革及文化界黑名单等问题，民众对朴槿惠政府的失望随着"亲信干政"丑闻、"世越号"事故以及接受 Mir 财团、K 体育财团贿赂事件的发酵而加剧，终酿成规模宏大的"倒朴"运动。作为一个民主国家，政府执政的合法性来自于公民授权与赞同。伴随韩国的政治民主化转型，媒体与言论日益开放，民众政治参与的权利得到保障，特别是韩国中产群体随着经济发展而成长壮大，并有强烈的政治参与要求。此次"亲信干政"事件一经媒体曝光，立即引起民众大规模声讨。在国会通过总统弹劾案后，韩国市

---

① 李栩：《朴槿惠下台：是非功过怎评说》，《世界知识》2017 年第 7 期。

民首次举行游行活动，之后多次举行烛光集会，全国参与"反朴"集会的总人数累计超过一千万人次。支持弹劾总统的民众通过街头抗议、集会游行等表达诉求迫使韩国检方尽快查明真相；之后，民众再次聚集在宪法法院门口示威，为弹劾案造势，敦促宪法法院最终批准弹劾。可以说，在朴槿惠去留问题上，街头政治的舆论压力发挥了不小的作用，一定程度上直接推动了朴槿惠下台。

当然，在弹劾案审理过程中，"倒朴"民众与"拥朴"民众之间的撕裂已经显现，政见分歧严重。这种情况将对韩国日后的国内政治实践产生消极的影响，无论谁上台、谁执政，都无法避免显性或隐性的民众整合危机。

五 司法独立运作：宪法法院最终定案

探究一个国家的政府体制，除了政府（狭义）与立法机关的关系是必须的关注点外，政府与司法机关的关系也是政府体制研究不可或缺的内容。与英美法系国家不同，韩国同德国等大陆法系国家一样设有宪法法院，此机构对宪法争端拥有管辖权，是保障宪法实施的最高司法机关。1988年9月，韩国宪法法院（前译宪法裁判所）成立。韩国宪法规定，为保障司法之独立，大法官由大法院院长提名，经国会同意后，由总统任命；大法院院长及大法官以外的法官，经大法官会议同意后，由大法院院长任命。新增设大法官之职位及大法院院长、大法官以外之法官，须经大法官会议同意后，大法院院长才能予以任命规定，以免总统过分干预法院的人事而影响司法权之独立。不难看出，韩国政府与司法机关的关系调处以"司法独立"原则为基础。其中，违宪审查制度的履行主体——韩国宪法法院——独立运作，不受国会和总统的约束，契合三权分立的制度逻辑。

韩国宪法法院拥有五个方面的司法权限，其中之一就是裁定对总统、总理和法官的弹劾，它是弹劾过程的最后一个程序，决定着总统弹劾案的成功与否。2017年3月6日，韩国独检组公布调查结果，确认朴槿惠涉嫌滥用职权、泄露公务机密等8大嫌疑，并有收受贿赂、违反医疗法等5项嫌疑，共涉嫌13项罪名。宪法法院对弹劾总统朴槿惠的指控一一判断，最终作出裁决。宪法法院代理院长李贞美宣读判决书时指出，朴槿惠允许没有公职在身的亲信崔顺实干预国政，滥用总统职权；崔顺实审阅和修改属于公务机密的资料和文件，干涉总统的职务；朴槿惠与崔顺实合谋，从大企业收受486亿韩元贿款，介入崔顺实掌握的两个财团成立过程，并协助崔顺实谋取私利，等等。宪法法院鉴于朴槿惠在任内做出的违宪、违法行为，决定罢免朴槿惠。韩国宪法法院一锤定音，彰显了宪法保障机关的至上权威。2017年3月12日晚，青瓦台见证了韩国现任女总统被弹劾下台和离去。

六 结语

朴槿惠总统弹劾案是2017年最具国际关注度的政治事件。它由"亲信干政"事件引发，并拔出萝卜带出泥地挖掘出一系列失职、违法行为，随后，反对党、在野党全力开火，实施国会弹劾成功；"倒朴"民众掀起宏大的追责声浪；宪法法院最终作出关键性判决，罢免朴槿惠总统职务。一场轰轰烈烈的体制内、外互动的"倒朴"斗争就此结束。

从政府体制的维度看，韩国总统制颇具特色。总统作为国家元首，独居三权之外，却没有法国总统般高高在上的地位。国会有权弹劾总统，而总统无权解散国会。国会与总统权力的不平衡配置，有助于解释韩国总统的非正常遭际何以轮回浮现，以至于被人冠之"总统难善终"的魔咒。其实，更大的不平衡也体现在韩国经济、政治体制的民主化程度发展不一上面，而总统正是这种不平衡结构的集中代表，这也是与朴槿惠弹劾案相关的深层次因素。韩国经济民主化发展不足，是不容争辩的事实，中小企业的发展空间受制于大财阀的垄断。财阀经济与威权政治的结合曾是战后韩国经济腾飞的支撑要素，但也成为长期以来韩国政商合流弊端的历史根源。政府转型不到位，政府与市场的关系就难以摆正。与经济民主化的程度比较，韩国政治体制的民主化已经达到较高的水平。这不仅体现在基于主权在民原则而赋予国会强大的权力，包括对总统的问责和弹劾追诉权，而且体现在政党竞争尤其是反对党和在野党对执政党的监督作用、民众政治参与的热情及其民意诉求的效能都比许多后发国家有过之而无不及。不过，韩国政治生态的特色性，比如周期性循环的政党清算、政治极端化倾向，高度地域认同的选举文化及民意基础，亢奋的街头抗争、分裂对峙的民众参与，等等，是否是韩国民主模式的"辉煌"，着实是其政治发展进程中值得深思的问题。

日本历史观何以与德国大相径庭[*]

战后几十年来，每当日本国内出现了歪曲历史、美化侵略的言论，或是发生了历史教科书事件，或内阁官员参拜靖国神社时，人们总要问到这样一个问题，日本对待战争历史的态度为何与德国不同？众所周知，德、日两国同是半个多世纪前那场战争的发动者和战败国，都被战争打得一败涂地，都被异国占领，又都在一片瓦砾中重建了自己的国家，并创造了经济奇迹，被人们称作"两个战败国的崛起"。但是，德、日两国的历史观却大相径庭。德国人在战后全面和深刻地反省了纳粹犯下的滔天罪行，做出了很多努力勇敢地面对"最深的耻辱"，从而使德国赢得了国际社会的认可和尊重。而日本的所作所为却难以取信于世界。德、日两国对历史的反省和认罪态度为什么有如此大的差异呢？笔者认为，原因是多方面的、深刻的。

一　战后德国法西斯主义受到了彻底清算，而美国的扶日反共政策造成对日本军国主义罪行及思想的清算不彻底

战后初期，反法西斯同盟彻底摧毁了纳粹德国的军事、政治、司法等体系，这是德国能够否定纳粹、完全认罪的基础。盟军起诉了德国战犯，解除了德国武装，摧毁了旧的国家机器，还制定了相关的法律禁止宣传纳粹思想。正是盟国对德国进行了彻底的"非纳粹化改

---

[*] 原载《决策探索》2005年第12期，作者石杰琳，收录本书时略有改动。

造",德国成为一个崭新的共和国。此外,为了永远追究纳粹的罪行,1958年11月德国建立了"追查纳粹罪行总部",开始对数以万计的案件进行调查,并于1964、1969年两次修改刑法,延长杀人罪的时效,1980年又取消杀人罪的时效,结果是逃亡国外甚至隐姓埋名多年的纳粹分子不断伏法。德国对纳粹法西斯主义罪行的彻底清算,为战后德国人确立正确的历史观奠定了基础。而日本不同。战后初期,盟国对日本的处理不是采取德国式的分割或划分占领区,而是由美国独家占领。虽然日本军事综合体被清除,一个自由议会制政权建立起来。但是,战后日本的政治体制中仍保留了天皇作为最高的国家代表,事实上,天皇对战争负有不可推卸的责任,保留天皇制恰恰是战后日本人不愿意承认其侵略战争历史的背景之一。随着美苏冷战的开始,美国出于把日本改造成自己在远东反苏、反共基地的考虑,遂调整初衷打击和削弱日本的政策,致使对日本的改革措施半途而废。1950年3月,美国盟军最高司令部下令释放了所有在押战犯。结果是除东京审判对28名甲级战犯进行审理和判决外,已经在押的其他重要战争嫌疑犯陆续予以释放,这些在策划、发动侵略战争中负有重要责任的战争嫌疑犯重新回到社会,一批战犯、旧军人、旧职员后来再次进入政界。美国当年的实用主义做法,造成日本军国主义思想和罪行没有得到彻底的清算和批判,这是战后几十年来日本在历史问题上麻烦甚多的历史原因。

二 德国被融入一个强大的欧洲国家集团中,而日本在亚洲的政治地位始终是孤立的

战后西欧国家联合图强,从欧共体发展到欧盟,把德国"控制"在一个强大的国家集团中,是防止德国重新"失控"的重要组织措施。借用国家集团的力量制约某个国家的不良倾向的发展,乃是欧盟成员国对历史反思的结果。而德国也认识到它须融入欧洲,否则就不能生存;只有以强大的欧盟为依托,德国在战后的国际舞台上才能发挥重要国家的作用。为融洽与邻国的关系,德国必须正视历史问题,

这是德国与邻国实现经济一体化、政治一体化的前提。为此，德国先后向波兰、俄罗斯、捷克斯洛伐克等受害国和受害的犹太民族支付了巨额赔款。德国领导人还在多种场合向受害国家的人民表示忏悔、道歉。德国对历史负责的态度，赢得了法国等邻国的宽容和信任，使当年由于德国的侵略给受害国人民造成的心理创伤慢慢地愈合。

而日本不同。战后亚洲没有一个类似于欧盟的经济、政治一体化的强大国家集团，日本没有被纳入一个强制自己与邻国和解的命运共同体，日本在亚洲的地位始终是孤立的，它的发展更多地依靠美国。战前它以"脱亚入欧"为荣，战后凭借美国的扶植获得发展，随着亚太经济的崛起，日本提出"脱欧入亚"，但它"融入亚洲"的口号并没有真正实现。尽管战后日本也曾向某些受害国支付了战争赔款，向包括中国在内的不少亚洲国家提供了经济援助，但日本并没有真正从思想深处认识到正视历史问题、弥合与邻国的感情隔阂是自己求生存求发展的必要。日本顽固不化的历史观与战后亚洲缺少一个能把日本与邻国"捆绑"在一起并能对日本形成制约的广泛合作框架不无关系。

三　德国社会和法律不容忍纳粹思想死灰复燃，而日本国内右翼势力活动的环境较为宽松

德国社会各阶层每年都要在集中营旧址、主要战场、博物馆、盟军和苏军的基地举行各种各样的纪念活动，提醒德国人不要忘记和忽视纳粹犯下的罪行。1994年，德国议会通过了《反纳粹和反刑事犯罪法》，以法律来限制纳粹的死灰复燃。对否认"奥斯维辛大屠杀"历史的人，可判5年徒刑。在德国为侵略历史翻案不属于言论自由。

而日本国内右翼势力的活动和言论可免于法律追究。早在1952年日本右翼团体的数量就达到2000个。1996年6月日本成立了有116名议员组成的"光明日本"议员联盟，其宗旨就是为侵略历史翻案。1997年1月右翼保守势力成立了"新教科书编委会"，日本的主要大企业为该编委会提供资金。日本的右翼势力不但有自己的组织，

还有自己的舆论阵地，如《全貌》《动向》《民族与政治》等杂志，经常发表否认历史美化侵略的言论。正是日本社会的放纵和法律的宽容，助长了国内右翼分子的恶性表现。

四　德国的民族主义在欧洲一体化进程中受到削弱，而日本的民族主义没有出现类似的动摇，尤其是"皇国史官"文化根深蒂固

德、日都有建立在种族基础上的民族主义的长期历史。希特勒时期，正是德国民族主义的恶性膨胀，成为其向外侵略的动因。但战后德国的民族主义在欧洲一体化进程中遭到削弱，很大程度上是出于遵守欧洲集体文化新标准的需要。而日本文化则没有遭到邻国要求修改他们标准的集体压力。德国人具有的欧洲公民乃至世界公民倾向与日本狭隘的大和民族意识形成了鲜明的对照。此外，德国的罪感文化和真理观的至上性与日本的耻感文化和真理观的模糊性之间的反差，也是造成两国不同历史观的文化背景因素。尤其是日本的"皇国史观"文化，是造成日本与德国的反省态度截然相反的根本原因之一。"皇国史观"文化使许多日本人不愿意进行"自我虐待和否定"，一些旧军人死抱着当年侵略别国时形成的错误战争观，不但麻醉自己，还愚弄年轻一代。在今天右翼编写的新历史教科书中仍大肆宣扬皇室"是日本在世界上优秀的原因"。正是"皇国史观"文化作祟，几十年来日本国内屡次出现歪曲历史、美化侵略的教科书事件。

五　德国政治家具有远见卓识，日本政治家尤其是某些新生代政治家缺乏对历史负责的意识

德国政治家对待战争历史的态度始终明朗，从没翻过案。从勃兰特总理在华沙犹太人纪念碑前下跪谢罪，到魏茨泽克总统对纳粹受害者的真诚忏悔，德国政治家正视历史，创下了不少众口皆碑之举。1995年德国政府在柏林市中心修建"恐怖之地"战争纪念馆，专门

揭露纳粹的种种暴行。2005年又在柏林修建大屠杀纪念碑。施罗德总理在出席华沙起义60周年纪念仪式上发表讲话，说德国对纳粹军队的暴行感到羞愧，并表示德国"再也不会犯这样可怕的错误了"。几十年来，正是在德国政治家们的影响和带动下，正确的历史观在德国民众中拥有广泛的基础，那些煽动极端民族主义的思想言行一旦出现，就会像老鼠过街一样人人喊打。

而日本政治家在罪行的招认上，总是吞吞吐吐，遮遮掩掩，更有一些政要再三发表为侵略罪行辩护的言论，制造所谓的"失言"闯祸事件。如1986年文部大臣藤尾正行为南京大屠杀狡辩，说"南京事件的真相还不清楚"，"从国际法上讲战争中杀人不算杀人"；1988年国土厅长官奥野诚亮发表言论，称"日本从不是一个侵略国家"，"日本是被白种人所迫，不得不以军事力量对抗"；1994年法务大臣永野茂门叫嚣，把太平洋战争"定为侵略战争是错误的"，日本"是为了解放殖民地以确立大东亚共荣圈"；3个月后，环境厅长官樱井新又大放厥词，言"不应只认为日本坏"，"与其说侵略战争，毋宁说几乎所有的亚洲国家托它的福，从欧洲的殖民统治获得独立"。2005年厚生劳动省政务官森冈正宏也口出狂言："甲级战犯所谓的反和平、反人类罪全是占领军随心所欲编造出来的。"诸如此类，名曰"失言"，实则是他们内心真言。德国领导人每年都出席在苏军、盟军纪念碑前的悼念活动，而日本首相小泉每年都去参拜供奉有甲级战犯灵位的靖国神社；德国没有纳粹的纪念物和墓碑，而日本有着所谓的"七士之碑"，纪念被绞死的7名甲级战犯。日本某些政治家对历史不负责任的态度，使日本政界和社会长期存在着一股美化侵略历史的逆流。

六 日本的国民性，也是造成日本与德国历史观差异的重要因素

日本是一个非常讲究现实的国家。国民性的两面，表现出一手拿剑的蛮横，另一手捧花的谦卑。在弱者面前，它高傲自大；在强者面

前，它俯首称臣。战后日本经济起飞，从一个遭受战争沉重破坏的国家经济一跃发展成为赫赫有名的经济大国，日本民族自豪感、优越感油然而生，新民族主义、大国主义也随之膨胀。20世纪80年代初期日本明确提出"从经济大国向政治大国迈进"的口号，要在国际舞台上发挥与其经济大国地位相称的政治大国作用。随着大国意识的增强，一些日本人错误地认为，承认侵略并向亚洲国家谢罪是"自虐"行为，会矮化日本，丑化日本的形象，妨碍日本成为"堂堂正正"的大国和在国际新秩序中发挥"领导作用"，因而他们发出"（"二战"时）日本不是败给中国，而是败给美国的现代化武器和雄厚的物质力量"的叫嚣。日本人骨子里蔑视亚洲的潜意识，使它难以做到向亚洲受害国家低头认罪。

　　半个多世纪过去了，尽管期间日本的某些领导人也数次就侵略战争向受害国人民表示过口头上的道歉和反省，但总是难以落实在行动上。德国总理施罗德这样讲过：牢记纳粹时期、牢记战争、种族灭绝和各种罪行已经成为我们民族认同的一部分。"这是永久的道义责任"。日本应该以德国的历史态度为借鉴，拿出直面历史的勇气来，真诚地反省过去，改善自身形象，只有正视历史，以史为鉴，才能开拓未来。

个人能动与民间外交

国际使命：史沫特莱来华的前因后果[*]

艾格尼丝·史沫特莱（Agnes Smedley，1892—1950），美国左翼新闻记者、作家、革命活动家，1928年年底来到中国，1929年5月到达上海。之后，她与中国革命紧密地联系在了一起，直到1950年在英国逝世。长期以来，史学界对史沫特莱是否身负共产国际的使命来华，以及她与共产国际的关系存在争论。随着共产国际档案资料的解密，以及一些与史沫特莱关系密切的友人的回忆录陆续问世使上述问题的来龙去脉逐渐清晰起来。

一 来华原因：受命于共产国际

关于史沫特莱来华的原因，以及她与共产国际的关系一直模棱两可，存在争论。美国历史学家麦金农夫妇认为，她仅仅以记者的身份来到中国。她的计划是到中国去采访报道，并帮助把印度人安置在条约口岸，和南京的民族主义者建立联系，把中国的革命信息传到印度。[①] 另外，麦金农夫妇还认为，史沫特莱是一个全球活动的自由撰

---

[*] 节录任中义博士学位论文《史沫特莱与中国共产党关系研究》第二章，郑州大学，2015年，收录本书时略有改动。

[①] ［美］简·麦金农，斯·麦金农：《史沫特莱传》，江枫、郑德鑫等译，辽宁人民出版社1991年版，第179—180页。

稿革命家，她本人既不是共产国际的也不是共产党的成员。① 麦金农夫妇用十几年的时间研究史沫特莱，他们走访了几乎所有史沫特莱在美国、中国生活和交往过的友人，查阅了史沫特莱和美国友人的通信往来。在麦氏的史沫特莱传记中引用了很多史沫特莱当年和美国友人之间的通信。麦金农夫妇据此完成的《史沫特莱传》也是一本可靠性较高，和传主生平事迹较为吻合的学术著作。然而，麦氏《史沫特莱传》写作于20世纪80年代，彼时苏联和共产国际的一些档案资料尚未公布，难以查阅大量苏联和共产国际的档案，因此对一些问题的看法尤其是史沫特莱与共产国际关系的论述不免有所偏颇。

美国另一位研究史沫特莱的专家鲁特·普拉斯（Ruth Price）基于她从德、美、俄、日等国搜集到的史料，并且利用了20世纪90年代解密的共产国际档案认为史沫特莱在德国时就与共产国际有联系。她指出，1925年下半年史沫特莱从丹麦回到柏林后，虽然在感情生活上与查托决裂，但仍然信赖后者的政治决断②。1927年，经查托推荐，史沫特莱结识了德国共产党员威利·明曾伯格（Willi Muenzenberg），也得以认识供职于苏联驻柏林大使馆、实际为第三国际下属机构国际联络局工作的雅各布·马洛夫—阿布拉莫夫（Jacob Mirov—Abramov）。出于对中国革命的信心，她开始参与第三国际的对华工作，但不愿意加入任何党派。③ 史沫特莱在回忆录中也提到她参加德国共产党的活动："我被卷入印度革命的漩涡已久，加上寄身德国的动乱生活，这时又加上中国革命的新因素，就在这时，我参加了中德两党年青的共产党员们在柏林种种各持己见、有时挥拳动武的辩论集会。"④ 1927年，第一次国共合作破裂，共产

---

① [美]简·麦金农、斯·麦金农:《史沫特莱传》，江枫、郑德鑫等译，辽宁人民出版社1991年版，第194页。

② Ruth Price, *The Lives of Agnes Smedley*, New York: Oxford University Press, 2005, p. 144.

③ Ibid., pp. 153, 156.

④ [美]史沫特莱:《史沫特莱文集》（1），袁文、贾树榛、袁岳云译，新华出版社1985年版，第24页。

国际使命：史沫特莱来华的前因后果

国际在中国的影响力下降，需要安排持有非苏联护照、享有治外法权的外国人在华工作。阿布拉莫夫出面建议史沫特莱前往中国，帮助共产国际建立新的交通线和联络途径。由于史沫特莱的无党派身份更为便利一些，所以没有人要求她加入德国共产党或美国共产党。[①] 中共六大之后，斯大林在中共中央的要求下同意共产国际继续向中国派驻自己的代表，但不希望苏联人直接卷入这样一种容易进一步引起严重政治纠纷的国际行动，因而坚持派驻中国的代表通常不应当是俄国人。共产国际也特别规定，今后的代表不再负有明确的领导责任，而主要是帮助工作，主要起上传下达的联络作用。[②] 1928年6月，史沫特莱在离开美国、非法居留德国8年之后，终于拿到了她的美国护照。此时她相信，共产国际是为世界各国受压迫人民而战的最有力武器。[③]

共产国际内部负责远东各国共产党事务的部门是东方部和联络部。联络部的负责人是权力很大的共产国际副总书记，人称"老板"的皮亚特尼茨基。而在联络部之内，还有一个国际交通处，主任是阿布拉莫夫。[④] 在已解密的共产国际档案中有许多共产国际执委会远东局与皮亚特尼茨基的来往信函提到和讨论史沫特莱在华的工作安排问题。史沫特莱是1928年11月来中国的途中在莫斯科停留期间见到了皮亚特尼茨基。[⑤] 1932年5月，佐尔格给皮亚特尼茨基的信中，建议利用史沫特莱来做国际范围的报刊工作。[⑥] 1933年5月，史沫特莱从

---

① Ruth Price, *The Lives of Agnes Smedley*, New York: Oxford University Press, 2005, pp. 160 – 161.
② 杨奎松：《牛兰是共产国际远东局负责人吗？——兼谈三十年代前半期共产国际在上海的远东局》，《党史研究资料》1994年第11期。
③ Ruth Price, *The Lives of Agnes Smedley*, New York: Oxford University Press, 2005, pp. 160, 164.
④ 杨奎松：《牛兰是共产国际远东局负责人吗？——兼谈三十年代前半期共产国际在上海的远东局》，《党史研究资料》1994年第11期。
⑤ Ruth Price, *The Lives of Agnes Smedley*, New York: Oxford University Press, 2005, pp. 169 – 170.
⑥ 中共中央党史研究室第一研究部译：《联共（布）、共产国际与中国苏维埃运动（1931—1937）》第13卷，中共党史出版社2007年版，第158—159页。

上海动身前往苏联,准备在那里完成她的第二部关于中国的作品《中国红军在前进》(China's Red Army Marches)。5月中旬,共产国际执委会远东局书记埃韦特(Arthur Ewert)在给皮亚特尼茨基的信中说,请您与艾格妮丝·史沫特莱谈谈她在中国今后的工作,让他得到一些文学方面的长期任务,这可以保证她在这里待下去,并像从前一样,可以利用她为中国做一般的工作。并请您帮助她与苏联文学界建立联系;让她能在高加索休息几个月,以完成她关于中国的书。① 由于埃韦特报告使得史沫特莱能够在苏联度过10个月的时间。1935年5月9日,共产国际执委会主席团委员贝克给阿布拉莫夫的《关于上海工作的报告》不但有专门篇章报告史沫特莱的情况,而且有大量篇幅报告了自己在红色工会国际系统工作的一年间与史沫特莱在工作上的联系,以及史沫特莱帮助梁朴、艾尔文和自己离开上海回到莫斯科时办理护照和船票的情况。②

从20世纪30年代与史沫特莱有亲密交往的其他友人的回忆录中,也可以看出她初到上海是肩负共产国际使命的。史沫特莱的好友陈翰笙说:"这时,我不知道史沫特莱在为第三国际工作,史沫特莱也不知道我是第三国际的,然而对和平、进步事业的关注,使我们结下了深厚的革命情谊。"③ 陈翰笙是1925年由李大钊介绍秘密加入共产国际,做地下工作的。在陈的回忆录中多次提到,史沫特莱与德国共产党、共产国际的联系。茅盾在回忆录中也指出:"自从一九三〇年夏我与史沫特莱第一次见面后,我们之间的交往日益频繁,我们之间的友谊也愈益深厚。那时她名义上是《佛(法)兰克福报》的记者,实际为共产国际工作。"④ 据革命文学翻译家董秋斯的女儿董仲民回忆:"1931年,董秋斯和蔡咏裳经史沫特莱介绍,参加了共产国

---

① 中共中央党史研究室第一研究部译:《联共(布)、共产国际与中国苏维埃运动(1931—1937)》第13卷,中共党史出版社2007年版,第431页。
② 同上书,第412—426页。
③ 全国政协文史和学习委员会编:《四个时代的我:陈翰笙回忆录》,中国文史出版社2012年版,第52页。
④ 茅盾:《我走过的道路》(中),人民文学出版社1984年版,第301页。

际东方局的工作,受东方局负责人佐尔格直接领导。从此,他们辗转于广州、上海、香港、澳门等地,进行秘密工作,蔡还去过莫斯科。"① 史沫特莱在上海的好友乌尔苏拉·汉布尔格夫人(Ursula·Hamburger,曾用鲁特·维尔纳的笔名出版回忆录《索尼娅的报告》,中译本名为《谍海忆旧》),是德国共产党地下工作者。1930年汉布尔格夫人来到中国后失去了和上级党组织的联系,史沫特莱将她介绍给佐尔格情报小组。汉布尔格在回忆录中说:"艾格尼斯知道我十分期待着同党组织取得联系,于是就帮我找到了一位完全信得过的共产党人。他就是理查德·左尔格。"② 结识了理查德之后,我听说他接到共产国际的通知,欢迎我参加工作。③

从共产国际的档案和这些当事人的回忆录中可以看出,史沫特莱在20世纪30年代是受命于共产国际来到中国,名义上为《法兰克福报》驻中国的记者,实际上却一身两任,秘密效力于共产国际。

二 外围联络员:效力于佐尔格情报小组

史沫特莱在上海期间,秘密为共产国际执委会远东局从事联络工作。她曾是理查德·佐尔格从事情报工作的得力助手。1930年,佐尔格以《德意志粮食报》驻中国通讯员的身份来到上海,而他的真实身份却是苏联红军总参谋部第四局的情报特工,在中国与共产国际远东局有重要的合作关系。苏联红军参谋部第四局不仅仅是为苏联搜集中国的各种情报,而且还讨论和分析中国共产党的军事和政治斗争等状况,向共产国际决策层提出报告和建议。它对中国的工作性质和共产国际有着密不可分的关系。④

---

① 董仲民:《忆我的父亲、革命文学翻译家董秋斯》,《纵横》2007年第1期。
② [德]鲁特·维尔纳:《谍海忆旧》,张黎译,解放军文艺出版社2000年版,第37—38页。
③ 同上书,第40页。
④ 王新生:《李德来华的身份及任务新探》,《近代史研究》2009年第1期。

史沫特莱为佐尔格组建情报网发挥了极为重要的作用。佐尔格说："早在欧洲时，我就听说过她。我知道，她是一个值得信赖的同志。我在上海建立小组时，特别是在选择中国助手时，无疑需要她的帮助。我尽可能多地认识她的年轻的中国朋友，并尽力先认识那些准备同俄国人一道为左派事业进行合作的人。"① 史沫特莱引荐许多左派人士进入佐尔格的情报系统。德国共产党地下工作者汉布尔格夫人在回忆录中说："佐尔格问我能否在危险情况下参与工作，尽国际主义义务……在我以某种生硬的态度做出肯定答复之后，他仔细谈了在我们住宅里与中国同志接头的可能性。我的任务只是提供房间，并不参与谈话。此后不久，便开始了会面。这类会面在理查德·佐尔格领导下进行了两年，直到1932年底。"② 为了对佐尔格小组的秘密工作做好掩护，汉布尔格和丈夫罗尔夫于1931年4月1日搬到了法租界霞飞路1464号。佐尔格和他的同伴们每周在这个房子里聚会一个下午，有时中间还插入长长的休息。汉布尔格则不参加这种谈话，只是担任警戒工作不让同志们受到干扰。③ 佐尔格小组在这个房间里把从各个不同的渠道收集到的情报，特别是日军的动向和部署的情况，加以分析整理，然后再通过秘密的方式传递到莫斯科总部。

陈翰笙认识佐尔格，并为其提供帮助，也得益于史沫特莱的引荐。陈翰笙回忆说："通过史沫特莱的介绍，我又认识了传奇式的人物里哈尔德·左尔格。……左尔格早年投身革命，为第三国际和苏联做情报工作。他的公开身份是经济学家，来中国研究银行业务的。实际上，他在搜集国民党政府武装力量的资料、观察最高军事指挥部的人事变化。"④ 陈翰笙也证实佐尔格在史沫特莱的帮助下，

---

① [德]尤利乌斯·马德尔：《佐尔格的一生》，钟松青、殷寿征译，群众出版社1986年版，第44页。
② [德]鲁特·维尔纳：《谍海忆旧》，张黎译，解放军文艺出版社2000年版，第39页。
③ 同上书，第41—42页。
④ 全国政协文史和学习委员会编：《四个时代的我：陈翰笙回忆录》，中国文史出版社2012年版，第53页。

国际使命：史沫特莱来华的前因后果

认识了一批中国进步人士，为其提供情报工作提供了便利。① 1932年2月，史沫特莱还曾让陈翰笙与佐尔格接头，由陈陪同佐尔格前往西安秘密会见杨虎城，并由中共地下工作者南汉宸负责了接待。② 陈翰笙在1934年冬天辞去国民政府中央研究院社会科学研究所的工作之后，佐尔格通过史沫特莱，动员他去日本东京，为第三国际做工作。③ 史沫特莱还介绍了中共地下工作者张文秋给佐尔格情报小组。佐尔格曾不止一次地讲到："这个张一萍（张文秋的化名），是我们在中国的出色合作者！多有几位这样的同志就好了！"佐尔格也没有忘记史沫特莱的举荐，又说："应该感谢她，她帮我找到了一个最合适的合作者"。④

佐尔格亚洲情报工作的联系人多数是通过史沫特莱物色的，其中包括最重要的一位尾崎秀实。史沫特莱的好友石垣绫子回忆说，史沫特莱到上海不久，就和日本共产党的重要人物尾崎秀实关系密切，并将他介绍给了佐尔格。⑤ 夏衍在回忆录中也谈到，尾崎秀实在当时是在上海的日本共产党和日本进步人士的核心人物，后来参加了第三国际远东情报局，和史沫特莱有经常的联系，并把一些国际上的革命动态告诉我们。⑥ 尾崎秀实后来成为佐尔格在日本谍报生涯的最好搭档和得力助手。佐尔格对他有这样的评价："尾崎是我的第一位，并且也是最尊敬的助手……不管是在工作上，还是私人交往上我们始终保持着密切的关系。他向我提供了有关日本人的最详尽的、完整而有意思的情况。我们相识后，便成了莫逆之交。"⑦

---

① 全国政协文史和学习委员会编：《四个时代的我：陈翰笙回忆录》，中国文史出版社2012年版，第53页。
② 同上。
③ 同上书，第56页。
④ 晓农：《张文秋与"国际红色间谍"佐尔格》，《党史天地》2003年第5期。
⑤ ［日］石垣绫子：《一代女杰——史沫特莱传》，陈志江、李保平、江枫译，光明日报出版社1992年版，第217—224页。
⑥ 夏衍：《懒寻旧梦录》（增补本），生活·读书·新知三联书店2000年版，第102页。
⑦ ［德］尤利乌斯·马德尔：《佐尔格的一生》，钟松青、殷寿征译，群众出版社1986年版，第48页。

无疑，史沫特莱为佐尔格情报小组寻找了许多人才，对佐尔格获取情报起到了重要作用。据董秋斯的女儿董仲民的回忆："佐尔格于1930年至1933年在中国工作。1931年，他曾设法帮助红军，将从德国运给国民党军队的两万支枪和上千箱子弹转运到了中央苏区。1932年，他曾提供情报，破坏了蒋介石的德国顾问苦心经营的'大炮计划'，使赣南红军指挥部免遭损害。"① 1933年初，佐尔格被调往日本东京。在日本，佐尔格得到了尾崎秀实的大力帮助，把德国进攻苏联的确切日期和日本不会对苏联开战等重要情报传递给莫斯科。佐尔格在日本组织了一个有9个国家的人参加的'国际主义反战小组'。这个小组在日本活动了8年，共发出23000多份秘密报告，对伟大的反法西斯战争做出了贡献。一直到1941年，这个特工小组才被破获。②

史沫特莱还为牛兰夫妇被捕一案，积极奔走。牛兰（Hilaire Noulens，本名雅各布·马特耶维奇·鲁德尼克）夫妇于1931年6月15日被上海公共租界警务处英国巡捕逮捕。牛兰其实是共产国际联络部国际交通处主任阿布拉莫夫手下的一名重要联络员。③ 牛兰手中掌握大量共产国际的绝密文件，这些文件一旦被搜出，后果将不堪设想。7月3日，共产国际执行委员会政治书记处政治委员会决定，救援6月15日在上海被捕的鲁德尼克夫妇，为使他们获释所需要的经费从国际联络部的经费中拨出。④

营救牛兰夫妇既有公开的、也有地下的活动——外国方面由理查德·佐尔格领导，中国方面是潘汉年。佐尔格参与营救牛兰的工作是共产国际指派的任务。⑤ 杨天石在其著作中也指出，为了营救

---

① 董仲民：《忆我的父亲、革命文学翻译家董秋斯》，《纵横》2007年第1期。
② 全国政协文史和学习委员会编：《四个时代的我：陈翰笙回忆录》，中国文史出版社2012年版，第59页。
③ 杨奎松：《牛兰是共产国际远东局负责人吗？——兼谈三十年代前半期共产国际在上海的远东局》，《党史研究资料》1994年第11期。
④ 中共中央党史研究室第一研究部译：《联共（布）、共产国际与中国苏维埃运动（1927—1931）》第10卷，中央文献出版社2002年版，第339—340页。
⑤ 伊斯雷尔·爱泼斯坦：《宋庆龄——二十世纪的伟大女性》，沈苏儒译，人民出版社2008年版，第290—291页。

国际使命：史沫特莱来华的前因后果

牛兰夫妇，中共保卫部门和苏联红军总参谋部上海站迅速共同制定了计划，由潘汉年和该站工作人员里哈尔德·左尔格共同负责。① 1931年8月，宋庆龄回国后组织了营救牛兰夫妇委员会，公开地、合法地展开了营救活动。史沫特莱积极参与该委员会的活动。在委员会中同宋庆龄紧密合作的积极分子中有两位美国人，即艾格尼丝·史沫特莱和哈罗德·艾萨克斯（Harold R. Isaacs，伊罗生）。② 史沫特莱为营救牛兰夫妇多方活动。鲁迅在1932年3月28日的日记中曾记载，史沫特莱和金君来访，为商讨营救牛兰夫妇事③。乌尔苏拉·汉布尔格夫人在回忆录中也提到，牛兰夫妇被捕后，艾格尼丝给他的五岁的孩子买了一大堆礼物，像王子一样娇惯着他。④ 1932年夏，当史沫特莱在牯岭看到牛兰夫妇绝食的报道时，高度紧张竟无法吃饭，思考了一下午后决定立刻返回上海，帮助牛兰夫妇。⑤ 在中国民权保障同盟成立之后，营救牛兰的活动即以同盟的名义进行，不再以营救委员会的名义进行了。⑥ 史沫特莱是同盟的核心成员，继续从事营救牛兰夫妇的工作。

共产国际一直没有放弃对牛兰夫妇被捕案的关注。1932年8月1日，波波夫给共产国际执行委员会政治书记处政治委员会的书面报告指出："鉴于即将审理鲁埃格及其妻子（牛兰夫妇）的案子，尤其有这个必要，极需再拨款500美元。"⑦ 即便8月19日，牛兰夫妇被判处无期徒刑之后，共产国际营救牛兰的努力也没有停止。1933年4月8日，埃韦特在给共产国际执行委员会的报告中指出，鲁埃格和他妻子的状况很好。但是，试图采取释放他们的国民党内各色人物所作

---

① 杨天石：《蒋氏秘档与蒋介石真相》，社会科学文献出版社2002年版，第371页。
② 伊斯雷尔·爱泼斯坦：《宋庆龄——二十世纪的伟大女性》，沈苏儒译，人民出版社2008年版，第292—293页。
③ 鲁迅：《鲁迅日记》（二），人民文学出版社2006年版，第303—304页。
④ [德]鲁特·维尔纳：《谍海忆旧》，张黎译，解放军文艺出版社2000年版，第83页。
⑤ 同上书，第84页。
⑥ 朱正：《关于中国民权保障同盟的几件事》，《新文学史料》2006年第2期。
⑦ 中共中央党史研究室第一研究部译：《联共（布）、共产国际与中国苏维埃运动（1931—1937）》第13卷，中共党史出版社2007年版，第193页。

出的承诺，暂时还没有结果。① 尽管共产国际有关各方一直在努力营救牛兰夫妇，但始终没有结果。直到 1937 年 8 月 27 日，日本侵略军炮轰南京，牛兰夫妇才得以逃出监狱，辗转回到苏联。

至此，虽然没有直接的证据证明史沫特莱隶属于共产国际的哪个部门，直接受谁领导，但从已有的证据来看，至少可以说明史沫特莱在上海期间充当了共产国际的外围联络员，为共产国际执委会国际联络部的交通联络工作提供服务。1933 年 5 月，史沫特莱第三次来到苏联，受到莫斯科的热情欢迎。因为她在上海的出色表现，受到共产国际以及中共驻共产国际代表王明的表扬。② 直到 1935 年初，史沫特莱在华的工作仍然得到共产国际的赞可。1934 年，在她回美探亲期间，共产国际仍不断要求她返回上海主持共产国际资助的英文刊物的出版。

三　宣传中国苏维埃运动：史沫特莱与共产国际主办的两份英文刊物

大革命失败后，国民党对中国共产党领导的苏维埃运动实行严密的新闻封锁。中国共产党亟须要具有合法资格、能够公开发行的传播中国苏维埃革命的刊物。在这种背景下，1932—1937 年在上海先后出现了两份由共产国际提供资助的英文刊物《中国论坛》（*China Forum*，1932.1 - 1934.1）和《中国呼声》（*Voice of China*，1936.3 - 1937.11）。这两份刊物的创办与发行，都与史沫特莱有着密不可分的关系。茅盾在回忆录中说："三十年代先后在上海创刊的两个进步的英文刊物《中国论坛》和《中国呼声》，其幕后人都是史沫特莱。我和鲁迅与

---

① 中共中央党史研究室第一研究部译：《联共（布）、共产国际与中国苏维埃运动（1931—1937）》第 13 卷，中共党史出版社 2007 年版，第 398—399 页。
② Ruth Price, *The Lives of Agnes Smedley*, New York: Oxford University Press, 2005, p. 236.

这两个刊物发生关系,也是由于史沫特莱的介绍。"①

(一)《中国论坛》:共产国际对史沫特莱工作的赞赏

根据解密的共产国际档案,现已清楚,《中国论坛》是由共产国际提供办刊经费。在共产国际的档案中,多次提到给予《中国论坛》以经费资助。②它的办刊方向受到共产国际的严密监控③。从办刊动机来看,共产国际宣传中国苏维埃革命的政治需要,是催生《中国论坛》这份刊物的主要动因。它所登载的有关中国苏维埃革命的内容,主要由共产国际或者中共地下党组织提供。④共产国际为论坛的创办提供经费资助和指导,是《中国论坛》能够出版发行和存在的基本条件。

1932年1月13日,《中国论坛》在上海法租界创刊,1934年1月13日停刊,共出39期;其中1932年2月至3月14日因"一·二八"淞沪战争暂停出刊;后16期以中、英两种文字出版。⑤《中国论坛》因"一·二八"淞沪抗战,以及国民党当局的施压难以找到承印商,而被迫两次停刊。在找到自己的印刷厂后,自1933年2月11日至1934年1月13日论坛以英文和中文《中国论坛》杂志形式出版。⑥《中国论坛》对外的公开主编是美国人伊罗生,而实际上,宋庆龄、史沫特莱等人都在幕后参与了《中国论坛》的创办。史沫特莱在伊罗生创办《中国论坛》的过程中起到了至关重要的作用。1980年10月,伊罗生在访华时指出,自己编《中国论坛》是共产国

---

① 茅盾:《我走过的道路》(中),人民文学出版社1984年版,第301页。
② 中共中央党史研究室第一研究部译:《联共(布)、共产国际与中国苏维埃运动(1931—1937)》第13卷,中共党史出版社2007年版,第135、192、260页。
③ 同上书,第158、193、205、345页。
④ 刘小莉:《二十世纪三十年代的两份英文刊物与中国苏维埃革命信息的传播》,《中共党史研究》2009年第4期。
⑤ Harold R. Isaacs, *Re-Encounters in China: Notes of a Journey in a Time Capsule*, New York/London: M. E. Sharpe, Inc., 1985, pp.15, 26.
⑥ 中共中央党史研究室第一研究部译:《联共(布)、共产国际与中国苏维埃运动(1931—1937)》第13卷,中共党史出版社2007年版,第135页。

际的主意,由于自己不是党员,经由史沫特莱的介绍才得以主编共产国际杂志①。茅盾也说:"一九三二年伊罗生回到上海后,在史沫特莱的建议与协助下,由他出面,于一九三二年一月十三日创办了英文刊物《中国论坛》。因为他没有政治倾向的身份,从公共租界工部局取得办《中国论坛》的执照比较容易。"②《中国论坛》是由史沫特莱等人幕后推动成立,具体由伊罗生主编的英文刊物。刊登在《中国论坛》上的大多数文章都是匿名的,所以很难确定哪些文章出自史沫特莱之手。然而,无论史沫特莱在刊物上发表了多少文章,她在幕后参与创办了这一刊物则是不争的事实。

共产国际对《中国论坛》给予了极大关注。共产国际执委会远东局和政治书记处政治委员会之间的电报、信函以及会议,经常涉及《中国论坛》的出版发行情况。1932年10月至1934年4月,共产国际执委会远东局书记埃韦特在给共产国际执委会书记皮亚特尼茨基的报告中有八份谈及《中国论坛》的问题。1932年8月,论坛印刷厂因遭到国民党当局的破坏而停刊。9月21日,共产国际执行委员会政治书记处政治委员会会议做出决定,《中国论坛》杂志仍应出版;征询中共中央和共产国际执行委员会驻华代表的意见:出版杂志是否给党带来了好处。③次年2月11日《中国论坛》复刊。3月11日,埃韦特在给皮亚特尼茨基的第4号报告中说:"《中国论坛》又改为每月出版两期(现在出的是第2期)。该刊影响很好,因为重要文章除用英文刊发外还有中文版。就其内容而言,除了存在政治上的不准确和错误提法外,还不够具体和通俗。但这种状况会随着时间的推移得到改善。南京迅速要求美国领事停止出版该报纸,这一要求目前已遭拒绝。"④

---

① 黎辛:《我常想起伊罗生》,《百年潮》2001年第8期。
② 茅盾:《我走过的道路》(中),人民文学出版社1984年版,第242页。
③ 中共中央党史研究室第一研究部译:《联共(布)、共产国际与中国苏维埃运动(1931—1937)》第13卷,中共党史出版社2007年版,第205页。
④ 同上书,第345页。

国际使命：史沫特莱来华的前因后果

《中国论坛》在前期，伊罗生较好地执行了共产国际关于宣传中国苏维埃革命的办刊方针，主要介绍中共的革命斗争及其领导下的左翼文化运动。《中国论坛》报倾向于反对在华的帝国主义，从道义上支持苏维埃中国并开展为释放鲁埃格及其妻子（牛兰夫妇）的运动①。在报刊的第一期即用整版篇幅报道"牛兰事件"的起因及进展情况，抗议国民政府逮捕牛兰夫妇。② 4、5两月，该刊连续跟进"牛兰事件"进程，不断从舆论方面向南京政府施加压力。③刊物猛烈抨击上海公共租界英国警方和国民党当局相互勾结，活埋李伟森，屠杀殷夫、冯铿、胡也频、宗晖、柔石等人的罪行。该期论坛还刊登了六名烈士的照片，以及1931年11月22日由104位美国著名人士提交中国驻华盛顿大使馆、题为《美国人民抗议杀害中国青年》的抗议书。④ 在第2、3期《中国论坛》连续报道了华中的苏维埃运动和红军的军事行动。⑤ 茅盾说，许多中国报纸不准刊登的消息，我们就通过《中国论坛》报道出去，例如"左联"五烈士被国民党反动派杀害的消息，就首先公开登在《中国论坛》上。⑥《中国论坛》用大量篇幅用于揭露和抨击国民党的白色恐怖统治。1932年5月15日，史沫特莱和伊罗生在上海合编的《国民党的反动五年》，作为大型特刊刊登在《中国论坛》上，随后出版了同名单行本。该文记录了蒋介石从1927年叛变革命到1932年破坏淞沪抗战的历史。此书的出版，激怒了国民党反动派和引起了一些外国

---

① 中共中央党史研究室第一研究部译：《联共（布）、共产国际与中国苏维埃运动（1931—1937）》第13卷，中共党史出版社2007年版，第193页。

② Hri, "Noulens and Wife Awaiting Justice", *China Forum*, Jan. 13, 1932, p. 3.

③ "Ruegg Case Drags into Its Tenth Month", *China Forum*, April 9, 1932, p. 3; "Campaign for Rueggs Intensifies Abroad; Liberation Demanded", April 16, p. 1; "On Rueggs", May 5, p. 3; "Foreign Counsel Denied Paul and Gertrud Ruegg", May 21, pp. 1 - 2.

④ "American Protests Murder of Chinese Youth, League of Left Writers Take up Reuter's Gage", *China Forum*, Jan. 13, 1932, p. 4.

⑤ "Red Armies Again Marching on Nanchang", *China Forum*, Jan. 20, 1932, p. 4; "Life, Livelihood, Defense in Kiangsi", Jan. 27, p. 4.

⑥ 茅盾：《我走过的道路》（中），人民文学出版社1984年版，第242页。

机构的不满，于是国民党特务和外国秘密警察勾结起来对史沫特莱进行跟踪和监视。①

《中国论坛》也为翻译、介绍中国左翼文学作品。1932年3月25日，《中国论坛》刊登了由史沫特莱拍摄、着白色长袍的鲁迅坐像，并以《文学斗争之父》为题，从"革命活动、丰富的译作与著述、引介西方艺术、反对封建迷信"等四个方面介绍了鲁迅的思想和文化贡献。② 从第2期到同年6月底，《中国论坛》共登载了10位左翼作家的13篇作品。③ 1933年《中国论坛》复刊后，以反对帝国主义战争和抨击国民党统治为主旨，很少再正面报道中国红军和苏维埃运动的消息，也很少再登载中国左翼作家的作品。④

复刊后，《中国论坛》办刊方针的变化使共产国际对伊罗生的不满开始加剧。1934年1月13日，埃韦特关于《中国论坛》问题给中共上海中央局的信指出，艾萨克斯（伊罗生）没有任何革命经验，没有受过党的培训……一开始他同在上海当新闻记者的南非托洛茨基分子建立了联系。这个人一直对艾萨克斯有很大的影响，决定了他托洛茨基主义的"同情心"和越来越明显的托洛茨基主义思想倾向。⑤ 在同一封信中，他还指出，艾萨克斯越来越明显地不愿意同我讨论《中国论坛》的内容问题；他对一些问题默不作答，因为在这些问题上他发表意见会把自己束缚起来；他在最近两个月特别明显地不愿意执行我关于一些文章的写作方针的建议并抵制这个方针⑥。1月20

---

① 曹毓英：《史沫特莱与中国人民的解放事业》，载尹均生、曹毓英主编《纪念史沫特莱》，新华出版社1987年版，第99页。
② "Father of Literary Struggle", *China Forum*, March 25, 1932, p. 8.
③ 刘小莉：《史沫特莱与中国左翼文化》，浙江大学出版社2012年版，第58页。
④ 1933—1934年的半月刊《中国论坛》，很多时候不能按期发行，其中4、6、7、8、9等月份，每月只出1期，到停刊时共出16期。国内的中、英文双语版《中国论坛》，收藏在北京大学图书馆。该馆仅见1933年3月1日、3月27日、4月13日、5月4日、8月6日、9月18日、10月22日、11月7日共计8期。参见刘小莉《史沫特莱与中国左翼文化》，浙江大学出版社2012年，第59页。
⑤ 中共中央党史研究室第一研究部译：《联共（布）、共产国际与中国苏维埃运动（1931—1937）》第14卷，中共党史出版社2007年版，第19页。
⑥ 同上书，第20页。

日，莫斯科给埃韦特和施特恩的电报指出，《中国论坛》编辑艾萨克斯是托洛茨基分子，并在组织托派小组。我们同艾萨克斯没有联系，我们不支持他。为孤立他和使他离开，可以和需要做些什么工作。① 此后，共产国际停止了对伊罗生主编《中国论坛》的支持。伊罗生对中共在农村的土地革命、组织农民、发动农民起义的问题上，也确实越来越明显地持怀疑和否定的态度。他在《中国革命的前景：一个马克思主义者的观点》(Perspectives of the Chinese Revolution: A Marxist View)一文中指出，1928年成立的所谓"红军"，主要是由无业或失业农民、反叛士兵、当地土匪以及其他在农业生产中无立锥之地的人组成的；在将近三年的时间里，他们完全从事游击战和突袭活动。以此为据，他反对大革命失败后叶挺、贺龙、毛泽东、朱德等人在华南、华中地区领导的苏维埃运动，认为这个时期的红军队伍已经成为农民起义的急先锋，他们的斗争已蜕化成又一轮"农民游击战"，偏离了共产主义道路，放弃了工人阶级对革命的领导权。② 他在后来出版的《中国革命的悲剧》(The Tragedy of The Chinese Revolution, 1938)一书中，仍然坚持上述观点。③ 伊罗生对中共革命斗争的质疑和批判，以及他始终站在"托派"的立场，导致了他与共产国际在办刊方针上发生分歧，致使刊物停办。中国托洛茨基主义者王凡西在回忆录中说："易洛生（伊罗生）成了托派，决心写一部关于中国革命的历史。他结束了杂志，将印刷机捐给了组织（托派），自己择居于当时的北平，雇用刘仁静作他的翻译。"④ 而在共产国际和伊罗生的分歧与冲突中，史沫特莱则坚定地站在共产国际的一边，坚决拥护共产国际的决定，从而与伊罗生分道扬镳。伊罗生在晚年时说："斯

---

① 中共中央党史研究室第一研究部译：《联共（布）、共产国际与中国苏维埃运动（1931—1937）》第14卷，中共党史出版社2007年版，第26页。

② Harold R., Isaacs, "Perspectives of the Chinese Revolution: A Marxist View", *Pacific Affairs*, sep. 1935, pp. 269–283.

③ Harold R., Isaacs, *The Tragedy of The Chinese Revolution*, New York: Atheneum, 1966, pp. 323–328.

④ 王凡西：《双山回忆录》，东方出版社2004年版，第412页。

大林统治时杀害成千上万的无辜者,史沫特莱要我写文章称颂斯大林,我们意见不同,我就不编《中国论坛》了。"① 茅盾也曾说,《中国论坛》停刊的原因是因为伊罗生和史沫特莱在《中国论坛》的编辑方针上发生了分歧②。

在《中国论坛》停刊之后,共产国际打算支持史沫特莱出面担任主编。1934年1月27日,埃韦特在上海发给莫斯科的报告指出,同艾萨克斯(伊罗生)的辩论还没有结束,但已经表明,他对所有基本问题的认识都完全是托洛茨基主义的。埃韦特还请求将在那里写书的史沫特莱调回上海任《中国论坛》的主编。③ 2月5日,在埃韦特给皮亚特尼茨基的第1号报告的补充部分中又强烈要求:请求您立即派艾格尼丝·史沫特莱或(来自美国的)另一位较合适的编辑来领导《中国论坛》。请不要让我们等得太久,因为刊物出版的较长时间间断,无论如何都不会是有益的。④ 同日,共产国际执行委员会政治委员会听取了发自上海的关于《中国论坛》的电报,做出决定:"认为《中国论坛》杂志有必要继续存在,必要时要为此拨出资金。责成王明和米夫同志为共产国际执行委员会政治委员会起草关于编辑部人员组成的建议。"⑤ 4月3日,共产国际执行委员会政治委员会又召开会议,决定"为出版《中国论坛》派艾格妮丝·史沫特莱同志去中国工作。责成米夫和王明同志起草关于杂志的拨款和性质的建议,并将其提交政治委员会批准"⑥。

此时,共产国际还有更深一层的考虑,即如果《中国论坛》不能用以前的名称出版,将用新的名称取代之。4月10日,埃韦特在上海发给共产国际的报告指出,艾格妮丝·史沫特莱作为女编辑只要回

---

① 黎辛:《我常想起伊罗生》,《百年潮》2001年第8期。
② 茅盾:《我走过的道路》(中),人民文学出版社1984年版,第242页。
③ 中共中央党史研究室第一研究部译:《联共(布)、共产国际与中国苏维埃运动(1931—1937)》第14卷,中共党史出版社2007年版,第34页。
④ 同上书,第60页。
⑤ 同上书,第71页。
⑥ 同上书,第102页。

到上海，我们就开始尝试出版取代《中国论坛》的新的反帝报纸。① 4月11日，共产国际执行委员会政治书记处政治委员会会议决定，采纳米夫、王明和康生关于《中国论坛》如果不能继续用以前的名称出版，或者用别的名称出版的建议。② 6月2日，埃韦特给皮亚特尼茨基的报告指出，我们的报纸由于没有史沫特莱还是不能出版。③ 在共产国际亟须要继续出版宣传中国苏维埃运动的刊物时，史沫特莱于同年10月从美国又一次来到了上海。此次，她的主要目的是筹划出版新的刊物，以替代《中国论坛》。

（二）《中国呼声》：史沫特莱与共产国际发生龃龉

1934年4月，史沫特莱从苏联回到美国。她在美国停留期间，与美共总书记白劳德（Earl Browder）见面，商讨募集资金、创办一份取代《中国论坛》的问题。白劳德安排其秘书格莱斯·茂尔（Grace Maul）与史沫特莱联络，并向其保证，美共将为这份新刊物提供足够维持一年的经费。④

1934年4月11日，共产国际执行委员会政治书记处政治委员会会议关于《中国论坛》的性质指出，《中国论坛》报如果不能继续用以前的名称出版，或者用别的名称出版，应该与中共中央局有联系并由他领导，但它不应具有公开的共产主义性质，而按其方针应该是反帝反法西斯的刊物，它奉公守法，同情中国工人运动、农民运动和反帝运动，包括（在国民党地区的）游击运动和苏维埃运动。⑤ 10月，史沫特莱回到上海后，即开始筹划出版新的刊物。1935年1月22日，

---

① 中共中央党史研究室第一研究部译：《联共（布）、共产国际与中国苏维埃运动（1931—1937）》第14卷，中共党史出版社2007年版，第108页。

② 同上书，第114页。

③ 同上书，第127页。

④ Adalbert Tomasz Grunfeld, *Friends of the Revolution: American Supporters of China's Communists*, 1926 – 1939. Ph. D., New York University, 1985, Ann Arbor, Mich.: UMI, 1986, pp. 179 – 181.

⑤ 中共中央党史研究室第一研究部译：《联共（布）、共产国际与中国苏维埃运动（1931—1937）》第14卷，中共党史出版社2007年版，第114页。

贝克给共产国际执行委员会东方书记处的信指出，为了让报纸尽快出版，我们最后采取措施与史沫特莱建立联系①。1935年初，史沫特莱将出版替代性刊物的计划提交中共上海中央局。2月，上海中央局领导人黄文杰与三十或四十名地下工作者被捕。警察搜查到她关于出版报纸的工作计划。② 5月4日，米夫、王明和康生给共产国际政治委员会的信指出，在黄文杰遭逮捕时，警察已将该计划的照片寄给各领事馆。在这种情况下出版该机关报已经不可能了，建议"放弃最近一个时期在上海出版合法反帝机关报的计划；立即从上海召回艾格妮丝·史沫特莱"。③ 1934—1935年，中共上海地下党组织遭到严重破坏，在这样的情况下，出版新刊物的计划被搁浅。而史沫特莱则继续留在了上海。

史沫特莱出版新刊物的计划暴露后，不得不物色享有治外法权的其他外国人主编新的刊物。为此，她多次往纽约去信，请求美共总书记白劳德派能够编辑和出版新刊物的人员到上海来。1936年1月，白劳德委派其秘书格莱斯及其丈夫马克斯·格兰尼奇（Grace and Max Granich）两位美共党员来到上海④。夏衍回忆说："《中国论坛》停刊后不久，史沫特莱又介绍给我另一位美国朋友格莱尼契，继'论坛'之后，又在上海出版了一份名叫《中国呼声》的英文周刊。"⑤ 马海德的回忆也指出："史沫特莱和曼尼·格兰尼奇及格雷丝·格兰尼奇等朋友一起协助创办了宣传抗日统一战线的英文杂志《中国呼声》，并常以'勒·奈尔斯'的笔名在这家杂志上发表文章。"⑥ 路易·艾黎也指出，艾格妮丝·史沫特莱介绍美国共产党两位老党员马克斯·

---

① 中共中央党史研究室第一研究部译：《联共（布）、共产国际与中国苏维埃运动（1931—1937）》第14卷，中共党史出版社2007年版，第363页。
② 同上书，第413页。
③ 同上书，第406—407页。
④ Ryan, James G., *Earl Browder: the Failure of American Communism*, Tuscaloosa and London: University of Alabama Press, 1997, p. 89.
⑤ 夏衍：《懒寻旧梦录》（增补本），生活·读书·新知三联书店2000年版，第180页。
⑥ 马海德：《我所知的史沫特莱》，《新闻战线》1980年第8期。

格兰尼奇（Max Granich）和格雷斯·格兰尼奇（Grace Granich）到达上海，编辑出版《中国呼声》这样一份杂志。①

由格兰尼奇夫妇出面，在法租界以"东方出版公司"（the Eastern Publishing Company）的名义登记注册了《中国呼声》这份刊物。3月15日，由史沫特莱利用共产国际和美共提供的办刊经费，在幕后创办的英文半月刊《中国呼声》在上海问世了。尽管《中国呼声》是《中国论坛》的替代性刊物，但二者的办刊宗旨并不完全相同。《中国呼声》的侧重点不是宣传中国苏维埃运动，也不是反对蒋介石、国民党政权，而是以"反帝反法西斯统一战线"为己任，遵循合法办刊的方针。格兰尼奇夫妇在从美国来中国之前，白劳德对他的唯一忠告是，现阶段中国的主要敌人是日本的侵略，新刊物要清楚地反映这一形势。在不到两年时间内，这个刊物登载了中国民主运动的大事，促进了抗日统一战线，采访了对"全国各界救国联合会"7位领袖的审讯，报道了西安事变，从各方面谴责了日本的野蛮侵略。②

在《中国呼声》创办之初，史沫特莱无疑是积极的，和格兰尼奇的配合也是默契的。1936年3月23日，她和格兰尼奇为具体了解东北人民抗日斗争情况，到鲁迅家里，请鲁迅邀萧军等来谈义勇军之事③。然而，随着刊物的发行，在办刊方针上，史沫特莱很快和格兰尼奇产生了分歧。史沫特莱认为，刊物在抨击日本侵华的同时，仍然应坚持一贯的反对蒋介石政府，鲜明支持工农红军的政治立场。她在《北方前线》一文指出，日本担心的、唯一可能阻止其将整个中国变成"示范区"的力量，是山西的红军；这支队伍已更名为民族救亡红军，他们在陕北建立了稳固的苏区和政府，彻底改变了整个华北的前景。④ 她在《和平，秩序与匪患》一文中指出日本豢养匪兵在华北一带制造事端，是企图找借口让日军进入中国领土以"维护和平秩

---

① Rewi Alley, *Rewi Alley: An Autobiography*, New World Press, 1997, p. 75.
② Ibid., p. 77.
③ 鲁迅：《鲁迅日记》（二），人民文学出版社2006年版，第597、599页。
④ R. Knailes, "The North Front", *Voice of China*, April 1, 1936, pp. 3–5.

序",最终达到向红军和中国共产党动武的目的。[1] 史沫特莱在文中重点仍然是歌颂中国共产党和红军,以及抨击蒋介石政府,对共产国际要求的"反帝反法西斯"的统一战线没有予以足够的重视。而格兰尼奇夫妇遵照美共总书记白劳德的指示,坚持刊物应当重点宣传反法西斯统一战线,要求史沫特莱修改她的文章,遭到她的拒绝。自此之后,双方围绕着《中国呼声》的创办而产生的分歧逐渐增大。这些情况,都经由白劳德汇报给了远在莫斯科的王明。[2] 史沫特莱不愿意改变自己支持中国苏维埃革命的政治立场,从而与《中国呼声》渐行渐远。自1936年5月下旬之后,《中国呼声》没有再刊登史沫特莱的文章。

共产国际七大后,确立了建立反法西斯统一战线的主要任务,而史沫特莱并没有完全理解共产国际政策的明显变化,依然坚持支持中国苏维埃革命的政治立场。同时,斯大林希望中国形成反对日本侵略的抗日统一战线,拖住日本,以形成有利于苏联的远东战略格局。而史沫特莱却高调赞扬中国共产党和红军,强调中国革命的独立性与民族主义性质,贬斥国民党政府,无疑破坏了共产国际、苏联关于建立反帝统一战线的政策方针。史沫特莱的这种政治倾向,导致了她与共产国际关系的疏远。在这年秋天,史沫特莱接受了中国共产党地下党组织的安排,也以养病为名前往西安。

四 西安事变:又一次遭到共产国际的指责

西安事变爆发时,史沫特莱恰好身在现场,并非只是为了养病,而是有特殊的目的。她说:"有一个红军代表在少帅司令部里未公开身份,他为我在西安十五英里以外的临潼华清寺安排了一个工作休息

---

[1] R. Knailes, "Peace. Order and Banditry", *Voice of China*, April 15, 1936, pp. 12–13.

[2] Ruth Price, *The Lives of Agnes Smedley*, New York: Oxford University Press, 2005, pp. 271–272.

国际使命：史沫特莱来华的前因后果

的地方。"① 这个未公开身份的红军代表，就是史沫特莱在上海救助过的隐蔽在张学良身边的中共代表刘鼎。周恩来和张学良的秘密会谈获得成功以后，中国共产党相信争取与东北军和陕西的其他武装力量联合起来抗日反蒋的努力一定可以成功，而这将是一件具有重大历史意义的事件，周恩来希望能有一位同情进步事业的外国记者对这一过程进行客观的报道。刘鼎安排史沫特莱避居临潼，不要公开露面，以免招致国民党南京政府的警觉。史沫特莱入住临潼后未经批准不能外出，连她所需要的面包都是由刘鼎派专人由西安定期送来。② 由此可见，史沫特莱在西安的活动是中国共产党有所安排的。

事变爆发后，史沫特莱在西安用英语和德语向世界广播了西安事变的经过，这一活动持续了近一个月。贝特兰在回忆录中说："我同艾格尼丝和王炳南夫人安娜一起，成了一个志愿的外语广播小组的成员，每天晚上用英语、法语、德语和俄语从 XGOB 电台播报新闻。艾格尼丝竭力掩盖她那沙哑的嗓子，因为在上海和香港，人们太熟悉她的声音了……这些从西安发出的广播被所有外国驻华大使馆密切监听着。我们提供的情况被认为大部分符合事实，调子比较温和。"③ 史沫特莱还采访了前来谈判的中国共产党代表。她在回忆录中说："红军代表抵达西安的第二天，我见到了他们一行……从红军政治委员周恩来、总参谋长叶剑英和我的谈话中，使我感到他们此行不是为了个人恩怨报仇雪恨而来，而是为了国家统一的新时期铺路而来。"④

史沫特莱还撰文向世界报道西安事变爆发的原因。她在《捉蒋记》一文中指出，日军的大肆侵略使得蒋介石领导下的一些军队越来越不满，包括湖北的二十九路军、广西军队、杨虎城的十七路军等，

---

① ［美］史沫特莱：《史沫特莱文集》（1），袁文、买树榛、袁岳云译，新华出版社1985年版，第126页。
② 孙果达、王伟：《西安事变中神秘的史沫特莱》，《党史纵横》2011年第8期。
③ ［新西兰］詹姆斯·贝特兰：《在中国的岁月——贝特兰回忆录》，何大基、宋庶民、龙治芳译，中国对外翻译出版公司1993年版，第18页。
④ ［美］史沫特莱：《史沫特莱文集》（1），袁文、买树榛、袁岳云译，新华出版社1985年版，第138页。

其中不满情绪最高的是张学良的东北军,而蒋介石一再拒绝张学良的抗日请求,使他几乎无法控制部下,从而发动"兵谏"。① 史沫特莱在广播中公开披露了蒋介石在西安事变中的秘密承诺,遭到了国民党方面的斥责。史沫特莱说:"我的访问报道很使南京国民党政府头痛生气。"② 1937 年 1 月 26 日,宋庆龄在给王明的信中说:"蒋介石获释有一些明确的条件,这些条件经商定是严格保密的,并且蒋介石在过一段时间是要履行的。但是其英译稿也经史沫特莱报道出去了。史沫特莱小姐以自己的名义公开证实了这些消息的真实性,并补充说,周恩来同蒋介石、宋子文进行了谈判,等等。蒋介石对此非常恼火。"③

史沫特莱擅自公布西安事变的秘密协定,不仅激怒了蒋介石,而且使共产国际也大发雷霆,拒绝她此后以共产党人的身份发言。1937 年 1 月 19 日,共产国际执行委员会书记处给中共中央的电报指出:"我们觉得艾格妮丝·史沫特莱的行为相当可疑。最后,必须取消她以共产党人的名义和似乎他们所信任的人的身份发表演讲的机会,必须在报刊上谴责她的所作所为。"④ 而此时,史沫特莱正在去往延安的路上。中国共产党方面并不知道史沫特莱在西安报道了蒋介石的秘密承诺。毛泽东和周恩来 1937 年 1 月 21 日给潘汉年的电报中提到,他们不知道史沫特莱通过西安电台的错误宣传活动,还提到她来苏区后,将劝她在自己的言论上更加谨慎一些⑤。彼时和共产国际关系密切的宋庆龄也表达了把史沫特莱孤立起来,断绝和她联系的建议。宋庆龄在给王明的信中指出,史沫特莱"不顾不止一次的指示,继续保

---

① Agnes Smedley, "How Chiang Was Captured", *The Nation*, Feb. 13, 1937, pp. 180 – 182.
② [美]史沫特莱:《史沫特莱文集》(1),袁文、买树榛、袁岳云译,新华出版社 1985 年版,第 138 页。
③ 中共中央党史研究室第一研究部译:《联共(布)、共产国际与中国苏维埃运动(1931—1937)》第 15 卷,中共党史出版社 2007 年版,第 275—276 页。
④ 同上书,第 271—272 页。
⑤ 中央统战部、中央档案馆编:《中共中央抗日民族统一战线文件选编》(中),档案出版社 1985 年版,第 371 页。

持着不好的关系","她的工作方法给我们的利益造成了损失","我转达了您把她孤立起来的指示"。① 3月13日,王明给中共中央书记处的电报指出:"我们再次坚决主张你们方面必须公开声明,史沫特莱同中共或共产国际没有任何关系,使她没有可能以共产党的名义发表演讲和同革命组织取得联系。"② 这是共产国际方面对史沫特莱在西安事变中的行为的最后处理意见。4月6日,中国共产党方面按照共产国际的指示,发表正式声明说,"A.史沫特莱与中国共产党没有组织联系"。③ 这种"没有组织联系"使得史沫特莱恰在此时提出的入党申请被拒绝了,而决绝的理由是中共宣传部长陆定一说的"这是因为她作为一名记者留在党外会起更大的作用"④。或许史沫特莱并不清楚拒绝她加入中国共产党的原因,多少有共产国际的影响因素。

史沫特莱在西安的言行破坏了共产国际在中国建立抗日统一战线的方针,遭到了共产国际的强烈指责。她被"孤立起来""不能再以共产党的名义发表演讲和同革命组织取得联系",从此她与共产国际没有再发生工作上的关联。史沫特莱虽然没有成为中国共产党党员,但此后她一直在为中国共产党的革命事业而奋斗。1937年9月直到1941年,她长期活跃在华北、华南的抗日前线,报道中国的抗战事业,为八路军、新四军募集医药物品。

五 结局:"共产国际间谍"的指控

史沫特莱在中国效力于共产国际的一段经历,以及她对中国共产党革命事业的宣传与支持,使她回到美国后,受到西方右翼人士冠以"共产主义宣传家""国际间谍"的攻击。

---

① 中共中央党史研究室第一研究部译:《联共(布)、共产国际与中国苏维埃运动(1931—1937)》第15卷,中共党史出版社2007年版,第276—277页。
② 同上书,第286—287页。
③ 《中国共产党说与史沫特莱小姐没有"组织联系"》,《中国周刊》1937年第6期。
④ [美]简·麦金农、斯·麦金农:《史沫特莱传》,江枫、郑德鑫等译,辽宁人民出版社1991年版,第252页。

个人能动与民间外交

　　1946年，一批从中国撤回美国的"中国通"受到了政府右翼势力的诘难和调查，而史沫特莱则首当其冲。① 1949年2月，在甚嚣尘上的麦卡锡主义风暴中，以麦克阿瑟为首的美国军方，公布了一份长达32000字的报告，指控史沫特莱是"佐尔格间谍网成员"。2月10日，美国各家报纸都在头版新闻中把与佐尔格案件有关的艾格尼丝当做充当苏联间谍的罪人加以谴责，并在版面中央刊登了她的照片。② 史沫特莱对麦克阿瑟的指控奋起反击。她在随后召开的记者招待会上说："麦克阿瑟将军对我进行诬陷，是因为他有一项法律作保护，这项法律规定军高级军官不能被控谎言罪。所以，我得说麦克阿瑟将军是小人和懦夫。我现在对他说，放弃你的豁免权，我要控告你犯有诽谤罪！"③

　　联邦调查局对史沫特莱进行指控和调查的目的是要证明她是共产党员，或者是苏联间谍。然而，史沫特莱的共产党员身份很快就被澄清了。事实上，她与美国共产党的关系很糟糕。早在1937年，美共《工人日报》就宣称她不是共产党员。当时的美国报纸几乎都卷入了这场纷争，一些左派报纸支持史沫特莱。《工人日报》则指控对于史沫特莱的攻击是蒋介石失败的一种反映，并暗示麦克阿瑟怀有不可告人的政治目的。另一些报纸都认为，是把艾格尼丝·史沫特莱这样的共产党分子揭露出来的时候了。由于没有确凿的证据，美国军方收回了对史沫特莱的指控。④ 尽管史沫特莱逃脱了间谍的指控，但她在美国的公众形象已经大打折扣。她难以公开演讲和发表文章，生存发生了问题。中华人民共和国成立的消息使她欢欣鼓舞。她决定重返中国，在转道伦敦等待前往中国的签证时，因病逝世。

---

　　① Janice R. MacKinnon, Stephen R. Mackinnon, *Agnes Smedley: The Life and Times of an American Radical*, Berkeley, Los Angeles: University of California Press, 1988, p. 302.
　　② [日] 石垣绫子：《一代女杰——史沫特莱传》，陈志江、李保平、江枫译，光明日报出版社1992年版，第233页。
　　③ [美] 简·麦金农、斯·麦金农：《史沫特莱传》，江枫、郑德鑫等译，辽宁人民出版社1991年版，第441页。
　　④ 同上书，第443—444页。

国际使命：史沫特莱来华的前因后果

正如有学者所说，至于将史沫特莱定为"共产国际间谍"，就要看这个"间谍"的含义是怎样界定。宣扬共产主义、为共产国际做事与身体力行地加入共产国际的情报组织是有明显区别的。[①] 从已解密的共产国际档案，以及史沫特莱和友人的回忆录、文章等资料来看，更多的是她为共产国际做事，受共产国际指派从事外围联络工作，并没有直接证据说明她参与到共产国际的谍报活动之中。她同情和支持共产主义事业，一直为共产主义效力，却并非共产党员，并不隶属于共产主义组织的哪个部门。

---

① 张威：《史沫特莱的若干历史悬疑》，《国际新闻界》2011年第6期。

试论史沫特莱对新四军医疗卫生工作的历史贡献[*]

史沫特莱同情并支持中国的抗日战争。在中国红十字会救护总队成立不久，她即加入该会并积极推动该会对新四军实施医疗援助。为此，她以记者和红会救护总队队员的身份前往新四军敌后根据地，探查医药援助新四军的具体途径。1938年11月到1940年3月，史沫特莱奔走于新四军华中抗日根据地，一边采访报道敌后根据地的抗日战况，一边为新四军救治伤员、募集医药。这期间，她对新四军的医疗卫生工作做出了重要贡献。本书在搜集了有关档案、日记，以及大量当事人回忆录的基础上，以史沫特莱在长江中下游敌后根据地的活动为线索，论述她对新四军医疗卫生工作的贡献。

一　推动中国红十字会援助新四军

全面抗战爆发后，中国红十字会总会成立了临时救护委员会，聘请林可胜为救护委员会总干事，并任命其组建救护总队部。1938年春，中国红十字会救护总队部（今人著述多称之为"中国红十字会救护总队"，以下简称红会救护总队）在武汉成立，林可胜为总队长。5月，史沫特莱即加入该会，帮助救护伤员、募集医药，并做宣传动员工作。她在回忆录中说："在武汉使我有幸同中国红十字会医

---

[*] 原载《延安大学学报》（社会科学版）2016年第4期，作者任中义。

疗队结下了不解之缘，并且认识了医疗队创始人和队长林可胜博士。为伤兵服务的工作支配了我后来大部分的生活。"①

当时在救护总队工作的沈新路说："总队长林可胜思想进步，他受美国左派女记者史沫特莱的影响，对八路军、新四军保持着合作关系，并把汽车、医药器材送到八路军、新四军抗日根据地。"② 史沫特莱与林可胜交往颇深，中国共产党和新四军获得红会救护总队的医疗援助，很大程度上得益于史沫特莱的牵线搭桥。

首先，史沫特莱推动中国共产党在红会救护总队中建立党支部。据后来担任中国共产党红十字会支部书记的郭绍兴回忆："抗战之初，国际共产主义战士、美国作家史沫特莱同志也在红会救护总队。一九三八年夏，她曾向中共长江局要求派党员去红会救护总队做教育工作。党派冯骥、毛华强和黄群三同志去红会，是和她的努力分不开的。"③ 之后，中国共产党在红会救护总队中建立了秘密党支部，宣传抗日民族统一战线的方针，动员医务人员积极投入抗战救护工作。到1939年春，中国共产党红十字会支部的党员已发展到二十多人，分布在湖南、桂林、救护总队运输部门、图云关总部和卫生训练总所。郭绍兴说："党的政治影响不断扩大，党的抗日救国主张为红会大多数专家、学者、医务人员和职工普遍接受，从各方面不同程度地给我党以同情和支持。在此基础上，先后动员了二十余个医疗队去延安及敌后抗日根据地进行医疗、救护工作；陆续组织和动员了一批进步青年医务工作者及一些外国医生、国际反法西斯战士到我军工作；还陆续运送大批来自国际和国内的医药器材到我党抗日根据地。"④ 这些成绩的取得和史沫特莱最初的帮助是分不开的。时任中国共产党贵阳交通站站长的袁超俊说，史沫特莱和林可胜比较熟悉，我就通过史沫特

---

① ［美］史沫特莱：《史沫特莱文集》（1），袁文、贾树榛、袁岳云译，新华出版社1985年版，第196页。
② 中国人民政治协商会议贵州省贵阳市委员会文史资料研究委员会编：《红会救护总队》，《贵阳文史资料选辑》第22辑，贵州教育学院印刷厂1987年版，第62页。
③ 同上书，第7页。
④ 同上书，第6页。

莱帮忙，做林可胜的工作。经过我们的工作，林可胜不仅反对国民党插手红十字会，而且帮助我们做了一些事。① 1939年夏，史沫特莱从皖南新四军防地到达贵阳图云关红会救护总队驻地时专门找毛华强了解政治宣传的情况。可见她对中国共产党在红会救护总队中工作的重视程度。

其次，史沫特莱亲自从红会救护总队向新四军运送医药品。1938年6月，红会救护总队因战事关系迁往长沙。史沫特莱也随之到达长沙。在长沙，她请林可胜把医务人员和医药物品送到敌后游击区，但由于救护总队对长江下游的敌后游击区不了解情况，因此，林可胜要求史沫特莱"把《曼彻斯特卫报》同红十字会的工作结合起来，到敌人的后方去进行调查，随时给他们寄送报道"。② 10月底，在八路军驻长沙办事处的联系下，史沫特莱携带一批医药乘新四军的救护车前往长江下游敌后游击区，探查如何对新四军敌后游击区开展医疗援助。她在回忆录中说："救护车和汽车所载医药物品是我为长江下游敌后游击区新四军收集起来的东西。这些药物是红十字会和人民的捐献，还有我用自己的钱买的大捆洗脸毛巾、绑带纱包、防护手套、肥皂和奎宁丸。"③ 史沫特莱到达新四军驻地后，还回到救护总队部为新四军筹集医药品。据林可胜的英文秘书王春菁回忆，史沫特莱从江西新四军方面，由一个"小鬼"陪同由陆路来到红十字会救护总队，要求林总队长拨发前线奇缺的医药器械，特别需要治"打摆子"（疟疾）的奎宁片和针剂，因为"那里的部队在每天同一个时刻，成百士兵倒在路边或山道上，全身发抖、发烧"④。在史沫特莱的请求下，救护总队拨发了大量新四军亟须的治疗疟疾的奎宁丸。时任新四军军医处药材科科长的吴之理说，1939年红十字会救护总队一次拨200万粒奎宁丸。红十字会派来的救护队也带有数百床位的常用药材，如

---

① 吕荣斌：《周恩来在国统区》，中共中央党校出版社1996年版，第78页。
② ［美］史沫特莱：《史沫特莱文集》（1），袁文、贾树榛、袁岳云译，新华出版社1985年版，第217页。
③ 同上书，第218页。
④ 中国人民政治协商会议贵州省贵阳市委员会文史资料研究委员会编：《红会救护总队》，《贵阳文史资料选辑》第22辑，贵州教育学院印刷厂1987年版，第116页。

试论史沫特莱对新四军医疗卫生工作的历史贡献

特殊需要,救护队还可派人去金华大队领取。①

最后,史沫特莱推动红会救护总队向新四军派出两支医疗队。史沫特莱于1938年11月9日到达新四军小河口医院后,以红会救护总队队员身份,奔波于新四军战地,救护伤员,帮助建立伤兵医院。在她的建议与支持下,红会救护总队派了两个医疗队去新四军战地做救护工作。② 史沫特莱在回忆录中也说,在我的邀请下,中国红十字会医疗队还派来了两个巡回医疗工作组到新四军工作。③ 1939年5月以后,第67医疗队除派一组至新四军野战医院工作外,该队余部则在泾县南20公里、太平北约40公里处的新四军小河口后方医院工作。第31医疗队则于1939年1月后,在浙江金华一带从事伤兵的转运和治疗工作。④ 时任新四军小河口医院院长的崔义田说,中国红十字会金华大队队长何鸣九教授派了第31医疗队和第67救护队,携带医疗器械、药品,由田增基和刘宗韵医师率领来到皖南军部医院支援工作。⑤

史沫特莱推动红会救护总队援助新四军的活动受到了一些人的非议和嫉恨,1938年年底她曾接到署名"铁血团"的恐吓信。⑥ 尽管受到恐吓,她对此置之不理,依然积极为新四军的战地救护工作服务。

二 宣传新四军的医疗卫生工作

史沫特莱于1938年11月到达云岭新四军军部后,被作为贵宾,

---

① 石文光、伏斟主编:《新四军卫生工作史》,人民军医出版社1991年版,第439页。
② 中国人民政治协商会议贵州省贵阳市委员会文史资料研究委员会编:《红会救护总队》,《贵阳文史资料选辑》第22辑,贵州教育学院印刷厂1987年版,第7页。
③ [美]史沫特莱:《史沫特莱文集》(1),袁文、贾树榛、袁岳云译,新华出版社1985年版,第235页。
④ 贵州省档案馆藏:《总会救护总队部第四次报》,《中国红十字会救护总队档案》,M116-15。
⑤ 江苏省新四军和华中抗日根据地研究会卫生分会编:《新四军卫生工作史话》,南京军区联勤部印务中心2005年版,第2页。
⑥ 中国人民政治协商会议贵州省贵阳市委员会文史资料研究委员会编:《红会救护总队》,《贵阳文史资料选辑》第22辑,贵州教育学院印刷厂1987年版,第7页。

要求住在军部特殊照顾。然而，她认为这样优待会使她脱离群众，她是个作家，应该经常和群众在一起，因此就被安排住在云岭南堡村的军医院里。① 当时由于在战争中部队伤亡较大，新四军先后在泾县云岭的南堡村设前方医院（也称南堡村医院），在太平县小河口设后方医院（也称小河口医院）。前、后方医院相隔约30公里，史沫特莱经常往返于两所医院之间，这使她对新四军的医疗卫生工作有了深入了解。

　　史沫特莱在参观了新四军前、后方医院后，对医院的医疗卫生工作制度赞不绝口。尽管新四军医院的物质条件简陋，住的是祠堂、竹棚和茅舍，然而各种医疗和管理制度却正规化、科学化，这与她沿途访问的"内幕黑暗、死气沉沉"的国民党战地医院形成了鲜明对比。她说："这儿的医院竟在草创之中具备了现代医疗工作的第一流条件。这是一所接受重伤病员的后方医院。附近二十五英里外靠近江边的战地医院亦同，已经建立起了仿照西方医院现代标准的医务制度。这套医疗制度准许医务工作人员和医药物品随时下到前方各战斗连队、单位去进行巡回医疗。"② 时任小河口医院医生的唐求说："美国进步作家史沫特莱参观我们医院。当她走进病房，看到护士正在为重伤病员喂饭，大为惊奇。她询问了医院的医疗护理制度，工休关系，药材来源，医生护士的技术情况。她非常激动，赞叹不已。她说她到过许多国家，参观过很多陆军医院，从来没有看见过这样正规的医院。这是世界上少见的伤兵医院，我要向全中国、全世界报道。"③ 吴之理等人也说，史沫特莱在参观了小河口医院和军医处后说："国民党军队的医院，条件好，医生多，但工作马虎，不负责任，医院乱而脏，许多士兵死于非命。而你们这里条件差，医务人员少，病房整齐干净，医务工作有条不紊……这是我在中国看到的最好的军队医院。我要向

---

　　① 尹均生、曹毓英主编：《纪念史沫特莱》，新华出版社1987年版，第75页。
　　② ［美］史沫特莱：《史沫特莱文集》（1），袁文、贾树榛、袁岳云译，新华出版社1985年版，第226页。
　　③ 石文光、伏戡主编：《新四军卫生工作史》，人民军医出版社1991年版，第471页。

试论史沫特莱对新四军医疗卫生工作的历史贡献

全世界宣传,呼吁他们来支援你们。"① 1939年9月,史沫特莱在江北新四军第四支队,也发现医护人员坚持每天巡诊,建立了流动医疗制度。

在敌后根据地经费、物资极端匮乏的情况下,小河口医院拥有一架X光机、一架显微镜和一口高压锅,以及一个由受过训练的人员操作的化验室。新四军在艰苦的条件下建立这样正规化的医院使史沫特莱感到震惊。史沫特莱还参观了医院的图书馆,馆里藏有英、美、德、日等国医学参考图书,并且还有中外医学杂志,供医生们了解医学方面的最新成果。医院还编辑出版了前线医务人员必备的医务手册。史沫特莱发现,新四军医院医护人员分工协作、认真负责,对伤病员的照顾体贴周到。病床上挂着一沓沓识字卡片,每张牌子上有五个方块字,不识字的人每天要识五个字,识字的人供给书籍报纸。指导员或政治干事常坐在不会写作的病号床边,记录他们的战斗经验、批评建议、生活感想或诗或歌,作为墙报稿件。② 战地医院地处深山,既无街市,又无娱乐设施。为了调节医生和病人的紧张精神,新四军医院还举办了各种文化娱乐活动,来活跃医院气氛。指导员每天不是读战争消息,就是念社会新闻,文工队演节目,唱歌子,军民联欢,往来亲密。③ 这种别开生面的文化娱乐活动,活跃了医院生活,鼓舞了伤兵士气,振奋了革命精神。

1939年7月1日,日军飞机轰炸云岭,医院遭到破坏,不得不转移到山沟的临时病房。史沫特莱不但坚持和医务人员一起参加抢救工作,还连夜撰写文章,强烈谴责日军的侵略暴行。章央芬回忆,史沫特莱看到那些被炸伤的医务人员和平民百姓,万分气愤,彻夜不眠地写报道,紧急发稿,谴责日本帝国主义的强盗行为。宫

---

① 石文光、伏斟主编:《新四军卫生工作史》,人民军医出版社1991年版,第438页。
② [美]史沫特莱:《史沫特莱文集》(1),袁文、贾树榛、袁岳云译,新华出版社1985年版,第229页。
③ 同上书,第228页。

乃泉大夫常在背后赞扬："她是真正的国际主义者。"[1] 史沫特莱还将新四军随营训练学校教师张英，以及11名红会医疗队员被日军残害的消息发表在红十字会工作简报上[2]，以引起人们对新四军战地救护工作的关注。

对新四军伤兵救护的报道是史沫特莱在华中抗日根据地时期关注的一大主题。据崔义田回忆："当时在国际性的刊物上，如《密勒氏评论报》和《中国人民之友》等都曾登载过美国著名作家史沫特莱撰写的关于新四军卫生工作的文章。史沫特莱说，新四军卫生工作是在中国共产党的领导下，真正为伤病员服务的。"[3]《密勒氏评论报》的主编鲍威尔因为发表史沫特莱关于新四军的文章，在太平洋战争爆发后受到日军的残忍迫害。[4] 史沫特莱在新四军医院的采访见闻收录在她回美国后出版的回忆录《中国的战歌》之中。该书记录了她在新四军华中根据地访问的经过，被誉为第二次世界大战期间最著名的战地报道之一。

三　参加新四军的伤兵救护工作

史沫特莱初到中国时曾和加拿大护士琼·尤恩一起开过诊所，对医护工作较为熟悉。因此，在新四军敌后根据地采访期间，她经常参加新四军的伤兵救护工作。章央芬回忆："那时，抗日战争正在激烈地进行，前方战事不断。一仗打下来，总会有一批重伤送到军医院来。史沫特莱每次都主动参加我们的抢救工作……她特别热情，给伤员解绷带、换血衣、喂水喂饭，还要帮护士给伤员换药、喂药。连给

---

[1] 章央芬：《自豪的回忆》，华夏出版社2004年版，第62页。
[2] 贵阳市档案馆藏：《总会救护总队部工作简报》第2期，《中国红十字会救护总队档案》，40-3-55。
[3] 江苏省新四军和华中抗日根据地研究会卫生分会编：《新四军卫生工作史话》，南京军区联勤部印务中心2005年版，第4页。
[4] ［新西兰］路易·艾黎：《在中国的六个美国人》，徐存尧译，新华出版社1985年版，第142页。

伤员端尿盆的事情她也抢着做,即使在很冷的冬天,她也忙得满头是汗。"① 她认为救护伤员是她义不容辞的不能被剥夺的权利。

在云岭新四军医院,史沫特莱经常采摘野花放在用竹筒做成的花瓶里,以此来装点病房。新四军政治部的马宁说:"在我生病住院时,史沫特莱不只是给我送花,大病房里每个床头柜上都同样插着各种野草鲜花。她把大自然的无限生机带进病房,让战士们早日恢复健康,重返战场。"② 她还建议妇救会为新四军医院做成的枕头、枕巾上绣上"民族英雄""抗战必胜"等字,以鼓励伤员们坚持抗战必胜的决心。③ 新四军政治部的朱镜我患有严重的胃溃疡,经常呕吐酸水、鲜血。史沫特莱得知后,冒充传教士,历尽艰险到南京城里买来一盒五十支装的"鹿茸精"注射液,同时还为军医院补充了很多奇缺的药品。朱镜我在注射了"鹿茸精"之后,很快恢复了健康。④

1939年9月中旬,史沫特莱离开皖南,渡过长江,到达新四军第四支队司令部。在新四军第四支队的两个星期,她每天和江北指挥部军医处长宫乃泉用一部分时间治疗当地的虐疾病。⑤ 1940年初,史沫特莱到达鄂豫边区,在新四军豫鄂挺进纵队访问期间,她经常到前线访贫问苦,医治伤兵。安娥在1月31日的日记中写道:"夜里听到屋子外边有呻吟声。史沫特莱女士披衣起来,顺着声音去找。我也跟着她出来,看见地下睡着几个士兵,其中两个疟疾,两个痢疾。有一个痢疾、疟疾同时发作,正在那里呻吟。史沫特莱女士给他水喝,给他药吃,又给他把稻草铺好,让他静静地睡。对其他的病兵,史沫特莱女士也给了他们药吃,才回去睡觉。"⑥ 在豫鄂挺进纵队的野战医院

---

① 章央芬:《自豪的回忆》,华夏出版社2004年版,第61页。
② 尹均生、曹毓英主编:《纪念史沫特莱》,新华出版社1987年版,第76页。
③ [美]史沫特莱:《史沫特莱文集》(1),袁文、贾树榛、袁岳云译,新华出版社1985年版,第248页。
④ 尹均生、曹毓英主编:《纪念史沫特莱》,新华出版社1987年版,第76—78页。
⑤ [美]史沫特莱:《史沫特莱文集》(1),袁文、贾树榛、袁岳云译,新华出版社1985年版,第285页。
⑥ 安娥:《五月榴花照眼明:陪同史沫特莱访问李先念纵队》,华中师范大学出版社1989年版,第97页。

个人能动与民间外交

来子湾,罗叔平回忆:"一天,我们一行辗转来到我军坐落在一处山坳的医院……史沫特莱立即要去看望伤病员。通过我翻译,她热情洋溢地讲了一番话,向伤员们表示慰问和鼓励。说完后,她亲自动手给伤员洗涤伤口,包扎绷带。她包扎完几个伤员,不声不响地解开了自己的背囊,将她自己随身备用的红汞、消炎粉、胃病药全部献给了医院。"[1]

除了救护新四军伤员外,史沫特莱还热情周到地照顾日军重伤俘虏。由于中日两军交战的缘故,新四军医护人员和伤兵对日俘伤员往往嗤之以鼻。尽管他们都知道新四军优待俘虏的政策,但他们难以逾越心理上的障碍。而史沫特莱身体力行、不厌其烦照顾日俘重伤员滨田的行为,不但使滨田感激涕零,还感动了新四军医院的医护人员。此后,不必滨田开口,自有人主动帮助他。滨田伤愈出院后,和最先放下武器的香河正男组成"反战同盟",共同研读日文革命书刊,还常往前沿阵地喊话,协助做瓦解日军的工作。滨田还利用自身的特长为新四军医院服务。[2] 史沫特莱以无言的行动来感化日俘伤员,既治愈了他们肉体的创伤,也抚平了他们心灵的隔阂。

史沫特莱还经常把自己的钱物贡献给伤员。她用自己的稿费,给伤病员们买来许多鲜蛋,亲自给重病员喂肉汤和猪肝汤。吴之理等人回忆,史沫特莱还自己出资帮助新四军医院建立了淋浴室和灭虱室。[3] 史沫特莱在回忆录中也提到,为了解决军部广大官兵的个人卫生问题,她拿出一部分版权税和稿费,加上英国大使凯尔先生送给她的一点钱,在军内修建了第一个消灭虱子的浴室。[4] 此外,为了让广大官兵在革命之余养成讲究个人卫生的习惯,史沫特莱还为新四军训练营全体学员讲授一门必修的"民族抗战与健康"的课程。

---

[1] 安娥:《五月榴花照眼明:陪同史沫特莱访问李先念纵队》,华中师范大学出版社1989年版,第167页。
[2] 尹均生、曹毓英主编:《纪念史沫特莱》,新华出版社1987年版,第77页。
[3] 石文光、伏斟主编:《新四军卫生工作史》,人民军医出版社1991年版,第438页。
[4] [美]史沫特莱:《史沫特莱文集》(1),袁文、贾树榛、袁岳云译,新华出版社1985年版,第238页。

四　为新四军募集医药物品

新四军的药材供应相对于敌后抗日根据地的其他部队来说较为充裕。崔义田说："其原因有二：第一，'皖南事变'以前，国内外爱国团体和红十字会救护队捐助了不少，特别是抗疟药比较丰富。第二，离上海等大城市近，购买较易，军政首长对这方面很重视，上海地下党又大力支持。"[1] 史沫特莱在华中敌后根据地访问期间，曾多次为新四军募集医药物品。

时任新四军药材科科长的吴之理说："1938年底，我和沈其震处长持史沫特莱的信去上海找《密勒氏评论报》主编鲍威尔和英国大使寇尔募捐药品和器材，并得到他们的帮助。我们募集了两汽车药品和器材。"[2] 章央芬也说，史沫特莱给她在上海的美国朋友《密勒氏评论报》主编鲍威尔的信起了很大作用，沈其震和吴之理从上海带回了很多药品和器材。真是雪中送炭啊！[3] 沈其震从上海不仅带回了大批医药器械，还带回了曾在白求恩医疗队工作过的女护士琼·尤恩。她正是在读到史沫特莱发表在《曼彻斯特卫报》上关于中国人民抗日战争的文章，以及得到史沫特莱寄给她的"呼吁医生和护士去中国"的信件后，参加了白求恩的医疗队来到中国。[4] 她在上海见到沈其震后，得知史沫特莱邀请她到皖南新四军医院，尽管有许多顾虑，最后还是帮助新四军募集药品并和沈其震等人一起把医药物品带到了皖南。[5] 到皖南后，在史沫特莱的鼓励下，琼·尤恩留在新四军医院中工作半年之久。

---

[1] 江苏省新四军和华中抗日根据地研究会卫生分会编：《新四军卫生工作史话》，南京军区联勤部印务中心2005年版，第19页。
[2] 吴之理：《一名军医的自述》，华夏出版社2004年版，第7—8页。
[3] 章央芬：《自豪的回忆》，华夏出版社2004年版，第60页。
[4] [加拿大] 琼·尤恩：《在中国当护士的年月（1933—1939）》，黄诚、何兰译，时事出版社1984年版，第38—39页。
[5] 同上书，第137—138页。

✤ 个人能动与民间外交 ✤

史沫特莱交友广泛，经常向英美朋友为新四军募集医药。时任英国驻华大使的寇尔早在武汉时就和史沫特莱是好友。寇尔对中国共产党的游击战争、组织动员群众的方法很感兴趣。史沫特莱说："我们之间从武汉开始到以后的几年里，在其他地方以奇特的方式增进的友谊，充满着愉快的幽默。当然他给我提供购买医药物品的金钱数目更不消提了。"① 在鄂豫边区，史沫特莱以个人名义向随县天主教堂的爱尔兰神甫，请求援助新四军豫鄂挺进纵队医药。在日军的严密封锁下，爱尔兰神甫冒着生命危险向纵队送来了医药。史沫特莱在带领他参观了纵队野战医院后，神甫深受感动随即捐出随身携带的50元钱，并立即返回县城再一次向教会医院募集医药，还把自己医院的药品囊括一空后又一次送药到纵队。② 他对史沫特莱说："法国医院也存药不多，但事情却极顺利。那里的神甫、牧师、医生们，虽都不是美国人，也不是爱尔兰人，但都很热烈地捐助，这是我没有想到的，一共捐了两挑子药。"③

史沫特莱与史迪威、戴维斯等美国"中国通"官员们交往颇深，并经常呼吁他们援助新四军。时任新四军豫鄂挺进纵队野战医院医务主任的孙光珠曾回忆，1940年春节前夕，史沫特莱来到京山县八字门纵队司令部访问，当时由于日军封锁严密，"扫荡"频繁，战地缺医少药。史沫特莱就派他向美国驻汉口领事馆领事戴维斯寻求医药援助。在戴维斯的帮助下，调了汉口协和医院的谈太阶到纵队野战医院支援工作，战地亟须的医药器械大部分也按照原计划解决了。史沫特莱给戴维斯的求援信起到很大作用。④ 在洪湖游击区，史沫特莱还请豫鄂挺进纵队第四团的游击队员穿过日军封锁线向汉口的朋友送去求援信，随即史沫特莱的朋友筹集到一些奎宁、消毒剂和纱布等医疗物

---

① ［美］史沫特莱：《史沫特莱文集》（1），袁文、贾树榛、袁岳云译，新华出版社1985年版，第196页。

② 同上书，第406页。

③ 安娥：《五月榴花照眼明：陪同史沫特莱访问李先念纵队》，华中师范大学出版社1989年版，第98页。

④ 同上书，第171—178页。

资送到游击区。①

当时，太平洋战争还没有爆发，已沦陷的武汉还住着一些外国侨民，有不少人同史沫特莱有着友谊和礼节交往。她便写了许多信，呼吁他们给予新四军在医药上援助，信发出后不久，许多不知名的外国朋友，源源不断地、秘密地向我部运来一批药品，数量虽不大，但却是"雪中送炭"！② 此外，史沫特莱还出资在皖南云岭建立了两座难民合作农场，帮助新四军医院减轻负担。1940年3月底，史沫特莱在完成了对豫鄂挺进纵队的访问后，离开了新四军华中根据地。她在舆论上给新四军医疗卫生工作以肯定和支持，在行动上帮助新四军救治伤员、募集医药，不仅缓解了新四军的医药压力，而且鼓舞了新四军伤兵的士气，也使她赢得了"中国伤兵之母"③的美誉。

五　结语

战地救护不仅是对伤兵的人道关怀，更是鼓舞他们士气的一剂良药。史沫特莱是抗日战争时期在新四军中访问时间最长的一名外国记者。在当时游击根据地生活艰苦、物资匮乏的条件下，她与根据地军民同吃、同住、同劳动，并尽力帮助新四军的医疗卫生工作。她常说："我总忘记了我自己并不是一个中国人。"④ 史沫特莱的这种奉献精神感染了周围和她一起工作的人。章央芬说，每当我深夜离开她房间时，心中都暗暗发誓，决心学习她那种毫无自私自利之心的精神，为争取抗日救国的胜利而不懈地工作。⑤ 当时在医务人员中，有些人

---

① ［美］史沫特莱：《史沫特莱文集》（1），袁文、贾树榛、袁岳云译，新华出版社1985年版，第423页。
② 安娥：《五月榴花照眼明：陪同史沫特莱访问李先念纵队》，华中师范大学出版社1989年版，第168页。
③ ［美］史沫特莱：《史沫特莱文集》（1），袁文、贾树榛、袁岳云译，新华出版社1985年版，第312页。
④ 同上书，第444页。
⑤ 章央芬：《自豪的回忆》，华夏出版社2004年版，第63页。

过不惯长期的艰苦生活,想回大后方去。史沫特莱的言行像无声的命令,令人感动,也使人惭愧。不少人就是在她的激励下,改变了自己的想法,坚定地留在了根据地。

1941年5月,史沫特莱回到美国后,到处发表演讲,呼吁美国人民援助中国的抗日战争。她常常作为中国问题专家而被邀请演讲,但每次她都将所有收入统统寄到中国以救济战灾孤儿,因此,她永远没有积蓄,并且时时和贫穷搏斗。① 即便在弥留之际,她思考的仍然是中国。1950年4月28日,她在遗嘱中写道:"我的著作所得,无论来自哪国,都请送交中国人民解放军总司令朱德将军,按照他的意愿使用,以有助于建设一个自由、强大的中国……我希望将我的骨灰同为中国革命而倒下去的人们埋葬在一起。"② 她的这种国际主义精神值得人们永远敬仰。

---

① [美]史沫特莱:《史沫特莱文集》(3),梅念译,新华出版社1985年版,第537—538页。

② [日]石垣绫子:《一代女杰——史沫特莱传》,陈志江、李保平、江枫译,光明日报出版社1992年版,第293—294页。